平田栄一朗
Eiichiro Hirata

在と不在のパラドックス

日欧の現代演劇論

三元社

在と不在のパラドックス——日欧の現代演劇論

目次

第四章　過剰と鬱
──フランク・カストルフ演出『終着駅アメリカ』におけるパラドキシカルな生き延び策　139

第五章　死者と生者の哀悼劇
──ニードカンパニーの『ディア・ハウス』における自己分裂の演技と観客の想像力　177

アブセンス編

序章　在と不在の複眼的演劇論

——本書の目指すところ

演劇上演では、俳優と観客という立場の異なる者同士が「共在（Ko-Präsenz）」し、俳優は演じ、観客がそれを見届ける。その、「今ここ」〈1〉の時空間に立ち現れる現象が演劇の特色であることは、衆目の一致するところであろう。俳優がスクリーンや画面に登場するだけならば、それは映画・テレビ・コンピューターのメディア映像であり、もはや演劇ではない。ハイテク・メディアの発達により、人間を映し出す映像が容易に遠方かつ瞬時に送り届けられるようになった昨今、演劇ならではの可能性は、俳優と観客が「共在」しつつ、台詞や身振りが呈示《プレゼンテッド》されると同時に知覚されるプロセスにおいて模索されるようになった。「今ここ」に立ち現れるプレゼンスの現象は、演劇的出来事の中枢とみなされ、演劇研究でいっそう重視されていった。

二一世紀初頭におけるドイツの美学・演劇学の代表的なプレゼンス論の著作は、美学・哲学者マーティン・ゼールの『出現の美学』（二〇〇〇年）、美学・メディア学者ディーター・メルシュの『出来事とアウラ——パフォーマンス美学の考察』（二〇〇二年）、演劇学者エリカ・フィッシャー＝リヒテの『パフォーマンスの美学』（二〇〇四年）である。これらの著作に共通するのは、観客がライブ的な状況において舞台上の俳優やパフォーマーと相対する際の関係性を、身体的・感性的・直接的な知覚経験の視点から捉えて評価したことである。観客は眼前に立ち現れる現象を知覚することで、直接的な状況ならではの感性的な衝撃を経験することができる。眼前の俳優身体・声の響き・空間・視覚性は、「今ここ」に特徴的な「マテリアル」なものとして、観客の皮膚感覚に触れ、さらに身体の内側へと入り込んでゆく。この直接的な作用は、上演を認識・解釈する観客の感性に——しばしば無意識の次元で——働きかける。この作用は、非マテリアル（＝非物質的・非身体的）なメディア映像を見るときに生じる鑑賞者の経験ではありえない。それゆえにゼール、メルシュ、フィッシャー＝リヒテはライブ性に基づくプレゼンス効果の意義を主張した〈2〉。

これらのプレゼンス論に対して、アブセンス論〈3〉の立場から批判がなされた。舞踊・演劇学者ゲラルト・ジークムントが『不在——舞踊のパフォーマンス美学』（二〇〇六年）において、フィッシャー＝リヒテとゼールのプレゼンス論は「今ここ」の演劇的現象を知覚する観客の不完全さや、不完全さにもかかわらず自己を過信する観客の問題を軽視していると指摘した。この問題を観客に気づかせることは、観客の知覚や感性を刺戟するプレゼンス現象の効果ではなしえない。むしろ演劇的な諸要素が著しく欠ける状況のほうが、観客は知覚の不完全さを自覚しやすい。それは次の事情による。舞台上に「ある」べきはずの何かが「ない」とき、観客は、自分が当たり前のようにして舞台上に期待するものと、それが実際に「ない」という現実に齟齬があることに気づく。この齟齬は、観客に、自分が見ているものは本当にそうあるわけではないのではないか、という自省的姿勢を促す。この姿勢によって観客は、眼前の現象とそれを見る自分との関係性を新たに問い直すことができる。演劇の可能性は、プレゼンスの効果ではなく、不在の美学によって開かれる――ジークムントはアブセンス論の立場からこのように主張した。不在を重視する演劇観は、演劇学者アンドレ・アイアーマンの『ポストスペクタクル演劇』（二〇〇九年）や、演出家で演劇学者のハイナー・ゲッベルスの『不在の美学――演劇論として』（二〇一二年）にも見受けられる。アイアーマンは、俳優と観客が「今ここ」に共に会する「共在」の可能性を過大評価するフィッシャー＝リヒテを批判し、プレゼンスの状況下における観客の自省的姿勢を積極的に評価すべきであると主張した〈4〉。

これに対してプレゼンス論は、アブセンス論の批判を受け入れるような形で自説を修正し、その上でプレゼンスの有効性を主張する。イェンス・ローゼルトは『演劇の現象学』（二〇〇八年）において、フィッシャー＝リヒテのプレゼンス論を積極的に引き合いに出す一方、「今ここ」で起きる演劇的現象と、それを知覚する観客の印象との「ずれ」をプレゼンスの状況の特徴とみなす。ローゼルトは、フィッシャー＝リヒテが主張した俳優から観客への直接的な効果とは異なり、プレゼンスの状況にずれや相違が俳優と観客のあいだに生じることを指摘して、従来のプレゼンス論の修正を行った。同様にフィッシャー＝リヒテの理論に影響を受けたナターシャ・シウズーリは『いかに不在がプレゼンスに成立するか』（二〇〇八年）において、何かが舞台上に立ち現れるに際に、不在の要素が重要な役割を果たすことを指摘した[5]。

このように二一世紀初頭からドイツの演劇学・美学において、演劇上演の「今ここ」の意義をめぐり議論が繰り広げられてきた。現象学の立場からプレゼンスを再評価する新しい理論が提唱される一方、この再評価を「不在の美学（Ästhetik der Abwesenheit）」の立場から批判するアブセンス論も唱えられた。「今ここ」の演劇的現象の意義と可能性について、プレゼンス論とアブセンス論がどちらも自説の正当性を主張し、相手の説を退けてきたのである。

演劇を見ることの可能性は、観客が「今ここ」に立ち現れる出来事を直接に経験しながら、同時に、その経験を顧みることにある。「今ここ」の直接的な経験は、音楽コンサートやライブ・イベントなどでも可能である。現代演劇ならではの観客の経験があるとしたら、それは、目の前に、直接的に立ち現れる出来事を、あたかも出来事の当事者のように経験しつつ、観客として見る自分との関係性からそれを多様に省察することにある。アブセンス論は、この経験と省察の両方の側面を総合して取り扱うのに向いている。自分をもう一人の自分と照らし合わせて考察する省察行為に不可欠である、自己や対象との距離を自説の基本とするからである。これに対してプレゼンス論は「今ここ」の直接的な関係性を重んじるあまり、演劇の可能性を、イベントやコンサートといった他のライブ的なジャンルとほとんど変わらないものへと狭めてしまっている〈6〉。フィッシャー＝リヒテの論の以後に提唱されるプレゼンス論は、この問題を修正して自説を展開しているが、このような経緯からも、アブセンス論のほうがプレゼンス論よりも優勢であると言える。

しかし両者は演劇の重要な特色を見過ごしている。それは、プレゼンスと不在のどちらかではなく、両方が――互いに矛盾・対立しながら――関わり合うことで演劇上演が成立するという事実である。「今ここ」に何かが立ち現れては消えゆく演劇的現象は、「ある」か「ない」かのどちらかだけで成立しない。むしろ両者のパラドキシカルな関係において、演劇は独自の特色を発揮することができる。ドイツ演劇学のプレゼンス論とアブセンス論は、どちらの場合も自説の正当性を強調するあまり、この特色を軽視している。この軽視は、両論が具体例として挙げる作品の偏向に暗示されている。プレゼンス論は、「今ここ」に立ち現れる演劇的現象の衝撃性・身体性・直接性を強調するあまり、演劇表現《プレゼンテーション》が鮮明な舞台作品を好んで取り上げる一方、「不在の美学」を表現の基調とする作品を軽視する傾向がある。他方、アブセンス論は、「今ここ」の演劇的現象を知らずして誤認する観客の限界や矛盾を指摘しようとして、演劇的現象がほとんど見られない不在の美学の作品を好んで取り上げるのに対して、演劇表現《プレゼンテーション》が鮮明な作品を軽視する傾向にある。つまりプレゼンス論はプレゼンスの特徴が前面に押し出される作品を積極的に取り上げ、アブセンス論は不在の状況が支配的な作品を積極的に取り上げる点において、偏向をきたしている。

本書はプレゼンスが前面に押し出される作品と、不在の状況が支配的な舞台作品の双方を取り上げて検討する。双方の特徴の舞台作品を検討することで、本書はドイツ演劇学の論争が陥った偏りから脱して、プレゼンスと不在との相互関連が演劇上演の特色であることを明らかにする。それは、先述のように「ある」と「ない」とのあいだのパラドキシカルな関係の演劇観に基づく。演劇は、何かが起きることを前提に成り立つが、そのような出来事が台詞の語り・演技・音響や視覚効果によって多様な様相を呈しつつ、そのつど現れては消えてゆく。次々と生じては消えゆく「はかない（ephemer）」現象を、観客は完全に把握することができない。つまり演劇の現象は、観客の知覚・認識の網から何かがこぼれ落ちる不完全さを基にしてしか成り立たない。それゆえに演劇は、再生可能なメディア映像や、同じ箇所を何度も読み返したり、見直したりすることができる文学や絵画と異なり、観客が再生不可能な出来事をそのつど見逃していく受容困難な芸術ジャンルに位置づけられる。

観客は舞台上の出来事をしっかりと把握・認識できない以上、自らの受容行為に確信を持つことが難しい。このとき観客は、舞台上の出来事が本当に「ある」か「ない」かという問題のあいだで不確実な状況に置かれる。演劇の現象は立ち現れては消えてゆくはかなさを特色とするがゆえに、観客は自分が見ているものが、本当にそのとおりであるかどうかをめぐり、判断が揺らぎやすい。ここに演劇上演に特有のプレゼンスと不在の基本的特徴が見出される。すなわちそれは、上演において観客はプレゼンスと不在とのあいだで不確実なまま揺らぎながら、演劇的現象を見るという特徴である。ここにプレゼンスと不在をめぐる、従来と異なる演劇研究の可能性が見出される。演劇上演を単にプレゼンスの立場から、あるいは不在の立場から探究するのではなく、両方の立場から特徴づけることにより、プレゼンスと不在の論争が見落としてきた演劇の特色が導き出されるだろう。

その特色とは、演出や演技の創意工夫により観客が「ある」と「ない」のあいだでパラドキシカルな状況に陥ることで、演劇ならではのダイナミズムが観客に生じることである。ただしこのダイナミズムは、プレゼンス論が好む感性的な側面に留まらない、多様な受容プロセスを踏まえた動力学に基づく。それは、イリュージョンの効果によって舞台上に何かが「ある」と思えることと、そうでは「ない」かもしれないと感じる疑念とのあいだで、観客が葛藤をかかえたり、自分の観劇行為を省察し続ける際に作用する動力学である。私たちが演劇を見るとき――コンサートのように――音という特定の知覚対象を基にして「今ここ」の現象に集中するわけではない。また絵画をじっくりと鑑賞したり、読書行為において想像や解釈をめぐらせる際に特徴的な思索《コンテンプレート》だけをするわけでもない。むしろ演劇上演において私たちは、何かが立ち現れては消える「今ここ」の多様な動き・静止状態・変化を、感性と知的側面の両方を多種多様に働かせることで受け止める。つまり観客は、眼前で起きる演劇的現象に対して感性的な衝動や葛藤を感じつつ、戸惑ったり、自問したり、自らの観劇のあり方を省察することによって多様な受容活動を行うのである。感性的衝動は、プレゼンス論が観客の受容論において積極的に提唱してきた特徴であり、自己の観劇のあり方を問う省察は、アブセンス論が積極的に提唱してきた特徴である。演劇上演と観客の受容プロセスを、「ある」と「ない」をめぐる揺らぎの立場から捉える本書は、従来のプレゼンス論とアブセンス論の特徴を活かしたものとなる。

本書はさらに、「ある」と「ない」をめぐる観客のダイナミズムがパラドキシカルな負の側面に起因することを明らかにする。第二章や終章で論じるように、現代演劇は、観客の一般的な期待に応えないことで、観客に演劇的な現象を見る自分と向き合うように仕向けることを特色とする。メディア・テクノロジーの映像が高度な技術とトリックで人々を魅了し、演劇がかつて発揮した視覚的・聴覚的・身体的な魅力をたやすく凌駕するようになった昨今、舞台芸術はあえて観客の一般的な期待に応えないことで、観客の観劇姿勢や、世界を見る姿勢を問うことをレーゾン・デートルとみなすようになった。この現代演劇の趨勢に従えば、「ある」と「ない」をめぐる観客の揺らぎも、観客が本来望まない葛藤や、否定的な経験を前提として成り立つことに可能性があると言えるだろう。例えば観客が「ある」と「ない」の両極のあいだで自己矛盾に陥ったり、一方の極に圧倒されることで、かえって他方の極に引き込まれて混乱に陥ったり、「ある」はずの演劇的現象を見れば見るほど、本当のことはわから「ない」という葛藤をかかえたりすることがある。その際の葛藤は否定的な経験であり、それゆえにダイナミズムも負の様相を帯びて、観客に重くのしかかる。否定的で自己矛盾的なダイナミズムの経験は、普段なら私たちが望まないものであるが、演劇という虚構の次元であれば、私たちはそれを受け入れて、普段と異なる自分の現実と向き合うことができる。演劇という遊戯の次元だからこそ、私たちは「ある」と「ない」をめぐる負の経験を積極的に受け入れて、異他性に基づくダイナミズムを経験することができる。

葛藤や省察、不確実な状況ゆえの揺らぎといった観客のダイナミズムの経験は、もっぱら観客各人の内部で生じるのであって、他人が看取できるものではない。動的であるが、顕在化されないために、従来の演劇研究では軽視されてきた。プレゼンス論は、観客があたかも俳優のように振る舞うこと、笑い、(上演への抗議の意味での)中途退場、汗やため息といった心理状態の表出を観客の積極的な姿勢として評価する一方、観客の内部に生じる葛藤や焦燥、省察といった観劇のプロセスにダイナミズムを見出そうとしてこなかった。これに対してアブセンス論は、観客が、自分の観劇姿勢を問い直す自省の側面を重視するあまり、葛藤や、舞台上の出来事に引き込まれる感性的な動きを軽視する傾向にある。本書は、見えないが、実際には衝動や葛藤に駆られる観客の内的で動的なプロセスの多様性をつまびらかにすることで、従来のプレゼンス‐アブセンス論が軽視してきた観劇経験の重要な側面を明らかにする。

この見えない動的プロセスを、文学者のヨーゼフ・フォーグルは「行ったり来たり」しながら惑うという意味で「逡巡」の「揺らぎ」と呼んだが〈7〉、本書は、さまざまな演劇上演を取り上げて、上演が観客の多様かつ内的なダイナミズムをもたらすプロセスや演出・演技の特色を解き明かす。「ある」

と「ない」の問題をめぐる観客の揺らぎは、演技や演出が表現《プレゼンテーション》を過剰にしたり、反対に、表現すべきものを呈示しない不在の効果によって増幅される。つまり演技や演出がプレゼンスと不在の特徴において一定の規範から「逸脱」することで、観客はプレゼンスと不在の問題をめぐって逡巡し始めるのである。観客は、今見ていることが本当に「ある」のか「ない」のか、「ある」べきなのか、それとも「ない」とすべきなのか、「ある」はずなのに「ない」のはどういうことか、「ない」のに「ある」のはどういうことか、といった「逡巡」の問いを――葛藤や疑念、戸惑いに駆られつつ――立てるようになる。

このようにプレゼンスと不在をめぐるダイナミズムは往々にして、演出や演技の逸脱によって生じる。その際の演出や演技のあり方は個々の上演によって多様な特徴を有する。本書は個々の舞台作品を詳細に検討することで、上演ごとに特徴づけられる演技や演出の逸脱の特色を明らかにするとともに、逸脱に起因する観客の「ある」と「ない」との揺らぎの多様性を、観客の受容プロセスから浮き彫りにする。

本書は第一章において先述のプレゼンス論とアブセンス論との論争を詳しく紹介し、その過程において生じた欠落の問題を指摘する。第二章では、「ある」と「ない」の双方が顕著に表れるモデルケースとして劇団ク・ナウカの舞台作品『王女メデイア』を取り上げて、双方の特徴が観客にもたらす作用のプロセスを検討する。この作品では、プレゼンスと不在の特徴が演技や演出によって強い対立関係を帯びて観客に示されるが、それによって観客が逡巡・葛藤・省察するプロセスの特徴を演劇理論や受容論から明らかにする。

モデルケースの考察と理論的構築を踏まえて、第三章以降は個々の舞台作品を詳細に検討する。その際、プレゼンスの特徴が前面に押し出される舞台作品の考察を「プレゼンス編」(第三章〜第五章)、不在の状況が支配的な舞台作品の考察を「アブセンス編」(第六章〜第八章)に分けて行う。プレゼンスとアブセンスの編に分けて上演作品を検討することで、従来のプレゼンス論とアブセンス論がそれぞれ軽視してきた演劇上演の特色を補うことができる。それは、次のようなものである。プレゼンス論が積極的に取り上げてきた表現《プレゼンテーション》重視の舞台作品においても、アブセンス論が好む自己省察的、分析的な観客受容と、それを踏まえた観客の揺らぎが見出される。プレゼンス編では、表現重視の作品においても、アブセンス論の考え方が適用されるさまざまな事例を紹介する。他方、アブセンス論が具体例として取り上げる不在の美学の上演においても、プレゼンス論が提唱する観客の感性的衝動や葛藤が生じる。不在の美学を特徴とする上演だからこそ、観客がかえって衝動に駆られることがある。アブセンス編では、ほとんど演じない・踊らない不在の演劇において、プレゼンス論の考え方が適用されるさまざまな事例を紹介する。

アブセンス論をプレゼンス中心の上演に、プレゼンス論を不在の美学の上演に「キアスム」的に当てはめて考察することで、演劇現象における「ある」と「ない」の問題をめぐる新しい演劇観を切り拓くことができる。すなわちプレゼンスの演劇は不在の立場から新しい特徴を導き出せる一方、不在の美学の演劇はプレゼンスの立場から新たな特徴を導き出せる。このようにして本書は、従来のプレゼンス論とアブセンス論の立場を批判的に継承しつつ、両論の特徴の新しい可能性を切り拓くことを目指す。

終章は、これまで考察してきた個々の作品の特色を踏まえつつ、「ある」と「ない」をめぐる観客のパラドキシカルな負のダイナミズムが、プレゼンスと不在をめぐる社会的・文化的問題と向き合うことに有効であることを明らかにする。テリー・イーグルトンやモーリス・ブランショ、エルヴィン・ヤンスが指摘するように、私たち現代人は日常や社会における「ある」と「ない」の問題をめぐる状況を中立的に捉えることができず、逸脱・過剰化してみずから自己矛盾に陥る傾向にある。私たちは、自分たちや周囲の「ある」現状に飽き足らず、それをそのままで受け止めずに、かえって過剰な方向へともたらしてしまう。他方、私たちは、何かが「ない」、あるいは足り「ない」という不在の状態を——無意識のうちに——不安に思うあまり、不在をナショナリズム、原理主義、昔はよかったというアナクロニズムの安易な代替物で埋め合わせようとする傾向にある。

私たちがこのような悪しき傾向を再考するためにも、演劇上演において「ある」と「ない」の問題をめぐって揺らぎつつ自省する演劇経験は有益となりうる。私たちは演劇の遊戯的経験において両者をめぐる否定的で自己矛盾的な経験を多様に踏まえることで、社会や現実における両者の問題から安易な方向へ向かいがちな自分と向き合うことができる。観劇経験において自己と向き合うことは、ベルンハルト・ヴァルデンフェルスの言う「異他としての自己」との「遭遇」に置き換えて捉え直すことができる。私たちは、矛盾に満ちた自己との遭遇を受け入れようとしないものだが、舞台作品を見るという遊戯的経験において矛盾と向き合う可能性が開かれる。この可能性と意義が本書の最後につまびらかにされるだろう。

理論編

第一章 プレゼンス-アブセンス論争

一 演劇学・美学の代表的なプレゼンス論

二〇〇〇年前後からプレゼンスの再評価がドイツの哲学や美学、演劇学において行われ始めた。美術鑑賞や読書経験、観劇などにおいて「今ここ」に生じる現象のダイナミズムや、それを知覚する受容者の活性化が積極的に評価され、この評価に基づく理論化が行われてきた。

哲学者・美学者マーティン・ゼールが『出現の美学』（二〇〇〇年）において、芸術作品の鑑賞経験を基に、眼前に立ち現れる対象作品と鑑賞者のあいだに生起する関係を感性的なものとして理論的に考察した。ゼールは、この感性的効果を舞台鑑賞にも適用し、俳優の「ざわめく（rauschen）」台詞廻しが観客の感性を揺さぶる効果を指摘した〈1〉。

美学者・メディア学者のディーター・メルシュは『出来事とアウラ――パフォーマンス美学の考察』（二〇〇二年）において、パフォーマンスの出来事が生成と消滅のプロセスにおいてもたらす鑑賞者の知覚への効果を指摘した〈2〉。

演劇学者エリカ・フィッシャー＝リヒテは『パフォーマンスの美学』（二〇〇四年）や『演劇学入門』（二〇一〇年）において一九六〇年代後半から二一世紀初頭にかけて欧米で上演された演劇の事例を幅広く取り上げて、ライブ性の影響力を、「今ここ」にある俳優の身体や舞台装置などの素材的な側面から理論化し、上演空間における「プレゼンス」を「強弱」や「循環」といった尺度で分類した〈3〉。

このように哲学・美学・メディア学・演劇学などの複数の学問領域で、プレゼンスの芸術的可能性が評価されている。しかもいずれの論においても――演劇学の場合は当然ではあるが――舞台作品が例証として取り上げられている。「今ここ」に生じる出来事のダイナミズムや受容者への感性的な効果が、とりわけ演劇上演において顕著になることを、これらのプレゼンス論は重視する。演劇はライブ性を基本とする点において、他の芸術ジャンルにはない特色を発揮する。

デリダのプレゼンス批判

さらにこれらのプレゼンス論は――そのすべてが明確な対決姿勢を示したわけではないが〈4〉――

ジャック・デリダなどの脱構築派によるプレゼンス批判論に対して論争的な立場を取っている。最近のプレゼンス論は、デリダが一九六〇年代に行ったプレゼンス批判の限界を指摘しつつ、この批判を乗り越える新たな理論を構築しようとする。

ここではデリダによるプレゼンス批判論を、演劇学にとって最重要な考え方を中心に、確認しておこう。デリダは『グラマトロジーについて』（一九六七年）や『声の現象』（一九六七年）において西洋の形而上学による現前（プレゼンス）重視の立場を批判した。デリダは、ロゴスに基づく西洋の形而上学が自らの意義を発揮する背景には、神に相当する「超越的話者」の声という「現前（プレゼンス）」が重要な役割を果たしてきたことを明らかにするとともに、この現前が無根拠に支持されてきた問題を批判的に解き明かした〈5〉。またデリダはアントナン・アルトーによる「残酷演劇」への試みとその限界を例にして、演劇が舞台と観客との境界を乗り越えるプレゼンスの効果を発揮しようとしても、その試みは挫折すると指摘した。俳優が役や、戯曲の言語的世界の再現《リプレゼンテーション》を否定して、自己の現前《プレゼンス》を観客に呈示しても、現前は観客の受容プロセスにおいて表象化《リプレゼンテッド》されることで、舞台上の出来事と観客の知覚とのあいだに齟齬が生じてしまう。それゆえに俳優のプレゼンス効果は舞台と観客との境界を完全に解消することができず、両者を一体化する「残酷演劇」の試みは挫折に終わる〈6〉。デリダによるプレゼンス神話への批判とプレゼンス効果の限界説は、アメリカの演劇学者エリノア・フックスやジェンダー論者ペギー・フェランの不在の演劇論〈7〉を経て、後述のアブセンス論において継承され、いまだ支持されている。

メルシュのデリダ批判とプレゼンス論

これに対して新しいプレゼンス論はデリダのプレゼンス批判を踏まえつつ、それでも「今ここ」の演劇的現象には身体性や物質性・素材性による知覚者への衝撃力があることを重視する。また新しいプレゼンス論は、デリダがプレゼンスという概念を狭く捉えた問題を指摘する。新しいプレゼンス論は、デリダのプレゼンス批判論をかわしつつ、その限界を説く。新しいプレゼンス論のこのような内実を以下に確認してみよう。

新しいプレゼンス論は、デリダのプレゼンス批判は形而上学の脱構築には有効であるが、プレゼンスの実質的な側面を軽視したと指摘する。この側面とは、「今ここ」の現象に居合わせる人々の身体や、舞台装置や音響などの「素材性《マテリアリテート》」である。これらの素材性が「今ここ」において現前することと自体は否定できないし、またプレゼンスの時空間で生じる（演劇的）現象が観客・鑑賞者の知覚や感性へ作用する効果も否定できない。デリダはこの否定できないものに対しても懐疑的な立場にあり、それゆえに「今ここ」の現象の特徴を見落としている、というのがプレゼンス論による批判である。プレゼンス論によるデリダへの批判は、メルシュの『出来事とアウラ』の緒言に記されている。

本書の考察で〔……〕「プレゼンス」、「単一性」、「瞬間」の概念を復興したい。とはいえ、これまで疑問視されてきたオーセンティック性に依拠するわけではない。デリダにとって重要だったのは明らかに非プレゼンス、すなわち「事後のもの」や「補完」だが、我々の目指すべきは「感性学（Aisthesis）」の手法によるプレゼンテーションの救済である。〔……〕デリダが素材性について論じるとしたら、それは表面的なものである。すなわちシニフィエの「痕跡」として事後に記述されたり、メディア的な文字のテクスト性として書き込まれるものである。〔……〕これに対して我々の考察は、〔デリダの言う存在の〕「滞留するもの」の感性的なプレゼンスを基にして出発する。つまり滞留するものの現象や、**逸脱するものとしての存在**を出発点とするが、そのようなものは、〔デリダの言う〕構造に先んじてあるものなのである。さらに踏み込んで言えば、そのようなものの素材性は「自己を呈示する（sich zeigen）」が、それは形式としてではない。むしろ**素材性はとりわけ知覚に対して自己を呈示する**。[8]〔強調は原著者による〕

伝統的なプレゼンス論は「今ここ」の現象の「オーセンティック性」に安易に依拠したために、デリダによって「疑問視されてきた」が、メルシュによる新しいプレゼンス論はこの批判を素材性や身体的な知覚の立場から乗り越えようとする。メルシュは、デリダが考慮しなかった「今ここ」の現象にある身体・素材的な要素（俳優身体、舞台上の装飾や小道具、それらを知覚する観客身体）は、脱構築のアブセンス論の立場からも否定できないものとして存在するという立場を取る。デリダは『声と現象』において、声の「根源的」で「同一的な」現前性を実証できないにもかかわらず、「声」に「現前性の保護を偽装」させることで、「意識としての現前性の特権」を根拠づけた現象学を批判した[9]。しかしドリス・コレシュやジュビレ・クレーマー、ジークリット・ヴァイゲルが指摘したように[10]、デリダのプレゼンス批判は、哲学のディスクールに潜む諸問題の剔抉には効果的だが、声の身体・物質的な側面を考察の対象外としたために、これらの側面の特徴を捉えるには有効ではないとみなされている。メルシュは、デリダが見落としてきた側面を自説の出発点とすることで、従来のプレゼンス論と異なる理論を構築する。

　メルシュによれば、「今ここ」に立ち現れる身体的ならびに素材的《マテリアル》なものの現象は、その場にいてそれを感受する者の知覚に「自己を呈示する（sich zeigen）」ことで、身体・感性的に直接的な効果を知覚者にもたらすという。この具体例としてメルシュは、対話の状況下で一方が発し、他方が聞く声の身体的な側面を挙げる。

> 声は音において自己を呈示する。音には、語る者ならではの語り口という比類なき響きが生じる。声音には卑猥なものすら備わるが、これをロラン・バルトは〔声の〕「きめ」と形容したのだった。そのような音・語り口・響きとして声は身体的な様相を呈する。〔……〕聞き手は、

声に応答しつつ、それを受け入れることで——文字の場合と異なり——語り手に触れる。声はつねに接触性を帯びており、それゆえに語り手との直接的な関わり合いを可能にする。この関係は接触ゆえに身体的（leiblich）衝動性を有する。〔……〕声は身体的痕跡（leibliche Spur）として、聞き手の耳や傾聴する姿勢に差し向けられることで漂い続ける。それはすなわち、知覚が独自に現在性を誘導することを意味するのだが、この現在性は声の**素材性**から生まれるのである。素材性はつねに**単一性**を示す。つまりどの声も一回限りのものであるが、この点で声は瞬間と同様のものである。ある瞬間に声は私に語りかけ、情動性を通じて私に触れ、私を取り込む。そのようなものとして声は、聞き手の身体に内包されている（eingeleibt）。この身体的内包が声に独特のプレゼンスを保障するのである。〈11〉〔傍点と太字は原著者による〕

直接的コミュニケーションにおいて語り手の声が相手に伝わる際、声が相手の身体に入り込むことで、両者の身体においてある種の「接触」を可能にする。声によるこの接触は「身体的」であるが、メルシュはこの形容詞に“körperlich”ではなく、“leiblich”を用いている。一方から発せられる声は、肉体（Leib）に「共振（mitschwingen）」する。話者と聞き手の身体が「今ここ」において共在し、声を響き合わせることで、声は聞き手に「身体的に内包される（eingeleibt）」。この「身体的内包」が「今ここ」という一回性を際立たせる「独特のプレゼンス」の状況を可能にする。

メルシュが「身体」を表現する際に用いる“Leib”、“leiblich”、（“eingeleibt”の不定形である）“einleiben”は、“Leiblichkeit”（身体性）という総称に収斂されるが、この語は“Körper”というドイツ語の一般的な意味での「身体」と対比されて理解されるべき表現である。身体論の立場から言えば、人間は“Leib”と“Körper”という二重の身体性を帯びている。例えばある人が知り合いと話をしているとき、意識的であれ無意識であれ、習得した「身体技法（les techniques du corps）」（マルセル・モース）〈12〉をもって状況に合わせて相手と向かい合うと同時に、自分の意識や意図とは無関係にその人ならではの身体的特異性（雰囲気、声色の機微、匂いなど）を相手の感覚に滲み込ませる。前者の身体性が“Körper”に、後者の特異性が“Leib”に位置づけられる。前者は、習得や技術によって主体的に変えられるのに対し、後者はそのような工夫を超えた次元において独特の身体的プレゼンスを醸し出す〈13〉。

このように人間の身体は“Körperlichkeit”と“Leiblichkeit”の二重性を帯びているが、“Leiblichkeit”は、コミュニケーションの言説や語り手・聞き手の主体的意思などの精神的な次元から独立して、「今ここ」に介在する身体同士が「交感」し合う身体の独自性を表す。この身体の独自性は、「今ここ」のコミュニケーションの相手にのみ伝わるもので、メディア映像やメディア機器による間接的コミュニケーションの相手には伝わらない。メルシュは対面のコミュニケーションの際に生じる声を例にして、「今ここ」のプレゼンスの特徴を、“Leiblichkeit”という身体性や、それを「身体的に内包する（einleiben）」相手（他者）の知覚、一回性の状況から説明し、これらの特徴を「非メディア的（amedial）」[14]と称することで、メディア技術では伝達不可能な身体や素材の感性的特徴を強調する。

メルシュによれば、この特徴を多様に引き出すのがパフォーマンスである。パフォーマンス上演では、素材・身体を基にした「出来事（Ereignis）」がそのつど生じては消えゆくが、それはつねに一回限りの反復不可能性に基づく。一回性の出来事を「今ここ」に生じさせる総体がパフォーマンスである。

身体をふたたび浮上させるパフォーマンスやアクション芸術が始まるとき、メディアの記号が終わりを迎える。このとき身体性（Leiblichkeit）が変容し、素材的なものとそのプレゼンスが特別な効果を発揮して、〔観客の身体内に〕入り込んでくる。これは、一言でいえば「パフォーマティブな出来事」である。[15]

メルシュはパフォーマティブな出来事の例としてジョン・ケージやロバート・ウィルソンの舞台作品を挙げている。これらは、「空疎」にみえる「今ここ」の現象が「感性的なプレゼンテーション」によって素材の「充実」に変容する[16]。このようなプレゼンスの直接的な衝撃性がパフォーマンス美学の基本であるとメルシュがみなしているのは、次の一文に集約される。「パフォーマンスの美学とは〔……〕感性的プレゼンテーションの芸術のことである。つまり現在のショック効果の芸術なのだ」〈17〉。

フィッシャー＝リヒテのプレゼンス論

パフォーマンスにおけるプレゼンスの特性を、美学者・メディア学者メルシュよりもさらに多くの舞台作品から例証しつつ理論化したのがエリカ・フィッシャー＝リヒテの『パフォーマンスの美学』（二〇〇四年）である。この書で繰り返し言及される演劇上演は、ジョン・ケージの『無題イベント』（一九五二年）、パフォーマンス・グループの『ディオニュソス69』（一九六八年）や『コミューン』（一九七〇年）、マリーナ・アブラモヴィッチの『トーマスの唇』（一九七五年）、クリストフ・マルターラーの『ムルクス――あのヨーロッパ人をぶっ殺せ！』（一九九三年）、フランク・カストルフの『悪魔の将軍』（一九九六年）、アイナー・シュレーフの『スポーツ劇』（一九九八年）、クリストフ・シュリンゲンジーフの『チャンス２０００』（一九九八年）などである。『パフォーマンスの美学』は多くの欧米の作品を「身体性」、「素材性」、「出来事性」などの概念によって分析することで、「〈今ここ〉の絶対的な現在性のなかで起きた」現象を演劇の美学に基づくものとして理論化した〈18〉。

フィッシャー＝リヒテは、メルシュが指摘した“Leib”としての俳優身体を「現象的身体（phänomenaler Leib）」に捉え直して、演劇上演の基底に身体性が深く関わることを強調する。また、俳優と観客が同じ時空間に居合わせるプレゼンスの状況を「身体的共在（leibliche Ko-Präsenz）」と定義づけた。この身体的共在の状況があるからこそ、俳優と観客の双方に予期せぬハプニングや一回性の出来事が生じる。この出来事が次々と展開すると、俳優と観客とのあいだに身体的な次元での相互関連性が生じる。フィッシャー＝リヒテはこの相互関連性が循環する状況を「ラディカルな意味でのプレゼンス」と称し、俳優と観客の身体に生じるエネルギーについて次のように説明する。

俳優の作り出したエネルギーが観客に感じられるほどに空間を満たし、観客を刺戟し、観客を染めてしまう。プレゼンスの「魔術」とは、そのような方法でエネルギーを生み出す特殊な能力である。このエネルギーは俳優から発する力である。それは観客自身がエネルギーを生み出すように促し、それによって観客は俳優を観客自身のための力の源泉として感じる。この力の源泉は突然、予期せずに発生し、俳優と観客のあいだにエネルギーの流れを生み出し、観客を変化させることができる。〈19〉

この変容のエネルギーが観客に体感される例として、アイナー・シュレーフの舞台作品におけるコロスが取り上げられる。シュレーフの演出作品『母たち』（一九八六年）や『スポーツ劇』において合唱隊は数十分にわたり激しく踊ったり、叫び声のような台詞廻しを続け、観客の知覚を変容させる。このエネルギーと変容についてフィッシャー＝リヒテは次のように説明する。

アイナー・シュレーフのコロスの参加者が、その現象的身体をエネルギー的身体として強調するために用いる技法はリズミカルな身体運動と語りであった。それらが生み出す巨大なエネルギーは、それを感じる観客を揺さぶり、観客のエネルギー的な身体（Leib）を呼び起こす。ここでもリズムは観客の知覚に作用して破壊を生み出し、不断に新たな緊張を生じさせ、境界領域的な状態に観客を移行させる。〈20〉

コロスを成す俳優たちの身体エネルギーが、俳優たちから空間的に離れた位置に座る観客の身体にもエネルギーを生じさせる。それが破壊的なほど強力ゆえに、観客は必然的に緊張し、破壊の恐怖を感じることになる。観客の身体は、俳優身体のエネルギーに感染するようにして変容をきたす。

プレゼンスの議論において重要なのは、フィッシャー＝リヒテが観客の変容経験を「身体化された精神」に一元化した上で、これを観客受容の基本とみなすことである。プレゼンスの経験には、感性や身体的側面だけでなく、観客の意識や認識も重要な役割を果たすと指摘するハンス＝ティース・レーマンに一定の理解を示しながらも、フィッシャー＝リヒテはレーマンの見解と自説に相違があることを指摘して、身体化の一元論を自説として次のように説明する。

プレゼンスが意識過程として把握されうると述べるハンス＝ティース・レーマンの主張には総じて賛成できる。ただし身体的（leiblich）に表現され、観客に身体的（leiblich）に感じ取られる過程としてであるが。私が主張するテーゼは、プレゼンスとは身体／精神および意識の二元的カテゴリーではそもそも把握されえない現象であり、むしろこの二元論を弱めて廃棄するというものである。〔……〕俳優のプレゼンスが呈示され、観客が俳優を「身体化された精神」として経験すると、それは同時に観客自身を「身体化された精神」として感じ取ることにもなる。〈21〉

俳優が「身体化された精神」である状態とは、俳優が自らの身体によって役や、役と同等の登場人物を演じることで、役や登場人物と俳優身体が区分できない表裏一体となった状態である。他方、観客が「身体化された精神」であることは、役と一体化した俳優の身体性を、観客自身の身体において受け止める状態のことである。俳優も観客も、身体と精神が一元的に統一された点では同じ状況に置かれるようにして、「今ここ」の演劇的現象に立ち会うことになる。

俳優、もしくは表現の側におけるこの一元論は、プレゼンスと並ぶ演劇の重要な根幹、すなわち「再現《リプレゼンテーション》」の問題と必然的に直面することになる。演劇上演は、俳優が「今ここ」において「プレゼンテーション」を行うことで、登場人物や架空の世界などを「再現《リプレゼンテーション》」することによって成立する。「プレゼンス」と並ぶ演劇のもう一つの重要な側面である「再現」は、俳優と登場人物、身体と精神といった二元論に基づく概念である。例えば俳優が戯曲のある登場人物を演じ、観客がその演技を——俳優の身体を眼前に置きつつ——見て、登場人物に思いをめぐらせるとする。このとき俳優の演技にも、観客の受容にも、(俳優)身体と戯曲の精神的世界(=登場人物)とが重なり合うが、この同一性は演劇特有のイリュージョンの上に成り立つのであり、実際には両者は互いに異なる。同一性のイリュージョンよりも、両者の相違を重視するとき、演劇表現には身体のプレゼンスと登場人物の再現という二元論が有効とみなされる。一般的な演劇論では、俳優身体のプレゼンスと、登場人物の再現《リプレゼンテーション》による二元論が演劇表現を説明するのに有効であるとみなされてきた。

これに対してフィッシャー=リヒテは、この二元論はもはや有効ではないとみなし、「身体化された精神」の類似概念である「身体化(Verkörperung)」に「再現」を取り込んで、身体と、それによって表現される精神的世界を一元化する。

> 「プレゼンス」と「再現《リプレゼンテーション》」の両者を二分法的な関係で理解する考え方は、もはや維持しがたい。プレゼンスであれ、〔再現される〕登場人物であれ、特殊な身体化(Verkörperung)のプロセスを通じて生み出される。その際、それらは何か前もって与えられたものの復元、模倣としてではなく、特定の身体化のプロセスを通じて初めて生み出されるのである。そのつど

生み出される登場人物は、それを生み出す俳優の特殊な身体性と直結している。俳優の現象的身体（Leib）、俳優の身体的（leiblich）な世界内存在は、生み出される人物の存在の根拠をなす。個別の身体（Leib）を離れて、登場人物が存在することはない。〔……〕とはいえプレゼンスと再現の概念のあいだの相違が破棄されるわけではない。〈22〉

俳優が登場人物を表現する際、人物を現前《プレゼント》すると同時に再現《リプレゼント》する。フィッシャー＝リヒテはこの両者に相違があることを否定するわけではない。しかし両者が俳優の特殊な身体のもとで同時に生じるとき、それは二元論ではなく、「身体化」という一元論的なプロセスで捉えられるべきだというのである。

この身体化の基底となるのが、俳優が「今ここ」の状況下において固有の「現象的身体」として観客の前に現れるプロセスである。フィッシャー＝リヒテが目指す一元論的な「身体化（Verkörperung）」は――メルシュの論で紹介したように――「今ここ」にある“Leib”としての身体存在に基づく。“Leib”としての身体が「今ここ」に現前しないと、登場人物を「再現」する俳優の演技も、あえて「再現」をせずに自己を呈示するパフォーマンスの表現も成立しない。演劇上演を成立させる最初の前提条件は、“Leib”としての身体と「今ここ」のプレゼンスの状況であると、フィッシャー＝リヒテは考える。フィッシャー＝リヒテが一元論として提唱する「身体化（Verkörperung）」や「身体化された精神（verkörperter Geist）」という演劇観は、「今ここ」のプレゼンスの状況と、そこに居合わせる人々の身体“Leib”という二つの前提条件によって初めて成り立つ。

ゼールのプレゼンス論

メルシュやフィッシャー＝リヒテが主張する身体感覚による直接的な関係性は、俳優と観客とのあいだだけに生じるのではない。芸術作品とそれを目の当たりにする鑑賞者（知覚者）とのあいだにも成立する。作品と知覚者との関係に独自のプレゼンスが生じることを論じたのが、哲学・美学者マーティン・ゼールである。ゼールは『出現の美学』（二〇〇〇年）において、美術館で直接絵画を見たり、建築を現地で眺めるといった「今ここ」の「美的経験（ästhetische Erfahrung）」では、美的な対象が鑑賞者に「特別なあり方（auf eine besondere Weise）」で立ち現れ、鑑賞者の知覚に「感性的」に訴えると指摘した。この「特別な」、美的な「出現（das Erscheinen）」の条件となるのが、対象の「感性的プレゼンス」と、それを能動的に知覚しようとする鑑賞者の積極的な姿勢である。

出現が、〔鑑賞者としての〕私たちの知覚に現れるのは、私たちが対象の感性的プレゼンスに、プレゼンスゆえに出会おうとするときなのである。つまり私たちが、対象を、それが立ち現れる瞬間の充実（Fülle）のなかで知覚してみようと強く意識するときに、このような出現が可能になる。[23]

ゼールによれば、眼前の芸術作品や美的対象が鑑賞者に格別な印象を与えるとしたら、それは単に作品や対象側だけに、あるいは、単に鑑賞者の審美眼だけに拠るわけではない。むしろそのような美的経験は、「感性的プレゼンス」を軸にして、作品対象と鑑賞者の双方が共に働きかけをしているときに成立する。つまり対象は自らの感性的なプレゼンスを発揮すると同時に、それに向けて鑑賞者は感性的な次元で知覚を差し向けようとする。

さらにゼールは、鑑賞者は普段と「異なる（ander）」知覚、すなわち「美的な知覚（ästhetische Wahrnehmung）」を対象に差し向けていると指摘した。美的知覚は、眼前にある対象を認識・理解するために行われる通常の知覚とは種類が異なるというのである。「非美的知覚と美的知覚の相違は、異なる種類の注目によってはっきりする。非美的知覚が、対象に対して、それが何であるかに注目するのに対し、美的知覚は、対象が現象化される状態の同時性や瞬間性に向けられる」[24]。美的知覚によって「今ここ」に立ち現れる対象の「現象はあらゆる記述によっても及ばないものであり、「この特別なものは概念的に認識できないのである」[25]。鑑賞者が美的知覚の「あり方（Modus）」で対象と向き合うと、対象には、鑑賞者が確実に認識・把握することができない「特別なもの（das Besondere）」が立ち現れる[26]。

ゼールによれば、この特別なものは概念としては認識・把握できないゆえに「規定不可能性（Unbestimmbarkeit）」なのであり、同時にそれは鑑賞者にプレゼンスの状況ならではの活力をもたらすことになる。ゼールは不可能性と活力の関連性を「リアルな感性対象の活力みなぎる規定不可能性」[27]と称している。ゼールはこれについて、日常の知覚行為が美的に変わる事例を挙げて説明する[28]。私たちが家の庭先に赤いボールが置いてあるのを見かけたとき、それがなぜか寂寥感を帯びていたり、雨が降ってきてボールに当たったときに不思議な雨音が鳴ったり、雨に濡れたことで赤色が滲んでみえてくることがある。そのときボールは特別な何かを出現させて私たちの知覚に強く訴えるのであるが、それは、認識行為だけでは収まりきらない何かとして私たちの知覚を不意に襲い、そうすることで私たちの感性を刺戟することになる。認識の規定からこぼれ出てくるものが、鑑賞者にかえって活力をもたらすことになる。

規定不可能性が感性の新たな活力を可能にするという逆説的な転換は、鑑賞者に生産的な意味をもたらす矛盾である。というのも対象が完全に認識・把握されないからこそ、鑑賞者は感性の次元で活発になり、対象について多彩に想像できるようになるからである。つまり鑑賞者は実際に対象を目の当たりにすることで、予期せぬ規定不可能な何かと出会うが、それによって対象をより自由かつ多様に想像できるようになり、その結果、作品の解釈を斬新に行うことができる。ゼールは、「今ここ」に出現する独特のプレゼンスの美的経験は、鑑賞者の豊かな想像を可能にするがゆえに、解釈の重要な出発点であると主張した〈29〉。

ゼールが指摘する不可能性からの感性豊かな可能性は、フィッシャー＝リヒテがシュレーフの上演を例にして論じた観客の知覚体験の可能性にも当てはまる。鑑賞者が対象を規定できないためにかえって豊かな想像力を発揮できることと、シュレーフ演劇の観客が俳優身体からの強いエネルギーによって状況の把握を妨げられつつも、その障害ゆえに出来事をより自由かつ多様に解釈できることは、どちらも不可能から可能になる逆説的な転換という点で同じなのである。また両者は、鑑賞者・観客の基本的な受容態度に左右されるという点でも同じである。一般的に言えば、私たちが認識・理解不可能なものに直面する場合、得てして否定的に解釈する場合が多い。しかしそのような一般的な解釈とは異なる姿勢で対象に臨む場合、認識不可能な対象はまったく異なる様相を帯びて、私たちの知覚を刺戟することになる。否定的な結論か、豊かな解釈の可能性かの差は、受容者の基本的な構え方によるのである。プレゼンス擁護論は、受容者の主観性を積極的に捉えることで有効となる。受容者の主観を積極的に評価する点において、プレゼンス論の特徴の一つが浮かび上がってくる。またこの積極的な評価は、「今ここ」に現象化される際の素材性や出現の力が受容者の身体に直接的に影響するとみなす身体観に基づく。プレゼンス論は、「今ここ」の現象と、受容者の（不可能性を通じての）身体的感性との積極的な関係を前提とするのである。

二　プレゼンス批判とアブセンス論

　これに対してアブセンス論者は、俳優と観客から成る「今ここ」の直接的なコミュニケーションにおいて、観客（または受容者）の知覚に決定的な欠落（＝不在）があることを重視し、プレゼンスの意義よりも欠落の問題にこそ演劇の特徴があると考える。観客が「今ここ」の現象を把握し損ねたり、誤認するにもかかわらず、この欠落に対して無自覚であることの問題が、アブセンス論において批判的に論じられる。

　アブセンス論に先鞭を付けたのが『ポストドラマ演劇』の著者ハンス＝ティース・レーマンの論考「現代演劇」（一九九九年）である。『ポストドラマ演劇』の出版の直前に発表された同論においてレーマンは、デリダの脱構築論に影響を受けたアブセンス論を展開した。観客は舞台の出来事を直接見ることで、「今ここ」ならではの直接的なつながりを期待しがちであるが、そこには観客側のプレゼンスへの幻想が多分に含まれている。優れた舞台作品は、例えば生身の俳優身体とその映像を巧みにずらし、現象と知覚との齟齬を遊戯的に浮かび上がらせることで、観客に自分の幻想への自覚を――観劇体験を通じて――促すことができるという[30]。レーマンは、プレゼンスよりも不在の特徴のほうが、劇を見ることを遊戯的に省察する契機を観客にもたらすゆえに、現代演劇の特色に適うと主張した。

ジークムントのアブセンス論とプレゼンス批判

レーマンのアブセンス論を舞踊論に展開させると同時に、フィッシャー＝リヒテやゼールのプレゼンス論を批判したのがゲラルト・ジークムントの『不在――舞踊のパフォーマンス美学』（二〇〇六年）である。ジークムントは、ウィリアム・フォーサイス、ジェローム・ベル、グザヴィエ・ル・ロワなどの振付作品に顕著な「踊らない身体」の身振りを分析し、不在が観客にもたらす批判的な自己省察の可能性を指摘した。その際ジークムントは、フィッシャー＝リヒテやゼールのプレゼンス論に潜む問題を指摘した。

その問題とは次のようなものである。舞台上の俳優や出来事を直接見ている観客の知覚には、プレゼンスの状況に付随する現象と知覚との「距離」や「ずれ」が生じているが、プレゼンス論はこれらの距離やずれ、またこれらの根底にある不在の現実を軽視する。プレゼンス論は不在の現実を軽視することで、観客が自己の知覚に対して差し向けるべき批判的な姿勢を軽んずる傾向にある。ジークムントはゼールの「出現（das Erscheinen）」論に触れて、出現は、実際には知覚上のずれを経て鑑賞者／観客の「視線」に届くにもかかわらず、ゼールがこの現実を無視して、出現を純粋に立ち現れるものと安易に考えていると指摘する。

事物を見る「私」の視線は、事物の外側にあり、また視線は事物のもとで自己を見ているわけでもない。私の視線は〔……〕自己を示すことのない他者の視線のもとで手探りをして、何かを探し求めているにすぎない。というのも事物を現出させる出現は、それ自体が出現するわけではないからである。マーティン・ゼールの『出現の美学』ではこのような枢要な不在〔の現実〕が考察されていない。なぜならゼールは「私」の視線を中立的とみなしているからである。〈31〉

「今ここ」にまざまざと出現するかにみえる事物や舞台上の身体が、「私」という知覚者の視線に達するとき、私のもとではすでに出現そのものが失われてしまっている。それどころか出現が生じたことは、私の知覚によって完全には証明できない。つまり観客が俳優や舞踊家を間近に見るプレゼンスの状況においても、観客の眼前にありありと浮かび上がる演技や身振りは、すでに観客の視線のずれによってプレゼンスの直接性を喪失している。ジークムントは、ゼールの理論が、視線のずれとプレゼンス性の喪失という知覚の限界を無視していると批判した。

視線のずれという知覚の限界を根拠づけるために、ジークムントは後期メルロ＝ポンティの身体論（Leiblichkeit の論）とジャック・ラカンの認識論を融合させた立場から知覚論を展開する。メルロ＝ポンティの身体論とラカンの認識論を融合して導き出される知覚上の喪失は、観客が舞踊身体を見る際に生じる知覚の限界に当てはまる。

ジークムントは、後期メルロ＝ポンティが論考「キアスム」において「今ここ」の自己と他者が両者の独特の「身体性（Leiblichkeit）」で関係を構築すると論じたことに言及する。その上でジークムントは、メルロ＝ポンティの言う身体性が「不在」を前提にしていると指摘して、「キアスム」から以下の文章を挙げる。

私が〔今ここで〕見ている〔相手／他者の〕身体（Leib）や、私が聞いている相手／他者の語りは、私の視野の中では直接的に現在化して立ち現れるようにみえるが、それは〔……〕私が直接の証人には決してなれないような、つねに私にとって不可視な何かを現在化しているのである。つまり相手の身体と語りは、ある不在を現在化している。ただしそれは何らかの不在ではなく、特定の不在であり、私たち皆に共通する次元への関係における特定の差異である。〈32〉

先述のように、プレゼンス論の提唱者フィッシャー＝リヒテは、「今ここ」において相手の感性的知覚に直接的に伝わる身体性の特徴を強調するために、身体を表す一般的な語“Köiper”ではなく、“Leib”を用いて、俳優と観客の関係を「身体的共在（leibliche Ko-Präsenz）」と定義づけた。さまざまな人々が観客として同じ時空間に居続けて、俳優を直接見たり聴いたりする身体的な状況は、身体的な関わりを示す“leiblich”という形容詞で表されたのだった。しかしジークムントによれば、メルロ

＝ポンティの「身体性（Leiblichkeit）」は身体的な直接性を意味するのではなく、むしろ、身体とそれを見る身体像との距離、すなわち「あいだ（Dazwischen）」を示す。メルロ＝ポンティの「身体性」は、直接的にみえるライブ・コミュニケーションがこの「あいだ」の距離ゆえに「差異」やずれを前提として成り立つことを説明する不在の概念なのである。

さらにジークムントは、メルロ＝ポンティが指摘した不在としての“Leiblichkeit”をラカンの理論と結びつけて、身体を見る主体の問題を解明する。主体は、眼前にある身体を統一化されたイメージとして認識するが、そのイメージは実際の身体からずれるようにして浮かび上がる「イマジネール」なものにすぎない。この点についてジークムントは次のように説明する。

他者ではあるが、同時に似たものとして〔眼前にある〕身体の像は、〔見る者によって〕表象され、空間的に区分された構想として〔……〕主体に戻ってくる。身体像は〔……〕「私」の不在を示す。主体が見る〔他者の〕像は「イマジネールの統一」として主体にやって来るようにみえる。しかしこの統一は空想にすぎないので、主体は統一的な像を捉え損ねている。[33]

主体は対象を統一的な像として知覚すると思うが、その像は実際の対象からずれたものであり、「ばらばらにされたもの」を「捉え損ねた」結果の産物にすぎない[34]。このような思い込みは、演劇やダンスの観客の主体にも生じる。観客は、演じたり踊ったりするパフォーマーの身体を目の当たりにして、メディア映像にはない迫真の演技やエネルギッシュな衝撃を「生で」受け止めているように思い、「今ここ」のダイナミズムを経験していると思うものである。しかしジークムントによれば、このような「思い」は、実際には「空想にすぎない」「イマジネールの統一体」からの「思い込み」である。観客は、このずれに気づかないまま、迫真に迫る身体を見たと思い込む。この思い込みはプレゼンスの問題にも当てはまる。観客が、メディア映像などの媒体を介さないライブ性をじかに体験していると思うとしても、このライブ性には、ラカンの言う幻想の問題が潜んでいる。

ジークムントはさらに、フィッシャー＝リヒテのプレゼンス論と、それに基づく「身体化」の論がこの問題を軽視していると指摘する。先述のように、フィッシャー＝リヒテは、俳優と観客は身体同士の直接的な「共振」の作用によって、精神と身体の境界を乗り越える一元的「身体化」の状態を経験すると述べた。ジークムントは、この一元化は実際の上演では起きず、俳優や舞踊家の身体は「舞台と観客席とのあいだの複雑な変容プロセス」でつねに「生成」すると考える。舞台と観客席のあいだにある「距離」や「ずれ」によって、舞台上の身体が「つねに書き換えられる」以上、俳優や観客の身体が一元化された身体という固定的な状態になることはありえない〈35〉。にもかかわらずフィッシャー＝リヒテが独自の「身体化」論を主張するとしたら、それは「いささか通俗的」であるとジークムントは批判した〈36〉。

踊らない舞踊の「批判的身体」

身体を直接的に、統一的に捉えようとして幻想に陥る問題は、主体が何かを知覚する際につねに生じる問題ゆえに、解消不可能なアポリアである。しかしジークムントは、主体がこの幻想に対して自己省察をする契機がダンスにはあり、それは踊らないダンス、すなわち不在のダンスにおいて可能になると主張する。『不在──舞踊のパフォーマンス美学』には数多くの事例が論じられているが、ここでは日本（横浜KAAT劇場）でも二〇一一年に上演されたグザヴィエ・ル・ロワによる振付・ソロ作品『Self Unfinished』の論を紹介する〈37〉。

約一時間にわたる同上演でル・ロワは、古典であれモダンであれ、舞踊と思えるような身振りは示さない。冒頭で身にまとう服を脱ぎ全裸になると、柔らかい関節を活かして四肢を曲げたり伸ばしたり、横たわったり、壁にもたれかかったりして、自己の身体を次々と変形させていく。ときとしてル・ロワの身体はロボットや蛙のようにみえる。しかしそのような形象に固定される前に、ル・ロワの身体は別の形象に変容し始めるので、特定の何かを決定的に表象するに至らない。観客はその変容のプロセスから具体的なイメージを喚起しようとしても、ル・ロワの身体はその前に別の姿に変形し始めるのである〈38〉。こうして観客は自分の思い通りのイメージでル・ロワの身体像を捉えるのを阻まれていることに気づく。そのとき観客は、ル・ロワの姿をイメージ化しようとする際に思い浮かぶ身体像が、メディア映像に氾濫する紋切型のものになりがちであることにも気づかされる。このように

© Kartin Schoof

グザヴィエ・ル・ロワ『Self Unfinished』

ル・ロワは舞台奥の壁に逆立ちしているが、立姿にもみえる。さらに──上演の前半で重機や機械を示唆する身振りも示すことから──何らかの物体のようにもみえる。こうしてル・ロワが作り出す身振りは特定の身体像に固定されず、つねに流動し続ける。

観客に自己批判的な省察を促すル・ロワの「踊らない身体」を、ジークムントは「批判的身体」と称する。

とりわけ重要なのは関節の働きである。関節は身体を次々と展開し、突然変異をさせる。ル・ロワは自分の体にある蝶番のような箇所を足掛かりに、身体をそれ自体との絶えざる差異において産出する。この差異は決して停止されず、それゆえに多様な身体を生み出し続ける。〔……〕身体におけるこの不在から、多様な身体である〔アルトーの〕「器官なき身体」が成立する。それは何らかのものを映し出す身体像には決してならない。〔……〕このとき振付は多様な身体を分析するための道具となる。ル・ロワの身体はいかなる既存の記号生産も拒否するがゆえに、批判的身体と言える。このような身体は、若々しさやフィットネス、エロスの記号として交換できない。〔……ル・ロワの〕身体は、スペクタクル時代において踊る身体について疑問を投げかける。〈39〉

一般的な舞踊の身振りから大きく逸脱し、特定の記号になりづらい無定形なものを生み出し続けるル・ロワの「器官なき身体」を見て、観客は若さ、規律、エロスといった身体像への欲望が満たされることがない自分に気づく。同時に観客は、ときに全裸である眼前の身体を前にしてそのような欲望をいだくことで、ステレオタイプ的な身体像に囚われがちな自分の欲望にも気づかされる。こうして踊らないル・ロワの身体による批判は観客に、見ることに潜む欲望の問題へと省察を促す。

踊らない身体による批判は、観客が「今ここ」で身体を見る際のプレゼンス的状況の問題も浮き彫りにする。観客は踊る身体を直に見るとき、ライブならではの活力や躍動感を堪能していると思いがちである。しかし実際には観客は、眼前の身体を紋切型の身体像に押し込めることがしばしばある。にもかかわらず観客が眼前の踊りの名状しがたい躍動性に魅了されているとしたら、プレゼンスの状況が観客の判断にイマジネールな幻想をもたらしたことになる。通常の踊りの身振りを拒否する不在の舞踊では、観客はプレゼンスがもたらす単純な躍動性や活力に魅了されないだろう。他方、ル・ロワの身体はつねに変容し続けるので、観客は単純に魅了されないまま、この変容を見続ける自分とはいったい何だろうと自問することになる。観客は、イマジネールな欲望を身体に向けられないままル・ロワを見続けることで、「今ここ」で踊る（はずの）身体を見る自己のあり方を自省するようになる。

ジークムントのアブセンス論は、本人が認めているように[40]、メディア学者ゲオルク・クリストフ・トーレンの『メディアの切断』（二〇〇二年）の論に多くを負っている。トーレンは——先述したような——メルロ＝ポンティの身体論とラカンの認識論に共通して指摘される「知覚における喪失（Verlust in der Wahrnehmung）」を根拠にして、「ずれ」やイマジネールな幻想が人間の認識と知覚に必然的に生じることを指摘した。その際トーレンはポール・ヴィリリオのメディア批判を取り上げ、ヴィリリオが認識・知覚上の必然的な不在の現実を理解しないまま、ヴァーチャル・リアリティがもたらす現実の喪失を批判していると指摘した。さらにトーレンは、ヴィリリオが提唱する(メディア映像と一線を画す)「今ここ」のプレゼンスの評価もこの無理解に基づいているとして指摘し、ヴィリリオによるプレゼンスの評価をアブセンス論の立場から批判した〈41〉。

アブセンス論の優勢

このようにアブセンス論のプレゼンス論批判は、舞踊学・演劇学ではジークムントによって、メディア学や認識論ではトーレンによって行われた。彼らのアブセンス論は、現象と知覚者のあいだにある距離やずれを不在として捉え、この不在が知覚行為を成立させる際に必然的に生じると考える。不在は、「今ここ」に何かが立ち現れて現象化し、それが知覚者に伝わる際のプレゼンス的な状況の成立条件であり、それゆえにプレゼンスは不在と共に成立する。ジークムントとトーレンはこのように考えて、プレゼンス論よりもアブセンス論を重視したのである。

ジークムントやトーレンによるプレゼンス論批判とアブセンス論の提唱は、知覚者の限界や自己矛盾を考慮すると説得力がある。知覚者は「今ここ」の現象をそれ自体として把握することはできない。それにもかかわらず、あるいは、ラカン流に言えば「それゆえに」知覚者は眼前の現象を活き活きとしたものと捉える。プレゼンス論が現象の躍動性を重視しすぎるあまり、現象と知覚のあいだに不可避に生じるずれを軽視しているとすれば、このずれの問題を見据えるアブセンス論と、そのプレゼンス論批判は適切なものと言える。

ジークムントとトーレンのアブセンス論によるプレゼンス批判論は、その後のドイツ演劇学において支持されている。例えばアンドレ・アイアーマンは『ポストスペクタクル演劇』（二〇〇九年）において、観客の視線における誤解や誤認を主張するジークムントとトーレンに依拠して、フィッシャー＝リヒテのプレゼンス概念を批判している。フィッシャー＝リヒテは、「今ここ」の状況において観客が俳優との出会いに「幸福の約束」を期待していると指摘したが、アイアーマンは、そのような幸福への――ラカンの概念で言えば――「欲望」は「出会いのプレゼンスによって」決して充足されることはないと主張する[42]。その上でアイアーマンはそのような欲望が生じるあり方を省察する「ポストスペクタクル演劇」の批判力に舞台芸術の可能性を見出そうとする。

フィッシャー＝リヒテのプレゼンス論が舞台上の出来事と観客受容のあいだの齟齬を軽視した問題は、その後のプレゼンス論においても修正されている。例えば「今ここ」の演劇的出来事をベルンハルト・ヴァルデンフェルスの現象学に依拠して探究したイェンス・ローゼルトの『演劇の現象学』（二〇〇八年）は、観客が舞台上の出来事と、出来事の知覚とのあいだに違和感を認識する「奇異な瞬間（markanter Moment）」を重視する[43]。ローゼルトは、観客による「奇異な瞬間」の経験・認識プロセスを演劇の諸現象として捉えることで、現象学が重視するプレゼンスの状況に「ずれ」や「奇異」などの契機もあることを指摘する。ローゼルトは、フィッシャー＝リヒテを明確に批判してはいないが、プレゼンス概念の修正によって、彼女のプレゼンス論が基本とする現象と知覚の直接的な関係を前面に出さないようにした。またナターシャ・シウズーリは『いかに不在がプレゼンスに成立するか』（二〇〇八年）において、フィッシャー＝リヒテのプレゼンス論を重視しつつも、上演にはプレゼンスと不在が弁証法的な関係において相互関連にあることを指摘した。戯曲の登場人物や台詞が舞台上で演劇的な現象に変容して立ち現れるとき、その出現は、テクストの特徴を失いつつ、俳優身体や視覚的・音響的な素材によるプレゼンテーションによって実現する〈44〉。シウズーリは、テクスト性の喪失という不在の要素を加味することで、「今ここ」のプレゼンスの現象の意義を積極的に提唱する。

アイアーマンのアブセンス論がトーレンやジークムントのアブセンス論をそのまま継承したのに対して、ローゼルトやシウズーリのプレゼンス論は、フィッシャー＝リヒテの一元論的プレゼンス論を踏襲せず、プレゼンス論を修正するようにして不在の特徴を考慮した演劇論を展開する。またフィッシャー＝リヒテの現象と知覚の直接性を継承する新しい演劇学の試みは、一部の例外を除き〈45〉、ほとんど行われていない。この対照的な事実を踏まえれば、現在のドイツ演劇学ではアブセンス論の立場のほうが、プレゼンス論よりも支持されていると考えられる。

三　在と不在の二重性

論争とアプセンス論の問題点

ただしジークムントのアブセンス論や、これまで述べてきたプレゼンス-アブセンス論争には修正・補足すべきところがある。それは次の二点である。

第一にジークムントは、不在の意義とそれがもたらす批判力を重視するあまり、演劇の「不在の美学」の可能性や問題を狭めてしまっている。演じない・踊らない、重要な何かが欠けているといった舞台上の不在の要素は、「今ここ」の出来事を見る観客に批判を促すとは限らない。舞台上に不在の状況が支配的であるからこそ、観客は、何かが起こることへの期待と不在の現実とのあいだで葛藤をかかえたり、舞台上の出来事に対して否定的な感情をいだくことがある。後述するように、現代演劇は不在に特有の強い否定性を示すことで、観客に自己批判を促すだけでなく、何かが起きるのではという「プレゼンスへの期待」[46]に観客を駆り立てることすらある。さらに観客は、踊らない舞踊家の身体を見ることで、舞踊家を見る自分を省察するだけでなく、舞踊を見る際の自分の感性を活発にしようとする試みも可能になる。観客は（自己）批判だけでなく、批判を踏まえた演劇や舞踊の見方を遊戯的に模索することも可能になる。ジークムントのアブセンス論は、不在の演劇・舞踊がもたらす観客のより多様な受容経験（葛藤、感性的な側面の可能性）を軽視している。

第二の問題点は――第一の問題に関連するが――プレゼンス論もアブセンス論も演劇観において一義的な偏向に陥っており、それゆえにどちらの立場も、プレゼンスと不在の双方がもたらす演劇のより多様な可能性を狭めていることである。「今ここ」の現象がもたらす直接的な衝撃性や経験の「充実（Fülle）」を重視するプレゼンス論は、演劇表現《プレゼンテーション》においても、観客受容においても、衝撃性や充実と同等の活力・エネルギー・感性を優先する傾向がある。つまりプレゼンス論は、衝撃性のある舞台と、その衝撃性がもたらす観客の強度な演劇経験を重視する一方、表現《プレゼンテーション》に明確なエネルギーや衝撃性がみられない「不在の美学」の上演作品を考察対象から外す傾向がある。

同様の偏向はアブセンス論にも当てはまる。観客に「今ここ」の現象と知覚とのずれを気づかせて、観客の知覚の限界を自省させることに演劇の可能性を見出すアブセンス論は、演劇表現においても演じない・踊らないという不在を重視する一方、演劇表現《プレゼンテーション》が顕著な舞台作品をほとんど引き合いに出さない。プレゼンス論と同様、アブセンス論も（舞台）表現と（観客）受容の次元において不在の特徴を前面に出す一方、プレゼンス美学中心の舞台作品を軽視する傾向にある。

「ある」と「ない」の両義性――本書のテーゼ

このようにプレゼンス論もアブセンス論も演劇表現と観客受容において、前者は「ある」ことの価値観、後者は「ない」ことの価値観だけに偏っている[47]。しかし実際の演劇上演では、プレゼンスと不在の特徴が一方から他方へ転換したり、両方がパラドキシカルな関係性を帯びながら並存することがある。本書はそのような特徴が顕著な演劇上演を考察して、演劇現象における「ある」と「ない」とのあいだの逆説的な二重性や、それに起因する動力学的な観劇経験のプロセスを明らかにする。

すでに紹介した演劇上演の例から、パラドキシカルな二重性の特徴を紹介してみよう。フィッシャー＝リヒテが俳優身体と観客身体の直接的な関係を指摘する際に取り上げたシュレーフの演劇では――フィッシャー＝リヒテが論じるように――多くの俳優が同じような身振りをする演技が活発で、エネルギッシュにみえるが、この集団の演技を観客が――ジークムントが論じるように――距離を置いて観察し、そこに何かが欠けている問題に気づき、舞台作品を見る自分のあり方を省みるようなことがありうる。活発な出来事が生じるようにみえるプレゼンス美学が中心的な舞台作品でも、アブセンス論が主張する観客の自省や批判の契機は起こりうる。

他方、ジークムントが「批判的身体」の一例として紹介した『Self Unfinished』の観客は、舞踊家ル・ロワが特定の身体イメージを喚起させない「規定不可能」な動きを次々と展開するからこそ、ル・ロワの踊らない身体にいっそう強く引き寄せられることがある。舞踊家が通常の舞踊形式で踊らない不在の状況を示すからこそ、観客の感性や知覚が――自省や批判的な態度とは裏腹に――舞踊家の身体存在《プレゼンス》へ惹きつけられる。不在が支配的な舞台でも、プレゼンス論が積極的に主張する観客の感性的・身体的側面の変化が生じる。

演劇では、プレゼンスの要素が中心の演技や表現でも、不在の状況が支配的な舞台でも、観客の感性が揺り動かされ、活発になりうる。上演ではプレゼンスが中心であっても、不在の特徴が顕著になったり、反対に、不在が中心であっても、プレゼンスの特徴が介入することがありうるのである。またプレゼンスと不在の特徴は、舞台上において、あるいは舞台上の表現と観客とのあいだにおいて、あるいは観客の受容態度において同時に生じうる。演劇上演はいわば「ある」と「ない」のうち、どちらかの特徴だけで成立するのではなく、どちらかに転換したり、一方が他方に介入するような契機を孕んでいる。

「ある」と「ない」の状況が並存して何かが出現することについては、ジャン＝リュック・ナンシーが自身のプレゼンス論において指摘している。論考「プレゼンスの成立」においてナンシーは、何かが生じるというプレゼンスの状況は、つねに消失や剥奪といった不在を伴って成立すると述べる。

「ある」はそれ自体では〔……〕プレゼンスではない。「ある」という表現で私たちは何かを指摘することも、何かに立ち戻ることもできない。「ある」はつねにそこにあるが、(実態のような)「存在」としてではない。また(プレゼンスのような)「そこにある」というものでもない。むしろ「ある」は、何かが成立する際の生成の中にある。〔……〕成立は生じるとすぐに自己解体すると共に半永久的に自己を継続する。成立は、あらゆるものがプレゼンスを要求する際に生じるプレゼンスの剥奪なのである。このように「来ること」は同時に「消え去ること」でもあるのだ。プレゼンスは〔……〕プレゼンスを消し去ることなしでは「来ない」。「来ること」は「来ると行く」という組み合わせなのである。〈48〉〔傍点は原著者による〕

ナンシーは何かが立ち現れる（成立する）際に、正反対の「プレゼンスの剥奪」が生じると指摘し、プレゼンスと不在が不可分な形で対立的な二重性を帯びていると述べる。つまりプレゼンスと不在（＝「剥奪」「消え去ること」）は対立的であり、かつ不可分である関係性においてパラドキシカルな二重性を帯びている。

ナンシーが指摘するこの二重性は、「ない」は「ある」でもあるという考え方にも敷衍できる。先述のように、『Self Unfinished』では踊らない身振りゆえに、観客はかえって舞踊家の身体存在に引き寄せられて、その存在に何かを見出そうとする。舞台上の不在の状況は、プレゼンスとの関係によって初めて成立するのである。

ただしナンシーによる「ある」と「ない」の二重性には――両者の相互依存の関係性が明確に示されるのに対して――両者のあいだに起こりうる対立・矛盾・隔壁などの否定的な特徴が強く前面に押し出されていない。しかし演劇ではこの否定的な側面が観客に挑発的に示されることがある。俳優が演技をまったくせずに長時間立っているだけの上演や、長時間何も起きない状況が続く上演では、観客は「ない」状態から有意義なものを見出すことが非常に難しい。それゆえに観客は葛藤や否定的な感情をいだくことになる。このような葛藤や否定性の経験は――逆説的なことに――演劇ならではの感性的・ダイナミックな芸術経験になりうる。葛藤や否定性によるダイナミズムの経験は、「ある」と「ない」とのあいだの関係が相互依存的であるだけでなく、パラドキシカルで自己矛盾的であるからこそ可能になる。

「ある」と「ない」の逆説的な両義性――本書の目指すところ

プレゼンスと不在のパラドキシカルな様相や、その多様性を演劇上演において明らかにすることで、本書は演劇(経験)の新しい可能性を導き出す。それは、演劇ではプレゼンスと不在の特徴が、どちらかに措定されないまま、両極のあいだで矛盾や対立を孕みつつ揺らぎ続けることに、この芸術ジャンルの可能性があるという演劇観に基づく。すでに指摘したように、「今ここ」に起きては消えゆく多様な演劇的現象が観客の知覚によって完全に把握できない以上、観客は、自分が見て把握するものが本当にそうで「ある」のか、そうで「ない」のかを完全に見極めることができない。それゆえに観客は「ある」という意味でのプレゼンスだけに加担することはできないし、「ない」という意味での不在の状態に加担することもできない。こうして観客は「ある」と「ない」という対立的な関係性において、どちらかに加担できず、両者のあいだで宙吊り状態になる。対立的な関係性のなかで宙吊り状態に置かれることは、観客に否定的な経験を引き起こす。「ある」と「ない」とのあいだの宙吊り状態の観劇経験は強い否定性を帯びるのである。このような葛藤や否定的な感覚、逡巡の揺らぎといった負の経験にこそ、観劇ならではのダイナミズムが発揮されるのである。

このダイナミズムは、実際の観劇経験ではどのようにして生じるのだろうか。次章では、劇団ク・ナウカの舞台作品をモデルケースとして「ある」と「ない」とのあいだで揺らぐ観客の動力学的なプロセスを詳細に辿り、このプロセスを理論的に考察してみよう。

第二章
理論的前提とモデルケース

一　モデルケース——ク・ナウカの『王女メデイア』

一九九〇年から二〇〇七年まで東京を拠点に活動した劇団ク・ナウカは、演出家宮城聰を中心にして、文楽の形式を巧みに活かした演出と演技でギリシア悲劇や日本の古典作品を舞台化した。義太夫に相当し、「スピーカー」と称される俳優と、人形に相当し、「ムーバー」と称される俳優が、それぞれ同じ登場人物を演じることで、言葉・声と身振りとが別人によって表現される。この分離によって、同一人物が語りと沈黙とに分離した状態で観客に呈示される。

エウリピデスの原作を換骨奪胎して上演した『王女メデイア』（一九九九年、東京にて初演）では、この分離がク・ナウカの他の舞台作品よりもいっそう先鋭に強調された。座して動かないまま、戯曲の台詞を雄弁に語る男性俳優たちが、女優たちに沈黙を強いるようにして役を演じさせる設定により、「ムーバー」としての女優たちの沈黙と、「スピーカー」の声が対立関係のなかで浮かび上がった〈1〉。この対立関係によって、女たちに沈黙を強いる男性俳優たちの雄弁な語りは本来なら「ない」はずではないか、女優たちの語りは本来なら「ある」べきではないか、という問題が観客に突きつけられることになった〈2〉。

このような構図において『王女メデイア』は、演劇におけるプレゼンスと不在のパラドキシカルな二重性の基本構造を示している。それは、一．舞台上の表現、二．観客の受容の二つの次元にわたる。これら二つの次元をまとめると、次のようになる。

一．雄弁な語り（プレゼンス）と沈黙（不在）が舞台上の俳優の演技によって対立関係の様相を呈し、それが観客に挑発的に強調される。

二．観客は舞台上の表現を受容する際、雄弁な語りをそうあるべきではないとみなし（＝プレゼンスを不在に置き換えようとする）、沈黙する女優たちの不在に声を聴き取ろうとする（＝不在からプレゼンスを引き出そうとする）ことにより、表現（者）と観客とのあいだに、「ある」から「ない」へ、「ない」から「ある」へという逆説的な関係（キアスム）が成り立つ。

『王女メデイア』は、この二つの次元にわたる「ある」と「ない」の特徴が示される点において例証的であるが、それが観客に明確に伝わるのは、上演が「劇中劇」の体裁を取っているからである。『王女メデイア』は、「メデイア劇」の前後に、この劇が始まり、やがて終わるという外枠の場面を設定することで劇中劇の様相を呈する。劇中劇という劇の二重化によって、観客は劇を見ることとは何か、劇を見る観客とは何かという問題に直面することになる。演劇を見ながら、見ることとは何か、見る自分とは何かを観客に自問させる点において劇中劇は「メタシアター」[3]に属する。『王女メデイア』の観客はメタシアター的な問いかけと共に、「ある」と「ない」をめぐる問題とも直面することで、プレゼンスと不在の二重性の問題を観劇それ自体の問題と関連づけて考えることになる。このようにして「ある」と「ない」をめぐる問題は、上記の二つの次元にわたり観客に強く問いかけられる。

メタシアター的な問い

『王女メデイア』の劇中劇は次のように繰り広げられる。上演前、明治期の洋装をまとう男たちが観客席の裏側から登場し、前方の舞台に上っていく。その際、男たちは酒に酔っているせいか、荒々しい声で談笑しながら観客の前に登場するが、すでに舞台上にいる芸者風の女たちを見かけて、宴席で余興を共にすることを思いつく。男たちが余興の出し物として思いついたのが、エウリピデスの『メデイア』である。男たちは、女たちにこの芝居を打とうと持ち掛けて、登場人物のメデイア、イアソン、クレオン、子役を女たちに「ムーバー／人形」として演じるように指示し、自分たちは各人物の「スピーカー／義太夫」として台詞を担当しようとする。男たちはその準備のため、台本を手に取り、あたかも義太夫や語り部であるかのようにして、台詞の一部を語って練習し、やがて舞台後方に座る。「メデイア劇」の外枠となるこの一連の流れにおいて、男たちは女たちに威圧的に話しかけ、指示する。

男たちの威圧的な態度や、女たちに強いるようにして上演の準備をする様子から、直後に始まる「メデイア劇」自体に問題があることが観客に明示される。観客は「メデイア劇」、さらにはそれを見る自分自身に対して疑念をいだくことになる。

上演中、男たちは舞台後方に座り、台本を朗々と読み、巧みな台詞廻しと声技で舞台前方にいる女たちに演技をさせる。巧みな台詞廻しは、上演前に男たちが粗野な笑い声で観客の不快感を誘ったときの声色とは正反対である。他方、女たちは終始無言のまま、男たちの言葉と声に合わせ登場人物を演じる。メデイア劇は、雄弁な男たちと沈黙の女たちによって次のように展開する。夫イアソンはメデイアと離縁してコリントス王クレオンの娘との政略結婚を図る。途方に暮れるメデイアはせめて子供と共に他国へ移り住むことを懇願するが、夫はこれを拒否し、子供は自分のもとに置き、メデイアだけが国外退去せよと命じる。身勝手な夫の心変わりに復讐心をいだいたメデイアは、ためらいつつも子供を殺すことを決意し、メデイアに扮する女優・美加理が子殺しの演技を見せる。

© 内田琢麻

劇団ク・ナウカ『王女メデイア』

冒頭の場面：舞台後方で左から二番目に座る俳優・阿部一徳がメデイアの台詞を語り、舞台前方に立つ俳優・美加理が沈黙したままメデイアの身振りを示す。

この場面で劇中の劇が終わり、エウリピデスの戯曲にはない外枠の劇が終幕として始まる。メデイアが子を殺めて復讐を遂げたことを機に、これまで沈黙を強いられていた女たちが男たちに反旗を翻す。役の演技を強要されていた女たちは、同じ役の台詞を語る義太夫の男を各々切り倒し、「メデイア劇」を転覆させ、幕切れにする。復讐を遂げた女たちは、観客に向かって横に並び、つぶやき声を一斉に発する。このつぶやきは、女たちが初めて発する声であり、観客には意味が聞き取れない呪文のような声である。女たちの謎めいた声音と共に『王女メデイア』の上演は終わる。

このようにメデイア劇の前後に、上演そのものに大きな問題があると思わせる外枠の設定が置かれることで、観客は否応なく劇を見ることを自問せざるをえなくなる。

雄弁と沈黙をめぐる二つの次元

メタシアター的な自問は、「ある」と「ない」をめぐる問題とも必然的に関わる。というのも、男による女の支配や、支配に対する女の復讐という問題は、舞台上の表現において、雄弁(プレゼンス)と沈黙(不在)との対立関係において具体化されるからである。これが第一の次元のパラドキシカルな基本構造に相当するが、ここで舞台上の雄弁と沈黙のあり方を確認してみる。

舞台後方に座る男たちは、義太夫の台詞廻しや時代劇風の雄弁な語り口を駆使して登場人物の台詞を語る。前方にいる女たちは、男たちの巧みな台詞廻しに合わせて終始無言で演じ続ける。その様子は、あたかも声の命令に従っているかのようである。それは、メデイア劇の冒頭の演技において顕著に表れる。冒頭でメデイアの台詞を担う俳優・阿部一徳が、女心を情感豊かに語る。「家のなかで塞ぎこんでいると、悪い噂が立つんです。〔……〕まじないだとか、何か復讐を企てているとか、井戸に毒を入れるつもりだとか」〈4〉。その際、メデイアに扮する美加理は、自分の台詞であるにもかかわらず、阿部の語りに耳を傾けているかのように振る舞い、「悪い噂」という言葉に屈するかのように委縮する。メデイアという人物が言葉・声と沈黙の身体に分離し、前者が後者を支配するような状況が観客に示される。冒頭以後も、男性俳優たちの語りは、沈黙する女優たちを従わせるかのようにして雄弁に語る。力強い声と雄弁な語り口が、あたかも女たちの身体から言葉を奪っているかと思わせるほどである。このように雄弁の表現は沈黙という不在との強い緊張関係において際立つ〈5〉。

第一の次元における雄弁と沈黙の緊張関係は、第二の次元にも影響を及ぼす。舞台上におけるプレゼンスと不在との関係を見続ける観客は、両者のあり方やその関係に対して強い疑念をいだくことになる。観客は、男たちの雄弁な声を素晴らしい表現《プレゼンテーション》とみなして聞くのでなく、むしろ女たちの沈黙があるから声が朗々と響くのではないかと考えることで、プレゼンスに対して否定的な考えをいだく。他方で観客は、男たちの声と言葉に強制されるかのようにして演じ続ける女たちの沈黙を、単なる不在としてみなすだけでは不十分であると考える。むしろ観客は、女たちの沈黙から声を聞き出すべきであると考えるようになるが〈6〉、このとき観客は不在に抗うようにしてプレゼンスを志向する。

こうして観客は、雄弁な声（プレゼンス）に対しては否定的な立場（不在）、沈黙（不在）に対しては声の救出（プレゼンス化）の可能性を模索するようになる。舞台の「ある」と「ない」の表現が、キアスム的な二重性を経て、観客受容の次元において変化し、プレゼンスが不在の方向へ、不在がプレゼンスの方向へ反転するのである。

プレゼンスとアブセンスのキアスム

キアスムが示唆するように、舞台上の雄弁（プレゼンス）と沈黙（不在）の緊張関係は、観客受容の次元において逆説的な関係となっている。観客は舞台上に「ある」とされる声の表現《プレゼンテーション》を「あるべきものではない」、すなわち不在として逆説的に捉えようとする。このとき観客は表現に対して分析的、批判的な姿勢を取ろうとする。観客が舞台上の表現を問題視して、それは本来あってはならないのではないかと考えるとき、観客は表現に対して批判的な距離を置き、表現の特徴を分析し、問題の所在を探し出そうとする。そうすることで観客は表現《プレゼンテーション》を無効（＝不在）として捉えることができる。

『王女メデイア』の雄弁な声を、距離を置いて捉え直してみると、雄弁な台詞廻しが、人工的で虚構であるからこそ雄弁に響く「からくり」がみえてくる。男たちが上演の冒頭で最初に鳴り響かせた声は、荒々しく、聞く者を不快にさせるほどだった。その後男たちは舞台後方で台本を手に取り、義太夫のごとく台詞を発すると、粗野な声は豊かな台詞廻しの背後に隠される。男たちは、義太夫よろしく、登場人物の心理に的確に合わせ、ときに苦悩と悲しみを交えた声色で、ときに消え入りそうな小声で、ときに毅然とした口調で語りを七変化させる。しかし上演冒頭の野卑な声音をすでに聞き知っている観客は、男たちの巧みな台詞廻しが「地声」ではなく、「作り物」である側面を容易に察することができる。

この側面は、演出によっても示唆されている。舞台中央でイアソン役の女優が座る箱には、犬がグラモフォンの前に座るビクターのロゴマークが付けられている。犬が黙って演じ続ける女たちだとすれば、蓄音機というメディア技術の声は男たちの声を揶揄していることになる。女たちを従わせる声は、ジャック・デリダが声のプレゼンスの無根拠を説いた際に述べた「テクネー〈技術〉」としての「フォネー〈声〉」にすぎない[7]。男たちの声がプレゼンスとしての「肉体性(Leiblichkeit)」を失い、技術として巧みに変容できるようになったからこそ、雄弁に聞こえるようになったのである。

このような演技や演出をみれば、観客が女たちの沈黙に対して、「本来なら声があるべきだ」、あるいは「声なき声を模索すべきだ」と考えざるをえなくなる。事実、メデイアを演じる美加理が観客にそれを挑発的に要請する。上演の中盤で美加理は舞台ばなに座って夫イアソンのために茶を用意するが、その際、おもむろに茶器を口元にやり、茶を口に含むと、最前列に座る観客に向けて茶を吹きかける[8]。この挑発的行為は、メデイア劇を見る観客に、このまま傍観するだけでよいのかという問い

© 内田琢麻

劇団ク・ナウカ『王女メデイア』

上演中盤の場面：舞台下手にクレオンが刀を持って立ち、上手前方にメデイアが立つ。メデイアの右後方に、グラモフォンのスピーカーを前にして座る犬が描かれる箱が置かれている。

を投げかけたものである。同時に美加理は、口を利くことはできないが、口で吐くという身振りによって、沈黙の状態から救ってほしいというメッセージを観客に送ったのである。

このような要請を受ける観客は、このまま傍観するだけではいけないといっそう強く考えるが、観客としてできることがほとんどないことに気づき、葛藤をかかえる。観客は沈黙から声なき声を聴き出そうとしても、女たちの本当の声を聴くことはできない。仮に観客がそのような声を聴いたり、あるいは聴いたと思っても、それは、アブセンス論の提唱者ジークムントが依拠するラカンの論で言えば、「想像界」の次元で捏造した虚構になってしまう〈9〉。あるいは文化論者トーマス・マッホーによれば、声なき声を聴くとしたら、それは「声の幻聴（Stimmhalluzination）」にすぎない〈10〉。観客は、沈黙の声を聴き取ろうとすることで、舞台上で苦しむ女たちに「応答責任」〈11〉を果たそうとしても、その試み自体が幻聴という捏造行為に陥ってしまう。

観客は沈黙に声を聴き取ろうとすることで、アポリアに陥ってしまう。このとき観客は観客としての自分の限界を痛感し、葛藤を感じることになる。第七、八章で詳しく述べるが、舞台上の不在の状態は容易に何らかの代替物に置き換えることができない場合がある。観客が不在の要素を、想像力や解釈で別の何かに置き換えるとしたら、それは――『王女メデイア』の例が示すように――解釈の産物ではなく、幻聴や幻影、捏造となる危険性を孕む。この危険性ゆえに、観客が不在をプレゼンスに変容させる試みには、否定的感覚や葛藤が伴う。

宙吊りによる脱措定

このような葛藤は、男たちの声の表現《プレゼンテーション》を「なき」もの（不在）に変えようとする試みと、女たちの沈黙（不在）を声（プレゼンス）に変えようとする試みのどちらにも起こりうる。観客は実際には、雄弁を沈黙の現象に、沈黙を声の現象に変容できるわけではない。観客は男たちの雄弁を虚構として否定的に解釈し直すことはできるが、舞台から響き渡る声という現象そのものを否定できるわけではない。他方——先述のように——観客が舞台上の女たちを沈黙から救うべきであると思ったとしても、実際にそれを実現できるわけではない。観客は「ない」とみなすべき声を不在に変えることも、「ある」べき声をプレゼンスに変えることもできない。観客は「ある」と「ない」をどちらかに変容して、それを措定することができないまま、両者のあいだで宙吊りのような状態に置かれる。

こうして観客は自らの関心を、一方ではプレゼンスから不在へ、他方では不在からプレゼンスへと向けてみることで、キアスムの構図を取りつつ、両極のあいだで往来する。男たちが声によって女たちを操る支配関係は、『王女メデイア』の上演中ずっと続く。この支配関係に強く疑問をいだく観客は、声と沈黙をめぐって宙吊り状態に置かれたまま、キアスムを描くようにしてプレゼンスと不在のあいだで揺らぎ続ける。

© 内田琢麻

劇団ク・ナウカ『王女メデイア』

上演最後の場面：女たちが義太夫に扮する男たちを切り倒して、呪文のようなつぶやきを発する。

二　逡巡のダイナミズム

「ある」と「ない」をめぐる揺らぎ

この揺らぎには、反転のたびにダイナミズムが生じる。観客が男たちの声を否定的に捉えたり、女たちの沈黙に声を聴こうとするとき、プレゼンスから不在へ、不在からプレゼンスへの反転が生じるが、この反転には、それを可能にするダイナミズムが作用する。反転のきっかけは、舞台上の出来事（演劇的現象）に対する観客の意識の変化である。男たちの雄弁な声をそのまま聞くだけでよいのかという疑念が、声の現象を否定的に捉え直そうとする方向に反転する。他方、女たちの沈黙をそのまま受け止めてよいのかという疑念が、沈黙に声を聴き取ろうとする方向に反転する。このような反転とそれに伴うダイナミズムは、観客の態度にほとんど表面化されず、観客の内部に生じる。この反転の動力性は不可視であるために「内的ダイナミズム」と称される。「ある」と「ない」のあいだでどっちつかずのまま、どちらかの方向に揺れては逆の方向に向かい、さらにまた反対の方向に向くというように反復し続けるとき、一方から他方へ、またその逆へという反転には動力学が作用しており、これが反復とともに生じ続ける。一方的な支配や不公平を前提にして上演が成立する『王女メデイア』では、観客はこの上演を見ること自体に葛藤を感じる。それゆえに演劇的現象のプレゼンスと不在をめぐって観客が「揺らぐ（oszillieren）」とき、そのつど生じる反転は軽快に往来する際の変化ではなく、葛藤や抵抗を伴う「内的緊張（Intensität）」である。

内的緊張は、観客が声と沈黙の問題に対して考察を重ねれば重ねるほど、強くなる。考えれば考えるほど、観客は自己の限界や矛盾をよりはっきりと意識することになり、いっそう強く葛藤をかかえるからである。先述のように、観客は確かに男たちの雄弁な声を虚偽や人工の「テクネー」とみなして、否定的に捉え直すことはできる。しかし第一章で取り上げたプレゼンス論者メルシュの声論によれば、声は聞き手の意識や意向にかかわらず、聞き手の身体に入り込んでくる独自の身体性（Leiblichkeit）を帯びている。『王女メデイア』の男性俳優たちは、義太夫と同じように、登場人物の心理模様に合わせて巧みに声色を変えることで、観客を魅了してもいるのである。魅力的な声そのものが自分の身体に入り込んでくることに対して、観客は「身体的に（leiblich）」抵抗することはできない。男たちの肉声に抵抗するとしたら、それは意識的な次元だけであり、身体的にはそれを受け入れてしまっている限界を観客は認めることになる。

同様の限界は、沈黙する女たちと自分自身との関係を観客が省察することによって露呈する。先述のように、観客が沈黙から声なき声を聴き出そうとしても、それは幻聴にすぎず、女たちの実際の声ではない。「ない」を「ある」に変えることはやはりできないのである。

「逡巡」の「対抗的衝撃」

観客の内部で生じる内的ダイナミズムは、不可視のままであり、強いエネルギーを上演空間に循環させないので、目に見える躍動感や緊迫感を伴うものではない。にもかかわらず内的ダイナミズムに変容や反転の力学が宿っていることは、ドイツ文学者ヨーゼフ・フォーグルの「逡巡（das Zaudern）」の理論から説明できる。

フォーグルは『逡巡について』（二〇〇七年）において、ミケランジェロのモーセ像や、アイスキュロスの『オレステス』、シラーの『ヴァレンシュタイン』、カフカの『城』の登場人物が行動や決断をめぐり思案に暮れて、行為（＝措定化）に踏み切れない状況を「逡巡」という観点から詳細に検討した。これらの人物に共通するのは、重大な問題を前にして、それを解決すべく決断を下して行動に出なくてはいけないと自覚してはいるが、果たしてそうしてもよいのかという疑念が生じ、行動の必然性とそれに対する懐疑とのあいだで揺らぎ続ける逡巡である。フォーグルは逡巡のプロセスを「無限の揺らぎ（endloses Oszillieren）」と称しているが[12]、このような揺らぎは、沈黙から声を聴き取ろうとする問題や、雄弁の声をどこまで否定できるのかという問題をめぐって自問し続ける『王女メデイア』の観客の揺らぎと同等と考えられる。観客は沈黙の身体から声を聴き取りたくてもできず、女たちに無言の演技を強いる男たちの声を否定したくても、聞こえてくること自体は防ぐことができない。フォーグルは逡巡の状況を「措定（Setzung）」できない「宙吊り（Suspension）」の状態と称するが[13]、この宙吊り状態も、プレゼンスと不在のどちらかに完全に至らずに往来する『王女メディア』の観客に当てはまる。

フォーグルはさらに、逡巡のプロセスにおいて異なるもの同士が対抗し合うダイナミズムが作用すると指摘した。何かを決めるという「規定」の行為を前にして逡巡するとき、「対抗的衝撃(gegenstrebige Impulse)」がそのつど生じる。このありようについてフォーグルは次のように説明する。

〔……私たちは〕内面で揺らいでいると、規定をしてもそれは別の規定によって堰き止められ、邪魔されることになる。このように規定しては別の規定を行い続ける**逡巡の内的リズム**が現れてくる。それは、**異なる力が動力学的に対抗し合う**状態である。〔……〕このような状態は決して静的ではなく、特別な意味で**ダイナミズム的**、**活動的**であり、それ自体において運動し続ける。〔……〕逡巡は〔……〕**対抗的衝撃**をそのつど新たに生み出す。[14]〔強調は引用者による〕

行為や決断に至らぬまま、心の内であれこれと狐疑逡巡するとき、「異なる力が動力学的に対抗し合」い、「対抗的衝撃」が「そのつど新たに生み出」される。措定に至らないからこそかえって発生し続ける異質な力同士のぶつかり合いに、フォーグルは逡巡のダイナミズムを見出した。目に見えない逡巡のダイナミズムが象徴的に顕在化する例として、フォーグルはミケランジェロの彫刻モーセを挙げる。フォーグルはフロイトの解釈を参照しつつ、モーセが「掟に忠実である」と同時に「掟破り」であり、「掟の執行者」であると同時に「強奪者」であり、「神の意志の伝達者」であると同時に「妨害者」でもあるとみなし、相矛盾する立場の葛藤が、ダイナミズムを伴う逡巡の姿に表れていると指摘した〈15〉。台座に座しているモーセ像は「怒り、痛み、軽蔑」〈16〉が入り交ざった表情をして、左足で床を蹴って立ち上がって行動に出ようとしているが、他方で立ち上がる動きを強く押し留めようとするため、両腕の筋肉が強く張りつめている。一方で立ち上がろうとする力と、他方でそれを押し留めようとする力が互いに拮抗し、「行きつ戻りつする衝動」〈17〉が湧き起こる。

撮影　Ulrich Mayring

ミケランジェロ《モーセ像》
(ローマのサン・ピエトロ・イン・ヴィンコリ教会所蔵)

左足は立ち上がろうとする姿勢である一方、筋肉が張りつめる左腕は立ち上がる動きを制するように体を押さえつける。行動に出ようとする動きと、それをためらう逡巡との緊張関係がこの像に顕在化する。

逡巡の葛藤

フォーグルの言う逡巡のダイナミズムは、ミケランジェロによる彫刻の姿と同様に、座って前方を見続ける『王女メデイア』の観客に当てはまる。観客が男たちの雄弁な声を否定的に受け止めようとしたり、女たちの沈黙の身体に声を聴き取ろうと試みるとき、「対抗的衝撃」が観客の内部に生じる。それは次のようなものである。観客は舞台上の出来事と、その出来事を傍観する自分の立場に対する疑念をいだき、この疑念を晴らすことができないために葛藤をかかえつつ、雄弁（プレゼンス）と沈黙（不在）とのあいだで迷い続ける。このとき対抗的衝撃が観客の内部に生じる。

その際、観客の自問は「ある」と「ない」をめぐって次のように展開されるだろう。男たちの声は、本当は「ない」はずなのではないか。しかし「ある」べきではない雄弁な声が観客としての私を魅了するのはなぜか。とはいえ黙り続ける女たちの声は、本来「ある」はずなのだから、「私」はそれに耳を傾けるべきではないか。でも「ある」べき声はやはり聞こえ「ない」し、そのような声を聞いたとしたら、それは幻聴である。それでもなお女たちの声を聞き出そうとすべきなのではないか。だがその術が見つからない。でも見つからなければ、舞台上の男たちは女たちをずっと支配し続けることになる。私はただ舞台を見ているだけでよいのか、「ある」べき声に対していったいどうしたらよいのか……。

『王女メデイア』ではこのような自問が観客の脳裡に次々と浮かび、「無限の揺らぎ」のように続く。

これらの自問は、「しかし」や「だが」といった逆接の接続詞で結びつけられるように、互いに矛盾し、反発し合うことで、そのつど「対抗的衝撃」が生じている。この衝撃力が観客に葛藤をもたらすのだが、そのプロセスにおいて、観客の内面を突き動かし続ける「逡巡」の内的ダイナミズムが作用するのである。

内的ダイナミズム

この種のダイナミズムは、フィッシャー゠リヒテがプレゼンス論で強調する「フィードバック循環のダイナミズム」[18]と異なるものとして理解されるべきである。第一章で説明したように、フィッシャー゠リヒテは、アイナー・シュレーフのコロスの上演を例にして、俳優と観客が「今ここ」に居合わせる「身体的共在（leibliche Ko-Präsenz）」の状況下でエネルギーが両者のあいだに伝わることを指摘した。シュレーフの演劇では、舞台上の俳優たちが合唱隊をなして激しく踊り、叫ぶことから生み出される「巨大なエネルギー」は、それを感じる観客を揺さぶり、観客のエネルギー的な身体（Leib）」を「呼び起こ」すことで、「観客に不断に新たな緊張を生じさせ、境界領域的な状態に観客を移行させる」[19]。フィッシャー゠リヒテも観客に「緊張」が生じることを指摘している。しかし『王女メデイア』の観客に生じる葛藤や、それに付随する内的ダイナミズムは、俳優の「巨大なエネルギー」から伝わることに起因するわけではないし、他の観客や俳優に伝達して、循環的なエネルギーが上演空間を占めるわけでもない。内的ダイナミズムはあくまでも個々の観客の内部に留まり、その内部において葛藤や緊迫感を伴って生じるのである。

「ある」と「ない」をめぐって観客の内部に生じる見えない葛藤や感情の動きや、省察への衝動は、レーマンの「現代演劇」論において示唆されている。この論によれば、観客は「今ここ」が「充実」するようにみえる演劇的現象に、あえて不在の要素が隠れていることを「より正確に把握」しようという衝動に駆られる。「プレゼンスの充実における不足の状態を、より正確に把握することは不可欠だと思われる。現前するものが完全で充実していると思えるときにこそ、想像力を駆り立てるような剥奪や、消えゆくもの、戦慄〔をより正確に把握すべきである〕」[20]。『王女メデイア』における男たちの雄弁な声が、女たちの声の「剥奪」を前提にしていることはすでに確認した。レーマンの説明を『王女メデイア』に応用すれば、観客は男たちの雄弁な台詞廻し（プレゼンス）を聞くにつれて、かえってそこに潜む剥奪（不在）の問題を正確に把握しようとするのである。

他方、不在の要素が観客の感情を駆り立てることについて、レーマンは次のように述べる。「剥奪はプレゼンスに関する感情の集中性を全面的に駆り立てる」[21]。『王女メデイア』の観客は、声を剥奪された女たちを見て、声を聴き取りたいが、聴くことができない限界を痛感し、葛藤をかかえる。このとき、女たちの「ある」べき声の（不）可能性のために、観客の「感情」が「全面的に駆り立て」られるのである。

声の雄弁な表現《プレゼンテーション》の場合であれ、声を奪われた沈黙の場合であれ、観客が直面する葛藤や逡巡の「対抗的衝撃」は、観客の内部で生じ、可視化されることはない。レーマンの言にある感情の「内的緊張（Intensität）」は、内なるものの「テンション」が高まることを意味する。この語とそれに示唆される考え方が、観客の受容における内的なダイナミズムを端的に表している。観客が高ぶった感情を顔の表情、嘆息、つぶやきなどで表現することはありうる。しかしそのような外的な反応に至る前に、観客は自身の内部において「ある」と「ない」をめぐる葛藤や集中度の高い感情、より深く理解しようとする衝動によって突き動かされる。これが観客の内的ダイナミズムである。

三　観客の本質的な矛盾

プレゼンスと不在をめぐる観客の内的ダイナミズムは、劇を見る行為に本質的な矛盾と密接に関わっている。私たちが劇を見ようと思うとき、舞台上の俳優や舞台装飾、音響空間といったプレゼンスの要素に何らかものが「ある」ことを期待している。この期待を持たない限り、私たちは劇場に足を運ぶことはないだろう。しかし『王女メデイア』が観客に呈する虚偽に満ちた雄弁の声や沈黙の身体のあり方は、観客の一般的な期待に応えていない。それどころか観客を戸惑わせ、「逡巡」させることで、期待と正反対の方向へ導く。「ある」はずのものが「ない」ことで、観客の一般的な期待は削がれ、ある種の反発や葛藤が生じる。観劇では、「ある」と「ない」をめぐる問題は、観客が当たり前のようにして期待する観劇体験の前提条件に関わる。舞台上で「ある」べきものが「ない」状態だったり、「ない」はずのものが「ある」状態だったりすることで、当然とみなされる観劇体験が大きく揺らぎ、観客はそれだけ強い反発や葛藤を覚える。「ある」と「ない」をめぐる問題は、プレゼンスへの一般的な期待ゆえに観客の内部に生じる内的ダイナミズムをいっそう強くする。

プレゼンスへの期待に潜む矛盾

この否定性は、舞台上の出来事が期待どおりで「ある」わけでは「ない」ゆえに生じるので、原因が演技や演出にあるかのようにみえる。しかしこの否定性は、観劇そのものに内在する見えない矛盾に帰因する。舞台上に何かが「ある」のを見たいと思う観客の期待は、ごく自然な欲求の表れに留まらず、舞台上の人々(他者)に何らかの犠牲を伴っても仕方がないと思う傍観者の無頓着さを基にして成り立つ。観客は舞台上に何が起きても、それが虚構であることを前提にして、出来事を判断するとき、出来事に対して期待はするのに、その責任は負わないという矛盾を負う。観客が期待どおりの出来事が「ない」と思って舞台を否定的に捉えるとき、普段は潜在する観客自身の矛盾が表れる。観客は、出来事に何かが起こることを期待する一方、それに対して責任は負わなくてもよいという矛盾の態度で観劇する。これが、舞台上の出来事のプレゼンスにまつわる観客の矛盾である。

この矛盾が舞台上のプレゼンスを期待する観客の本質的な問題であることを、ジャン＝リュック・ナンシーが指摘する。ナンシーは論考「演劇身体」（二〇一二年）において観客の一般的な期待について論じている。とりわけ悲劇では、観客は舞台上に「犠牲」や大きな不幸といった出来事が起きることを期待しつつ傍観するが、ナンシーは、この期待を論理的に説明がつかないものであるという意味合いで「カルト」と呼ぶ。ナンシーは、観客が舞台上の出来事、すなわち「プレゼンス」へ「カルト」的に期待することについて次のように述べる。

> 悲劇はカルトを出発点として誕生したとブレヒトは述べた。つまりブレヒトは、この出発点こそ悲劇の決定的な特徴であると言いたかったのであり、あらゆる始まりに伴うものに対して、私たちは盲目的にならざるをえないことを自ら示したのだった。〔……〕カルトとは、〔舞台上の〕神秘や秘密といったものに遭遇するときに、私たちが必然的に示す態度のようなものである。〔……〕それは、私たちにとって縁遠いものが**プレゼンスとなって**〔舞台に〕**到着する**ことである。〔……〕そのようなカルトゆえに、何かが立ち現れ、何かが起こり、生まれ、本来なら現れないはずのものが浮かび上がってほしいと、**私たちが期待する**のである。**この期待が犠牲者をもたらす**ことになるのだ。〈22〉〔強調は引用者による〕

舞台に何かが起きてほしいと願う観客のプレゼンスへの期待は――それがどんなに大きな不幸であっても、それを見たいと思う矛盾ゆえに――容易に説明のつかない人間の「カルト」的な願望に基づく。この願望を多くの人々がいだいて観劇するゆえに、舞台上の「犠牲者」が生み出される。つまり舞台上の人間は悲劇的な出来事ゆえに犠牲になるのではなく、人々がそのような不幸を見てみたいと期待するために、犠牲者として舞台上に「現前」するのである。

ここに観客のプレゼンスへの期待に矛盾が潜んでいるのがわかる。プレゼンスへの期待は、舞台上の人々の「犠牲」を――自分にはそれが起こらないことを前提として――傍観したいと思う人々の無責任な姿勢に基づいているのである。『王女メデイア』における沈黙と雄弁の演出は、観客に潜む無責任な期待を浮き彫りにする。沈黙と雄弁の演出は、単に不在とプレゼンスをめぐる問題を示唆するだけでなく、舞台上に「ある」ことを期待する観客の潜在的な自己矛盾を示唆している。演劇は、プレゼンスと不在の要素を工夫して舞台化することで、観客自身が両者の関係をめぐり矛盾をかかえて観劇する潜在的な問題を、観客に気づかせることができる。『王女メデイア』の演出は、この可能性を示す点においても例証的である。

自分と向き合う経験

このような観客自身の矛盾を扱うことが、現代演劇の特徴にほかならないとハンス＝ティース・レーマンは指摘する。レーマンは論考「観客論」において、現代演劇は観客の一般的な期待に応えないことで、観客に自分自身と向き合う経験を可能にすると指摘する。

きょうび劇場で観客は、そもそも芝居が行われているのかどうか、ますますわからなくなっている。いずれにせよ、観客は〔……現代演劇が〕**期待するような演劇ではないのではないか**と思うようになっている。〔……しかし〕私たちが〔舞台〕芸術と呼ぶものでは、まさに〔そのような〕疑念が生じるのである。これが芸術なのか、違うものではないかという疑念に駆られる瞬間は、**観客としての私に、そのつど生じる芸術表現に対してどのように向き合うのかという問題を突きつける。**〔……そのようにして〕演劇上演は観客としての私を巻き込むのだが、それによって私は自分と向き合うことになる。〔……〕**自分と向き合う経験**は、**葛藤や暴力などのように、私がまさに見たくないもの**を通じて私に突きつけられるものである。〈23〉〔強調は引用者による〕

現代演劇は、「私がまさに見たくない」「葛藤や暴力」を観客に見せることで、「今ここ」の出来事に対する観客の期待を裏切るかのようにみえる。しかしナンシーが指摘したように――そしてレーマンもナンシーの演劇観に同調するように〈24〉——観客は、悲劇や不幸を見たいと思う自己矛盾をかかえている。現代演劇が、観客の一般的な期待に応えないことで、「自分と向き合う経験」をもたらすとしたら、観客は、観客ゆえの自己矛盾とも向き合うことになる。

『王女メディア』の観客が雄弁の声と沈黙の身振りに対して内的な葛藤を感じつつ、雄弁な声によって支配された女たちの沈黙に対して何もできない自分の限界を痛感するとき、それは、現代演劇が葛藤を通じて観客に自己自身と向き合う経験を可能にする一例であると言えるだろう。『王女メディア』で男たちが巧みな声音で女たちを操るかのように支配し、女たちが抵抗できずにじっと沈黙を貫く状況は、舞台作品の特徴を示すだけではなく、観客が自分と向き合うための契機をもたらすのである。

四　自己省察とダイナミズム

『王女メディア』の観客が自己の限界と直面する経験は、演劇を見るという観客自身の限界と直面する経験でもあることが明らかになった。男たちの虚偽の雄弁や、雄弁に支配される女たちの沈黙に対してなす術がないという現実は、上演を見ることが「役割」である観客の限界を露呈させたのである。

「自省的‐パフォーマティブ」

このように上演を見つつ、観客としての自己を根底から問い直すように促す演劇の特徴を、アンドレ・アイアーマンは「自省的‐パフォーマティブ（selbstreflektiv-performativ）」と呼んでいる。アイアーマンは『ポストスペクタクル演劇――上演の変容可能性と諸芸術の越境』において、「今ここ」で劇を見ながら、見るとは何であるかを自問し続ける観客の「揺らぎ」について述べているが、このような自問を促す演出と観客の関係を「自省的‐パフォーマティブな構造」と称した[25]。『王女メディア』でもこの構造が観客に作用している。観客は――観客としての限界を承知しつつ――雄弁だが偽りの声や、沈黙の身体に対して何ができるのかと自問し続けて「逡巡」するとき、舞台上の出来事を単に認識し解釈するだけでなく、舞台上の出来事とそれを見る自分との関係性を問い直すことができる。演劇的現象の「ある」と「ない」をめぐる観客の揺らぎは、観客自身と上演の関係性を問い直す「自己省察」の機会ももたらす。

このような自己省察の可能性を考慮すると、『王女メディア』における観客の内的ダイナミズムは単に「衝撃」や「葛藤」といった感性的側面を有するだけではないことが、よりはっきりとする。内的ダイナミズムは、舞台の出来事とそれを見る観客自身を問い直す「内的省察」を経ることで生じる[26]。フォーグルが「逡巡論」で指摘した「特別な意味でのダイナミズム的、活動的」で「永続的な揺らぎ」は、直面する問題やそれに向かう自分への問いを次々と立てる知的作業に基づく。この作業によって明確な解決が見出されないがゆえに、観客に葛藤や独特の「対抗的衝撃」が生じるのだが、このような感性的変容は知的考察を経ることで初めて成り立つ。

五　逸脱・過剰の演出効果

舞台側からの働きかけ

観客受容のプロセスに生じる上演の考察や自省、葛藤は、当然ながら、何よりもまず演出や演技といった作り手側の創意工夫をきっかけにして生じる[27]。『王女メデイア』の場合、演出が台詞の語りと演技を分離する文楽形式を応用しながら、両者を単に分離させるだけでなく、男たちの声による支配と、女たちの沈黙と声の剥奪の状態を過剰化したので、観客は沈黙の身振りや雄弁な語りに、強い関心を向けることになった。観客が「ある」と「ない」をめぐる問題で逡巡するようになるのも、身振りと演技の過剰さがきっかけとなった。観客が自己の限界を感じる自省や葛藤の経験と直面するのも、まずは演出や演技といった作り手の創意工夫に端を発するのである。

次章以降で取り上げる舞台作品の多様な特徴を考察するために、『王女メデイア』の過剰さの特徴を――個別の作品論を超えて――演劇全般の問題に即して捉え直してみよう。ハンス＝ティース・レーマンは、現代社会における演劇表現の可能性があるとしたら、それは「規則を越境する逸脱」であると指摘する。

芸術はあらゆる規則に対する例外であり、規則そのものの中にすらある非規則的なものの是認である。美的行為としての演劇は、規則を越境する**逸脱**という要因なくしてはありえない。〔……〕越境という契機は政治的な芸術だけではなく、あらゆる芸術の理解に不可欠である〔……〕。〈28〉〔強調は原著者による〕

『王女メデイア』の演出に顕著であった声や言葉の剥奪、女たちの徹底した沈黙、技巧に満ちた語り口は、演劇表現の「規範」から「逸脱」している。演劇的現象が過剰であったり（プレゼンテーション）、極端に欠けている（不在）ために、観客は「今ここ」の演劇的現象を目の当たりにしながら、本来なら「ある（べき）」現象と「ない（とすべき）」現象とのあいだで揺れ動くことになる。つまりプレゼンスであれ不在であれ、それが演出や演技の工夫によって逸脱すると、観客は舞台表現に対してより強い関心をいだき、舞台表現と観客としての自分との関係性を問うようになる。

『王女メデイア』が本書のモデルケースとなる第一の理由がここにみられる。すなわち、この舞台作品ではプレゼンスと不在の両方の要素が規範から逸脱していることである。もう一つの理由は、この逸脱によって生じる観客の葛藤や逡巡、自己省察のあり方が、次章以降で取り上げる舞台作品の特徴の多くを先取りしていることである。『王女メデイア』における「ある」と「ない」をめぐるありようは、俳優身体の表現《プレゼンテーション》が観客受容の強い不確実性（不在）を背景にして成立するからくり（第三章）、──男たちの声の雄弁さと、女たちの沈黙が同時に成り立つことに暗示されるように──表現《プレゼンテーション》の過剰と不在との密接な関連（第四章）、──男たちの雄弁が「あるべき」声から逸脱するように──身振り表現《プレゼンテーション》が「ずれ」るために、観客に理解の「不在」が生じること（第五章）、──女たちが沈黙するために観客を強く惹きつけるように──対象が不在であるために、対象に引き寄せられたり、不在の効果によって誘導・操作される観客の特徴（第六章、第七章、第八章）などにわたっている。これらの特徴は次章以降で詳しく論じる。

プレゼンスと不在を特色とする演劇人

演劇的表現《プレゼンテーション》が過剰化や「ずれ」を起こしたり、反対に著しく不足するような「逸脱」によって、観客にプレゼンスと不在ゆえのダイナミズムを経験させる上演を継続して作り続ける演劇人は、少数派に属する。舞台上の不在であれ、プレゼンスであれ、その逸脱が強い葛藤をもたらすような舞台作品は、観客にとって――レーマンの観客論によれば――「期待するような演劇ではない」〈29〉挑発性を多分に含んでいる。このようなリスクを負って果敢な試みを行い続けることは、多くの観客の期待に応えるのが一般的とされる演劇界では決して容易ではない。

しかし日欧の演劇界を広く見渡せば、そのような挑戦を行い続ける演劇人や演劇集団が一定数いるのも確かである。ドイツ演劇界ではフランク・カストルフ、クリストフ・マルターラー、ハイナー・ゲッベルス、ローラン・シェトゥアーヌ、ディーミター・ゴチェフなどの演出家が挙げられる。ドイツ以外のヨーロッパ演劇界では演出家テオドロス・テルゾプロス（ギリシア）、演劇集団ニードカンパニー（ベルギー）が、ヨーロッパのダンス界ではウィリアム・フォーサイス、ジェローム・ベル、グザヴィエ・ル・ロワ、メグ・スチュアートなどの振付家が挙げられる。日本では、能と現代芸術の要素を巧みに取り入れた舞台作品を作り続ける岡本章の身体演劇、「生身の」身体の側面を露呈させる「フィジカル・シアター」の可能性を追求し続ける東京の劇団ストアハウスカンパニー、一般的な演技や演劇的な表現をラディカルに削ぎ落とす演出を行うマレビトの会などが挙げられる。

これらの演劇人や演劇集団では、その特徴的な表現がプレゼンス重視か不在重視かに分かれているにもかかわらず、正反対の側面が演劇研究や評論において評価されることがある。いくつかの例を紹介しよう。

フランク・カストルフの演出には、俳優の叫び、観客への挑発的な語りかけ、度を超した反復行為などに象徴されるように、プレゼンス重視の傾向が強い。にもかかわらず劇評ではしばしば「メランコリー」や「鬱」といった不在の傾向を示す特徴が指摘される[30]。

舞台上に大量のぬいぐるみ、贋の彫刻品、キッチュな現代芸術オブジェをちりばめて、俳優たちが軽快に踊り、歌い、ポップ・ミュージックを演奏するニードカンパニーは、「登場人物を演じるよりも、〔俳優自身を〕現前する」[31]ことを優先する。充溢する舞台美術と自己呈示の演技にもかかわらず、舞台上に「空しさ」や「不在」[32]が漂うことが演劇評論において指摘される。

身振りが不明瞭だったり、異様に遅かったりする「不在の美学」[33]を独自に開拓したとされるマルターラーの演劇表現に、プレゼンスの充実を重視する哲学者マーティン・ゼールは、「身体（Leib）」特有の「ざわめき」を見出した[34]。不在の特徴が際立つマルターラー演劇に、それと反対の“Leib”というプレゼンス的な要素があるとみなされたのである。

これらの演劇人や演劇集団の興味深い矛盾は次のようなものである。カストルフやニードカンパニーに特徴的なように、プレゼンス重視の舞台にもかかわらず、不在の特徴があると観客に受け取られる。他方マルターラー演劇の場合のように、不在が舞台空間に漂うのに、俳優の表現《プレゼンテーション》に引き寄せられたりする特徴があると指摘される。つまり舞台上に誰か／何かが「いる／ある」という状態が「充実（Fülle）」するにもかかわらず、「ない」状態が観客に注目される。他方、舞台上で「ない」状態が支配的なのに、観客は「ある」状態に関心を向けるのである。「ある」と「ない」をめぐり、舞台表現と観客受容がパラドキシカルな関係になる。パラドキシカルな関係によって、観客に生じる葛藤や、自己矛盾を認識する自省的態度がいっそう顕著になる。このプロセスについても、次章以降で詳しく論じる。プレゼンスと不在をめぐる観客のパラドキシカルな二重性や、そのような逆説によって観客の内部に生じる葛藤や省察の特徴は、取り上げる演劇人や演劇集団の作品ごとに異なっており、個別性と多様性を有することが明らかにされるだろう。

プレゼンス編

第三章
出現の不確実
――ストアハウスカンパニーの舞台作品を例に

はじめに ――プレゼンス編に際して

これから三章にわたり、プレゼンスの特徴が前面に押し出される舞台作品を取り上げて、「ある」と「ない」のはざまでパラドキシカルな二重性を帯びる舞台上の表現や観客受容の特色を考察する。取り上げる演劇人、演劇集団は東京の劇団ストアハウスカンパニー、ドイツの演出家フランク・カストルフ、ヨーロッパを中心に活動する劇団ニードカンパニーである。ストアハウスカンパニーの俳優は集団で一斉に激しい身振りを繰り返して、身体エネルギーを観客に発する「フィジカル・シアター」を特色とする。カストルフの演出作品では俳優がエネルギッシュな演技を披露するが、白熱の演技がしばしば行き過ぎて、自己破壊へ向かってしまう。ニードカンパニーの舞台では、俳優は役よりも自己を呈《プレゼント》するような演技を見せるが、その自己呈示《プレゼンテーション》が次々と「ずれ」ていき、観客は演技を見て、何が本当で「ある」のか、何が本当で「ない」のかをめぐって「混乱」する。いずれの場合でも表現《プレゼンテーション》が規範から逸脱することで奇異な印象を与えるので、観客は舞台上の出来事に対して距離を保ちながら、それを分析的に観察したり、舞台上の出来事とそれを見る自分との関係を省察するようになる。その結果明らかになるのは、強度の表現《プレゼンテーション》や存在感《プレゼンス》は不在の要素と表裏一体をなしていることである。観客は強度の表現《プレゼンテーション》と不在のあいだで迷いながらも、実際に何が立ち現れているかについて憶測するが、明瞭な答えが見つからない。むしろ両者のあいだで逡巡したり、葛藤をかかえながら、判断や解釈において迷い、宙吊り状態に置かれたままとなる。この状態には、それぞれの演劇人や作品に独自の特徴があり、総じて多様な様相を呈する。プレゼンス編ではこの多様な様相を個々の上演に即してつまびらかにする。

一　フィジカル・シアターの過剰と不在

一九九四年から東京で演劇活動を行う劇団ストアハウスカンパニーは、一九九九年から自らの活動を「フィジカル・シアター」と称し、台詞を排して激しい身体表現《プレゼンテーション》を前面に押し出す舞台作品を作り始めた。八人から一〇人ほどの俳優たちが終始無言のまま、背景のミニマル・ミュージックに後押しされるようにして機械的に早足で歩き続けると、やがて俳優の身体から汗が吹き出し、体力をほとんど使い果たした状態になる。この身体の極限状態のまま、一斉に転がったり、互いを縄やタイツで結い付けて格闘し合ったり、一〇ほどの木箱を積み重ねては解体する作業を延々と繰り返したりする。どの上演でもこのような身振りが反復されるだけで、何らかの物語や出来事が進展したり、劇的な結末がおとずれるわけではない。上演の最後では、激しい身振りを繰り返してきたパフォーマーたちが普段着を着て、日常を生きる「ふつうの人」に戻っていく。

この一連の展開に代表されるように、ストアハウスカンパニーは物語、台詞、人物の性格描写を欠いたまま、身体の強度な身振りを観客に呈する舞台作品を次々と発表した。主な作品は『箱－Boxes－』（一九九八年）、『縄－Rope－』（二〇〇〇年）、『Territory』（二〇〇一年）、『Remains』（二〇〇三年）、『Sanctuary』（二〇〇五年）、『Ceremony』（二〇〇七年）、『Limit』（二〇一〇年）である。

シニフィアンの過剰と主体の不在

俳優集団による身体表現《プレゼンテーション》が過剰さを帯びると、表現は、意味のよくわからない不気味な威力を発揮する。つまり意味や意図が不在になる一方、表現《プレゼンテーション》そのものが観客に迫るようになる。俳優の身体表現《プレゼンテーション》は過度に強くなると、身体はかえって何かを欠いたような印象を与えるようになる。このような過度なプレゼンスと不在との相関関係について、韓国で上演された『Remains』を例にして、劇評家・沈載敏(シム・ヂェミン)が次のように証言する。

彼ら〔=六人の俳優〕はいまや舞台の前、木の上に積まれた服の山に倒れこむ。そして衣類をにぎり締めて舞台の上で倒れたり立ち上がったりを繰り返す。〔……〕〔俳優たちは〕依然として衣類を体に巻いて、倒れたり起き上がったりを繰り返している。〔……〕けっきょく自我さがしに失敗し、社会の中に**個人の実在は不在のまま**、いたずらに個人のイメージだけがたちすくんでいる。〔……〕俳優たちの動作はシニフィエとなりえず、**とめどなく「横滑りしながら」**、**シニフィアンの遊戯のみを再生産**する。いや、むしろシニフィアン自体の遊戯に没頭しようとすることが演出家の本来の意図だ。まさに単にシニフィアンのみが存在するポストモダンの流れに同参する肉体演劇の誕生だ。〈1〉〔強調は引用者による〕

『Remains』の六人の俳優たちはほとんど全裸の状態で、舞台上に敷かれた大量の古着に倒れ込む。その後俳優たちは衣類を体に巻いて、倒れたり、起き上がったりする動作を反復する。すると全裸の身体が即席で巻かれた服のあいだから見え隠れする。この反復動作は、ストアハウスカンパニーの他の舞台作品でも試みられる定番の身振りであるが、これについて沈は「シニフィエ」、すなわち特定の意味にならず、「横滑りしながら」「シニフィアン」だけが産出されると指摘している。反復の身体表現《プレゼンテーション》は固定化された意味にならずに、意味産出をひたすら行うことで、表現《プレゼンテーション》自体が独り歩きするようにして過剰化する。

さらに沈は俳優たちに主体性が欠けていることも指摘する。「社会の中に個人の実在は不在のまま、いたずらに個人のイメージだけがたちすくんでいる」。俳優たちは強度の身振りを反復することで存在感《プレゼンス》を示す一方、「社会の中に」根差す「個人の実在」、すなわち人間の主体性が俳優たちに欠けているというのである。このように沈は、ストアハウスカンパニーの身振りに、一方でプレゼンスの過剰さを、他方で主体性の不在を見出した。プレゼンスの要素が中心の身体演劇において、表現《プレゼンテーション》が過剰化すると同時に、主体性の欠如も浮上する。過剰な「ある」が「ない」と表裏一体の関係で成立するのである。

この表裏一体の関係は、他の劇評においても指摘されている。劇評家でドイツ演劇論者の新野守広は『縄－Rope－』における極限状態に置かれた俳優身体から「圧倒的な過剰のイメージ」が生み出されると指摘する〈2〉。他方で新野は「全身汗にまみれた俳優たちは終始うつむき加減であるため、突き抜けるような肉体的恍惚感が表現されることはない」〈3〉と述べ、「うつむき加減」ゆえに俳優たちの意図が不明であるという不在の状態を示唆する。意図の不明については、演劇評論家・西堂行人も指摘している。西堂は『箱－Boxes－』の劇評において、俳優たちの「身体とモノ〔＝箱〕が出会い、錯綜し、絡み合う」が、「いったい彼らは何を考えているのだろう。むろんその意図を知ることはできない」と述べている[4]。

これらの演劇評論から推測できるストアハウスカンパニー演劇の特色は、表現《プレゼンテーション》が「錯綜」したり「過剰」になる一方、俳優の主体性や意図が不明である点において、プレゼンスと不在が二重性を帯びていることである。身体プレゼンスの要素が過剰になる一方、人間主体の不在が観客に認識されるようになる。この点において、「ある」と「ない」をめぐるストアハウスカンパニー演劇の二重性が際立つ。

プレゼンスにまつわる不確実性

二重性に関するこの事例は、ドイツ演劇学で議論されてきたプレゼンス論やアブセンス論にとって有益である。というのも、身体表現《プレゼンテーション》が強く前面に押し出されるのに、不在の特徴も暗示されるという二重性の演劇は、第一章で指摘したように、従来のプレゼンス論やアブセンス論でほとんど考察されたことがなかったからである。このような二重性には、両論の立場から検証すると、どのような特徴が見出されるのであろうか。この問いをより具体的に捉え直せば、次のようになるだろう。身体表現が強調されるプレゼンスとは、演劇批評で同様に指摘された不在の要素を踏まえると、どのような特徴を示すのだろうか。

これらの問いに対しては、さしあたり次のように答えることができるだろう。ストアハウスカンパニーの身体表現《プレゼンテーション》は、俳優身体が現象化される際に生じる不確実性を観客に示唆する。身体表現が強調されればされるほど、観客には表現そのものが何であるかがいっそうわからなくなる。プレゼンス論とアブセンス論の考え方で説明すれば、次のようなテーゼが成り立つであろう。演劇のプレゼンスとは、現象的にみて「不在」同然なほど不明であり、不確実なものを多分に含んでいる。演劇において何かが呈示される《プレゼンテッド》現象化には決定的な不確実性が伴う。ストアハウスカンパニーの身体演劇は、プレゼンスと不在の二重性と多分に関係するこのようなテーゼを裏打ちする。すでに取り上げた演劇評論では、過剰な身体表現が指摘される一方で、表現の意図がわからない、具体的な意味《シニフィエ》が欠けているという印象が述べられていた。意図の不明さや、具体的な意味の欠如は、演劇のプレゼンス自体に決定的な不確実さが伴うことを示唆する。

本章では、ストアハウスカンパニーの『Ceremony』を詳細に検討し、プレゼンスそのものに付随する不確実性とはどのようなものであるかをつまびらかにする[5]。『Ceremony』では俳優が歩く、足踏みをする、走るなどの基本的な動きが集団で何度も繰り返される。この動きに共通するのは、身振りが――具体的な意味や意図を欠いたまま――呈示される《プレゼンテッド》というプレゼンスそのものが反復されることである。『Ceremony』は、身体表現《プレゼンテーション》をひたすら繰り返すことで、プレゼンスとは何かを観客に問いかける。以下の考察は、この問いに答えるものとなる。

二　プレゼンスの不確実性

『Ceremony』

二〇〇七年に東京で上演された『Ceremony』は、黒いシャツとズボンを身に付けた四人の男性俳優と二人の女優が、舞台奥や脇の暗闇の中から舞台上に現れて、通行人のように歩き回ることで始まり、約五〇分後、舞台上に散らばる古着に着替えて観客に向かって歩き、観客席に埋没するかのようにして消えるところで終わる。その前後に、三つの集団的身振り、すなわち歩行、足踏み、半裸の状態での跳躍・落下がそれぞれ一〇分程度俳優たちによって反復される。

歩行では、六人の俳優が舞台を八の字や円形を描くようにして、上半身と顔をほとんど動かさずに、無表情で機械的に歩く。歩行の均一性と無表情さゆえに、俳優たちは人間というよりも機械や動物のような印象を与える。歩行は、最初はゆっくりとしたリズムで行われるが、少しずつ加速し、やがて走っている状態とほとんど変わらなくなる。

集団の足踏みは、歩行を唐突に止めるようにして始まる。突然立ち止まった俳優は、足だけを動かし続け、床や、床に散乱する古着を踏み続ける。最初は、他の俳優が歩行を続けるなかで、それとは別の俳優が立ち止まって足踏みを行い、やがて歩行を再開するというシークエンスを繰り返す。やがて全員が歩行を止めて舞台中央に留まり、集団で足並みを揃えて足踏みを行う。全員が観客と直面するようにして足踏みをするが、踏むたびに俳優たちから声がウッ、ウッと漏れ出て、顔や体から汗が噴き出す。かなりの運動量ですでに疲れ切っているはずの俳優身体は、集団の足踏みの反復によりさらに酷使されているような印象である。

その後、俳優たちは床に横になり、散乱する古着に体が隠れるような状態になる。その間、身に付けていた黒い服を脱ぎ、全裸になる。今度は、隠れたような状態から裸体をさらすようにして俳優たちは跳躍し、散乱する古着へと落下する。この跳躍と落下を俳優たちは延々と繰り返す。跳躍のときに、裸体の一部がまとわりつく古着から顔をのぞかせるようにして、観客の視線にさらされる。跳躍と落下の反復も一〇分ほど続く。

反復と不可知

これら三つの集団的身振りでは、一定の動きが過剰なほど反復される。俳優たちはそれぞれの時間帯において歩行、足踏み、跳躍・落下をひたすら繰り返す。ジル・ドゥルーズが「反復は〔……〕反復を観照する精神には何らかの変化をもたらす」[6]と指摘したように、『Ceremony』の過剰な反復は、それを見る観客に自省を促して、このような身振りを見る自分とは何かを考えさせるようになる。

このとき注意深い観客ならば、反復される身振りを見続けるうちに、一つ一つの身振りにもはや関心を注がないまま、反復の流れだけを見ている自分に気づくであろう。これは知覚の一般的なあり

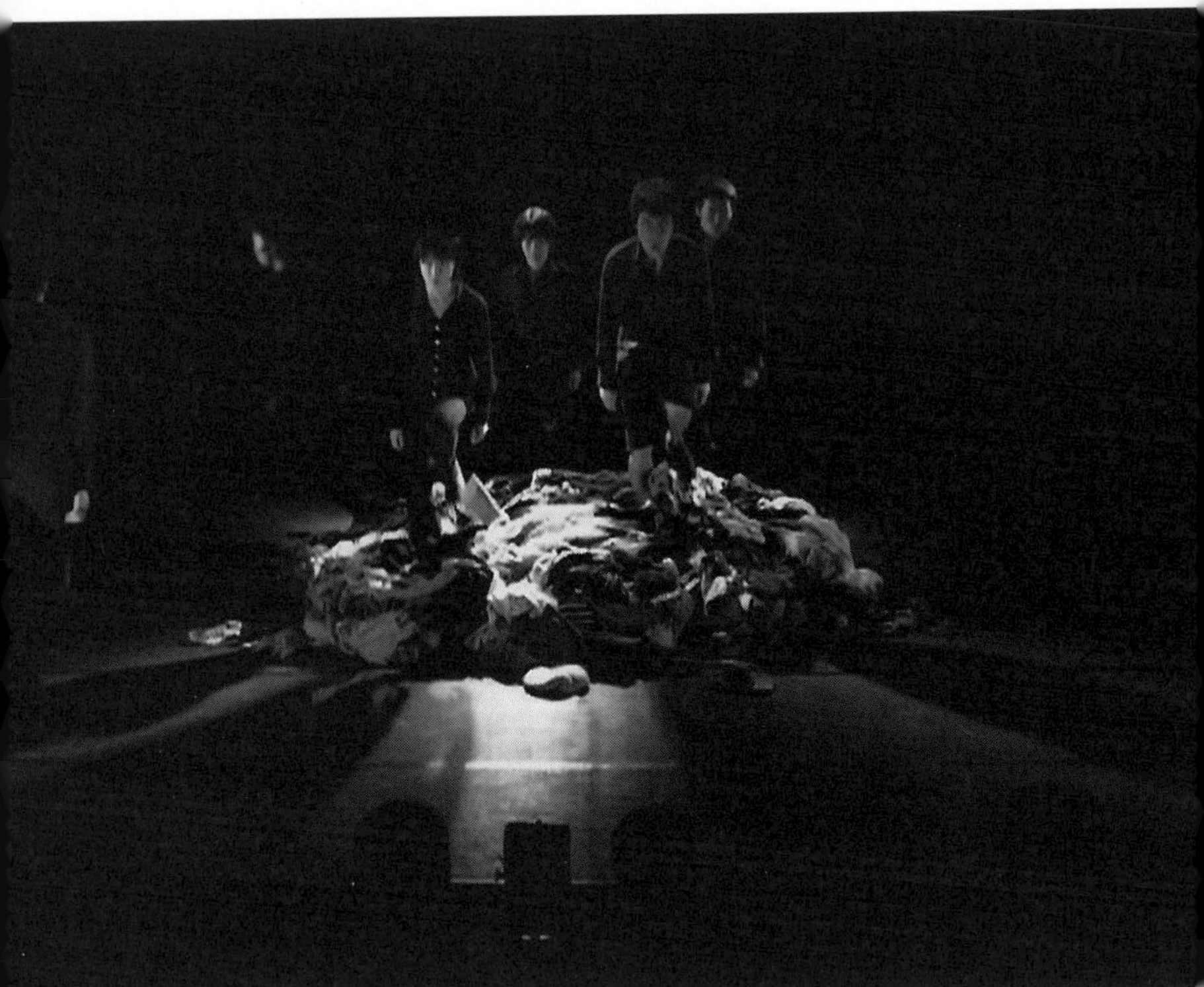

ストアハウスカンパニー『Ceremony』

四人の俳優が舞台中央にある古着の山に立ち、一斉に足踏みをする一方で、二人の俳優が早足で歩行する。（舞台映像の静止画）

ストアハウスカンパニー『Ceremony』

全裸の俳優たちが、古着を身にまとうようにして、跳躍する。この跳躍が繰り返し行われ、それが 10 分程度続く。(舞台映像の静止画)

方から推察できる。観察者は同じ動作の反復を見続けると、次に起こる動作も同じであろうと予見するようになると同時に、この予測可能性ゆえに、身振りの一つ一つにあまり関心を向けなくなる。『Ceremony』の過剰な反復は、観客に同様の作用を及ぼす。観客は、反復の身振りを見れば見るほど、反復による流れだけを目で追い続け、身振りそれ自体をもはや見ないのである。『Ceremony』の観客は、立ち現れる身体そのものを見ないように仕向けられる。

観客が身体の動きそのものを見ないという問題は、『Ceremony』に限定されるのではなく、一般的な観客受容の限界である。アブセンス論者ゲラルト・ジークムントがこの限界を指摘している。ジークムントは、俳優や舞踊家の動きが観客にある程度理解可能であっても、動きそのものは不可知である点について、次のように述べる。

> 身振りの動きはそれ自体を伝えるが、それが判読可能な記号になることはない。動きそのものは、動作の判読不可能性なのである。動きそのものは、まだ立ち現れないが、もう消えてしまっているという〔判読不可能な〕潜在的な身体への空間を切り拓く。〈7〉

観客は俳優や舞踊家の動作を見て、それを理解しようとしたり、解釈することはできる。しかし動作を成り立たせる動きそのものは、観客には決して判読できない。『Ceremony』は身振りの反復を過剰にすることで、観客の関心を身振りそのものから引き離すと同時に、そのように引き離されることで、身振りそのものを見ていない自分の状態を気づかせる。

このような観客受容の限界は、『Ceremony』およびその他のストアハウスカンパニー作品についての評論において暗示されている。新野は『Ceremony』の改作上演である『Ceremony 2012–おひさまのほうから–』（二〇一二年）について、いくつかの場面に関する複数の解釈の事例を可能性として挙げながらも、解釈は個々の観客の見方によって異なることを示唆する。

> ある場面では、軍事訓練に見えるほど集団の規律性が強調される一方で、体力を消尽して倒れた俳優たちが黒に統一された服を脱ぎ、思い思いのカラフルな古着に着替え、自立を表現する場面もある。〔……〕このような俳優たちに、上意下達の日本社会のなかで格闘する自分の姿を投影した観客もいただろうし、日々の日常生活の細部を重ね合わせた観客、あるいは戦前の全体主義期から戦後の民主主義導入期を経て震災後の現在に至る日本の現代史が凝縮されていると感じた観客もいたと思う。私個人は、東北の避難所や津波を暗示する場面で息を飲んでしまった。〈8〉

新野は「集団の規律性が強調される」場面と「自立を表現する場面」の双方を勘案して、「日本社会」での個人の「格闘」、「日常生活の細部」、「日本の現代史」、東日本大震災の「暗示」という四つの解釈の可能性を挙げている。新野の論から明らかになるのは、これらの解釈は、個々の身振りそのものを仔細に検討したことで導き出されたのではなく、同じ身振りが一〇分ほど反復される場面全体を見た印象に基づくことである。さらに新野が「私個人は」と留保しているように、四つの解釈のいずれかが有力になるとしたら、それは個々の観客の見方に大きく左右されることが暗示されている。新野のこのような指摘から推察できるのは、『Ceremony』の解釈が成り立つとしたら、それは個々の動きそのものを見た結果ではなく、むしろそれが判然としないからこそ、ある一定の連続した反復の身振りから主観に基づいて判断することしかできないという観客受容の限界を前提にしていることである。

もちろんこの限界は新野個人の限界ではなく、観客全般の限界である。この限界が演劇の観客全般に当てはまることについては、西堂が『箱―Boxes―』の評論において暗示している。

> ダンスや現代美術と隣接するパフォーマンスがそうであるように、劇場で観客は自由に思考する権利を持っている。〔……〕自由な解釈を可能とする舞台。だがこうした形象に行き着いた「結果」に、何かしら結論めいたものがあるのだろうか。〈9〉

西堂も新野と同様、ストアハウスカンパニーの身体演劇において、個々の観客が自由に解釈できる可能性を強調する。他方で西堂は、個々人の「自由な解釈」に「何かしら結論めいたものが」あるわけではないとも述べている。観客は自由な解釈を可能性として連想することはできるが、決定的な解釈や理解をするには至らない、というのである。西堂はこの観客受容の限界を、自由な思考を可能にする「パフォーマンス」全般の特徴として指摘する。

ストアハウスカンパニーの主宰者で演出家の木村真悟も、観客受容の限界を念頭に置きつつ、そこに「演劇の可能性」を見出している。木村は論考「勝負について」（二〇〇五年）において柔道を審判することの困難を例に挙げて、柔道の動きそのものは審判にも、見ている者にもわからないゆえに誤審や誤認が必然的に伴うと述べる。木村は、この不可能性は演劇の観客にも当てはまるが、演劇では不可能性が可能性に転じうると指摘する。

> つまりどちら〔の選手〕がどちら〔の選手〕をより支配していたのか、競技の時間が五分間と規定された中では本当のことはわからないということである。したがってスポーツは審判を必要とするが、審判にしたところで人の子である。決して神ではない。したがって誤審をする。〔……〕スポーツの限界はそこにあるのだが、演劇の可能性は逆にそこにある。観客という審判はいつも誤審しているのだ。〔……〕本当のことは、俳優にも観客にもわからない。〈10〉

柔道の審判は、技の瞬間を誤認することがある。同様に観客も、俳優の身振りそのものは「わからない」。木村は観客受容の限界を指摘すると共に、ここに「演劇の可能性」があると述べる。この可能性について木村は具体的に論じてはいないが、それは、新野と西堂が指摘した複数の自由な解釈が成り立つ可能性と関連づけられる。観客は、身振りそれ自体を完全に把握することができない限界ゆえに、漠然とではあるが、それを複数の見方から捉える可能性を獲得するのである。

このような観客受容の限界と可能性は、『Ceremony』を見る観客の受容行為に当てはまる。『Ceremony』の観客は個々の動きを見ることができない代わりに、反復によって動きの一定の連続性を——主観の域は出ないが、ある程度——把握することができる。このような不可知性と、その限界がもたらす複数の主観的な解釈可能性だけが、観客に唯一残された観劇方法である。新野と西堂の演劇評論は、この残された観劇方法を示唆していると考えられる。

開かれと隠れのパラドックス

ジークムント、新野、西堂、木村の論が一様に明示または暗示するのは、演劇の観客は眼前で次々と展開される身振りそのものを把握できないという受容の限界である。第一章で紹介したプレゼンス論者が重視する「今ここ」に立ち現れる現象そのものは、それを見る者に不可知なのである。『Ceremony』における身振りの過剰な反復は、この限界を示唆する。身体プレゼンスを前面に出す舞台作品が、プレゼンスの把握の限界を観客に暗示するのである。

　この不可知の限界にパラドックスの二重構造があることを、美術史家ジョルジュ・ディディ＝ユベルマンが指摘する。ディディ＝ユベルマンは『ナナフシ』（一九九八年）において、現象が立ち現れる「出現」には、自己が開かれると同時に隠れるというパラドックスが生じると述べる。

> 何かが立ち現れるとしたら、それはあらかじめ自己を隠すことができたものだけである。一目見て明らかになるものや、何の障害もなく認識できるものは、立ち現れることができない。そのようなものは見えうるだろうが、それはまさに視覚可能であるにすぎない。私たちは立ち現れるものを、その出現の瞬間において見ることはできないのだ。それでは、立ち現れるという出来事はいったい何であろうか。〔……〕それは、開かれである。一度限りに、この瞬間にのみ開かれることが、出現の核心をなすのである。この瞬間**パラドックス**が突如として現れる。というのも、立ち現れるものは、可視の世界に**自己を開くと同時に、自己を隠し始める**からである。これはパラドックスである。というのも、立ち現れるものは、このたった一度限りの瞬間、可視世界の裏側にある何かを見せるからである。この**裏側とは**、言うなれば、**奈落**であり、非類似性の領域である。〈11〉〔傍点は原著者、太字は引用者による〕

何かが立ち現れるとき、それは私たちに「自己を開くと同時に、自己を隠し始める」。この「開かれ」と「閉ざされ」の関係を、ディディ＝ユベルマンは「パラドックス」とみなす。このパラドックスは、本書が指摘する「ある」と「ない」のパラドキシカルな二重性と同等である。開かれることで現象が「ある」状態に見えると同時に、閉ざされることでそれは「ない」状態になるので、開かれと閉ざされによって「ある」と「ない」のパラドキシカルな関係も生じるのである。第一章で紹介したプレゼンス論者のマーティン・ゼールは、何かが立ち現れる瞬間に、知覚者に感性的な「充実」をもたらすと述べて、現象の出現を積極的に評価した。これに対してディディ＝ユベルマンは現象の出現にはパラドックスが伴い、しかもその「裏側」には「奈落」があると指摘する。ディディ＝ユベルマンによれば、現象の出現には不確実性や、死を彷彿させる強い否定性が必然的に随伴するのである。

ストアハウスカンパニーの『Ceremony』は、ディディ＝ユベルマンの言うパラドックスや「奈落」を示唆する。これは、散乱する古着の上で俳優たちが繰り返し跳躍・落下する場面に最も象徴的に示される。全裸の俳優たちは床にある古着をまといつつ跳躍するが、全裸の一部が自己を開くようにして観客に開示される。同時に身体は、まとわりつく古着によって自己を隠してもいる。俳優の身体は観客に呈示《プレゼンテッド》される際に「自己を開くと同時に、自己を隠し始める」ことで、プレゼンスのパラドックスを象徴的に表す。

このようなパラドックスは『Ceremony』の多くの身振りでもうかがえる。早歩きの歩行や足踏みの場面でも、俳優は激しい身振りを反復するごとに、身体を自己開示するが――紹介した新野や西堂の舞台批評が指摘するように――自己開示は俳優の意図が不明なまま行われる。つまり俳優は身振りを示すことで、そのつど身体を観客に開示すると同時に、何かが隠れている状態も暗示するのである。

このパラドキシカルな二重性を帯びる身振りは、あたかも奈落から浮かび上がるような印象も与える。背景と左右が暗闇の舞台において、俳優は歩行反復する際、暗闇からそのつど登場するかのようである。「奈落（l'enfer）」というフランス語は「地獄」や「魔界」も意味するが、俳優は地獄や魔界といった別世界から突如浮かび上がってくるように立ち現れる。『Ceremony』の前半において俳優は全員黒いシャツとズボンを身に付けている。こうして黒装束の者たちが暗闇からそのつど姿を現し、暗闇に消えていくのであるが、黒一色の姿はあたかも「地獄」や「魔界」の闇を可視化したような印象を残す。

三　出現の悲劇性

悲劇の予感

これまでの考察によって『Ceremony』の身振りは、ディディ＝ユベルマンが指摘する「開かれ」と「隠れ」のパラドキシカルな二重性に相当することがわかった。身振りが立ち現れるプレゼンスの瞬間に、開かれと隠れが表裏一体となって生じる。『Ceremony』の俳優は身振りを反復することにより、この二つのパラドキシカルな関係を観客に示唆する。

『Ceremony』はさらに、ディディ＝ユベルマンが指摘する以上に負性を帯びたパラドックスを観客に暗示すると考えられる。同作品の身振りに示唆される開かれと隠れは、パラドックスのより否定的な側面をも暗示するのである。その否定的側面とは、人間存在が他者に開かれるプレゼンスの瞬間に――「隠れ」の不明性が示唆するように――いずれ起こりうる悲劇の可能性を予感させることである。

この予見は、『Ceremony』や、ストアハウスカンパニーの他の作品についての演劇評論においても暗示されている。新野が同作品に関して提示した四つの解釈のうち、三つ（個人の「格闘」、戦前の全体主義、東日本大震災）は個人や集団の不幸を意味内容として含んでいた。西堂は『箱‐Boxes‐』の演劇評論において、「この舞台から『ハメルンの笛』に導かれた集団死やカフカの不条理の世界を連想することは自由だろう」[12]と述べている。西堂も、ストアハウスカンパニーの演劇で反復される身振りに、破局を予見させるものを見出している。ただしストアハウスカンパニーの演劇では、俳優たちが破局を迎える場面が明示されるわけではない。この点については西堂が次のように示唆する。「生に絶望した彼ら〔＝俳優たち／俳優たちが演じる人物〕は自死の道を選んだのだろうか。だがやがて、箱ヤマ《ママ》の裏から彼らは姿を現わす。最後は最初に接続し、円環するように終わりがない。ミニマル・ミュージックが繰り返し流れている」〈13〉。西堂は俳優たちの身振りを見て「自死の道を選んだのだろうか」と予感するが、「彼らは〔ふたたび〕姿を現わす」のを確認して、自殺や集団死は予感させるだけであったことを認める。

これらの演劇評論から推察されるのは、身振りの出現にまつわる悲劇の予感の次のような特徴である。それは、俳優の身振りが出現時に開かれると同時に隠れるとき、観客は明確な根拠を挙げられるわけではないが、いずれ悲劇的出来事が起きるのではないかと予感するというものである。つまり存在が出現して他者に開かれるとき――「奈落」としての「隠れ」が示唆するように――開かれたことによって存在にもたらしうる悲劇の可能性が微かな兆候として立ち現れるのである。演劇評論で述べられた「大震災」や「自死」の予感は、俳優たちの身振りに悲劇の兆候を読み取ったことによるものである。存在が立ち現れる出現時の「開かれ」と「隠れ」は、それを見る者に悲劇を漠然と予感させる可能性がある。

アガンベンの開かれと閉ざされ

「開かれ」と「隠れ」が悲劇の漠然とした予感に関連することを理論的に述べたのが、ジョルジョ・アガンベンである。アガンベンは著書『開かれ――人間と動物』（二〇〇二年）において、ハイデガーの人間／動物論を参照しつつ、人間が他者や世界に自己を開示するときに伴う閉ざされた状態が、人間存在に脅威をもたらしうることを指摘した。アガンベンは、ディディ＝ユベルマンと同様に、存在が立ち現れるときに「開かれ」と「閉ざされ」が同時に生じると述べて、さらには、その閉鎖性が自己破壊という悲劇的な可能性をもたらすと指摘した。

その際アガンベンは、動物の閉ざされた盲目状態を――ハイデガーの論を援用しつつ――紹介し、この盲目状態が人間にも当てはまると論じる。ただしアガンベンはこの盲目状態を説明する前に、動物と人間を隔てるようにみえる一般的な相違について説明する。人間も動物も世界に自己を開いて活動するが、人間が世界という「何かを何かとして〈知覚する（wahrnehmen）〉」のに対して、動物はそのような知覚や認識力を「剥奪された（genommen）」状態、すなわち「放心した状態で（benommen）」で世界に開かれている。この放心状態での開かれは、言い換えれば、閉ざされた（＝盲目の）状態のまま開かれることである。アガンベンは動物の放心状態や、「開かれ」と「閉ざされ」の二重性を「露顕なき開示」と称しつつ、次のように述べる。

> 人間を特徴づけるのが世界の形成であるとすれば、動物における世界の窮乏を規定するのは、まさに、この露顕なき開示なのである。動物はたんに世界を欠いているばかりではない。なぜなら、動物は**放心のうちで開かれている**がゆえに〔……〕世界を差し引き、世界なしですますことを余儀なくされるからだ。〔……〕開かれにおいて賭けられている開示は、本質的に**閉ざされへの開示**であり、開かれをじっと見据える者は、閉ざされていること、見ないことしか見ていないのである。〈14〉〔傍点は原著者による。太字は引用者による〕

動物は世界に自分を開示するとき、放心状態ゆえに世界が窮乏したような状況で世界と接する。これが、開かれることで閉ざされる「露顕なき開示」である。露顕なき開示は動物に自己破壊の危険性をもたらしうる。アガンベンは自己破壊の危険性について、ハイデガーの例を援用して次のように述べる。

> 放心がけっして世界に開かれえないものであることを示す鮮明な例として、ハイデガーは、実験室で蜂蜜をいっぱいに充たしたグラスの前に一匹のミツバチを置いてみるという（すでにユクスキュルによって記述された）実験に言及している。蜜を吸いはじめた後で、ミツバチの腹部を切断すると、口を開いた自分の腹部から蜜が漏れるのを目にしてもお構いなく、

ミツバチはそのまま蜜を吸いつづけるのである。〈15〉

蜜蜂は外界に自己開示することで、蜜という獲物にありつく。しかしそれは自己を破壊しうる環境に身をさらすことでもある。ユクスキュルの実験では、蜜蜂が自分を死に至らしめる状況に直面しても、放心状態ゆえにその状況に何もしないまま、ずっと開かれた状態にあることが示される。

このような極端な放心状態の自己開示は、一般的には人間にはありえない。しかし人間も動物の放心状態とほぼ同じようにして自己を外界に開き――ユクスキュルの蜜蜂と同様に――無力のまま開かれることがある。ハイデガーはその例として、人がいかにも退屈しそうな辺鄙な町の駅で、次の列車が来るまで四時間待たなければならない状況を挙げている。人は暇をつぶそうと、駅の回りを歩き回ったり、本を読んだり、考え事をしたとしても、四時間という空白を有意義に埋めることができない。このとき人は、突如として現れた外的状況に放心状態で自己をさらけ出している。程度の差はあるにせよ、外界に放心状態のまま自己開示をしている点において、動物と人間はほとんど差がない。ハイデガーが示唆した動物と人間の類似性を踏襲するアガンベンは、人間も動物と似たような放心状態で世界に開かれる存在であると述べる。

現存在は、退屈することを習得した動物、自己の放心から自己の放心へと覚醒した動物にすぎない。生物がまさに自分が放心した状態へと覚醒すること、自己を開かざれるものへと――苦しくとも決然と――開くということこそが、人間にほかならないのである。〈16〉〔傍点は原著者による〕

動物も人間も放心した状態で世界に自己を開く点において変わらない。人間は放心状態「から」「覚醒」するだけでなく、覚醒することで盲目的になり、放心状態「へと」向かってしまう。アガンベンはこのような覚醒と盲目性ゆえの放心状態を、「自分が放心した状態へと覚醒すること」という逆説的な言い回しから説明して、これを人間ならではの放心状態とみなす。このような放心状態において、人間はふたたび「動物化」〈17〉する。

こうして人間は自己を世界に開示する際、ユクスキュルの蜜蜂と同様に、自己存在を脅かす外界にさらされることに自己を閉ざす、すなわち盲目的になりうる。アガンベンは、ディディ＝ユベルマンの言う「開かれ」と「隠れ」と同じような自己開示と自己閉鎖のパラドキシカルな二重性を指摘すると同時に、この二重性から、ディディ＝ユベルマンの論よりも強い否定性、すなわち自己破壊という悲劇的側面を導き出す。

『Ceremony』やストアハウスカンパニーの演劇評論が示唆する悲劇の予感は、アガンベンの言う開かれと閉ざされがもたらしうる自己破壊と関連すると考えられる〈18〉。西堂や新野が漠然と予感する

「集団死」、「自死」、「津波」による大災害は、俳優たちのパラドキシカルな身振りが示唆する自己破壊の可能性を裏打ちしている。
『Ceremony』を始めとするストアハウスカンパニーの多くの作品では、俳優は動物的な状態で突き進んだり、群れをなすようにして足踏みをしたり、豹やライオンのような姿で四つ足になって這う。俳優が動物のようになって自己を観客にさらす身振りを繰り返すのである。同劇団の演出家・木村は、作品『Remains』の演出ノートにおいて、俳優たちに動物のような存在になれと指示している。

私たち人間は、社会的な動物であるといわれたりしています。社会的な動物であるということは、社会的な自己を持っていることです。社会的な自己とは、社会の中での役割を引き受けることが出来る自己ということです。〔……〕Remainsは、社会的な動物といわれる人間像を疑っています。〔……〕Remainsは、そこに生きる人たちに、ただ**ひたすら動物であれ**と囁き続けます。動物であろうとする人間には、社会的な自己が自分自身に強要する身振りは必要ありません。**動物的人間**にとって必要なのは、個性ではなく個体差です。それは頭髪であり、頬骨であり、肋骨であり〔……〕それらを包み、あるいは支える筋肉の違いです。〔……〕私たちは、社会的な自己における身振りや表情を個性だと思って生きています。Remainsはそのことを強く疑っています。〔……〕私たちは、社会的な自己、つまり個性は自らが勝ち取ったものだと錯覚しています。しかし個性とは、社会（国家や、民族、様々な共同体）が個体を管理しやすくするために発明した概念にすぎないことをRemainsは知っています。[19]〔強調は引用者による〕

木村は、「社会的動物」としての人間の「個性」が真に主体的なのではなく、社会が個人を「管理しやすくするために発明した概念にすぎない」と指摘する。このように管理された個性や人間性を根本から問い直すために、木村は俳優に「ひたすら動物であれ」と指示して、「人間を徹底的に個体としてみることを」[20]舞台上で試そうとする。この試みは、アガンベンが、現代の「生政治」が「人間の動物性そのものを管理し〈統轄〉する」[21]ようになった昨今、従来のヒューマニズム論で人間性を擁護することの無効性を踏まえて、現代人の「動物化」した状態を直視することで人間性を根本から問い直すことの演劇的な実験と言える。

木村の言う「動物的人間」を踏まえて、『Ceremony』の身体表現《プレゼンテーション》の特徴を再確認してみよう。俳優たちは「動物的人間」のようにして暗闇から立ち現れて突進したり、――古着がまとわりつくものの――全裸のまま跳躍しては落下する身振りを延々と繰り返す。同じような身振りを三〇分以上反復する俳優たちは、本能に支配された「放心状態」で獲物に猛進したり、ひたすら移動し続ける動物とほとんど変わらない。このような放心状態の「動物的人間」が、ユクスキュルの実験での蜜蜂のように、自分の死を招く状態にあっても、なお本能的な反復行為を続行することは十分に想像できる。

ストアハウスカンパニーの演劇評論が指摘する「集団死」、「自死」、「津波」による死の予感は、「動物的人間」が「放心状態」で自己を開示する末路を予想したものと言える。

自己成立の悲劇性

これまでの考察により、ストアハウスカンパニー演劇における動物的人間の自己開示は、開かれる際に閉ざされるというパラドキシカルな状態が自己破壊をもたらすというアガンベンの説と符合することが判明した。人が自己を世界や他者に開かれるようにして呈示《プレゼント》することは、同時に生じる盲目的状態ゆえに自己破壊を招く危険性を伴う。ストアハウスカンパニー演劇もアガンベンもこの危険性を予感させる点において共通する。

ハンス＝ティース・レーマンが自己開示に伴う危険性を「過剰／越境（Exzess）」としての悲劇性から論じている。レーマンは、ヘーゲルがアンティゴネーをモデルにして道徳や政治性をめぐる個人の苦悩や葛藤を悲劇的と呼んだ考え方に対置するものとして「越境モデル（Überschreitungsmodell）」の悲劇を提案する。このモデルは、私たち現代人が――表面的には道徳や倫理に従いつつも、実際にはそれらに囚われずして――自己を自由に世界にアピールすることで、道徳や倫理の規定をいつの間にか踏み越える「過剰／越境」と、それがもたらす現代人のリスクを踏まえて考案されたものである。レーマンは、このような現代人の過剰／越境を、自己が成立するプロセスにおいて生じる自己喪失のパラドックスとみなす。

越境モデルの意味での悲劇性は〔……〕、**自己が自己喪失によって構成されるというパラドックス**とみなすことができる。悲劇的経験は、自己が喪失として、自己喪失に向かうことで成立するような意味での自己構成の経験と言えるだろう。〔……それは〕死や犠牲をも覚悟する過剰／越境、探究の過剰／越境、自己喪失によって実現される自己主張の過剰／越境〔などにみられる〕。〈22〉〔強調は引用者による〕

私たちが「自己主張」によって他者に自分をアピールするとき、私たちは他者からみて「自己」として成立するが、その成立は自己喪失というパラドックスを経て可能になる。ただし、私たちが普段「自己主張」するときに、そのような自己喪失が生じるとは考えないし、実際に自己喪失に伴う大きな不幸が生じることはほとんどない。しかし私たちは自己を他者や世界にアピールするようにして開示して「自己主張」を――ストアハウスカンパニー演劇の身振りに象徴されるように――繰り返していくうちに、「過剰／越境」の状態に陥り、知らずしてこの自己喪失を「ありえない」ものから現実世界へと導き出してしまうことがある。このとき私たち個人や社会に悲劇がおとずれるのだが、それは事前に予想して回避できるものではない。というのも私たちが自分というアイデンティティを他人に差し向けること自体に潜む自己喪失は、そのようなアイデンティティの成立時には決して意識化されないからである。自己喪失は——先述のディディ＝ユベルマンの出現論で言えば——自己が他人の前に立ち現れるときに、「奈落」へと「隠れ」てしまうのである。

レーマンは、個人が他者に自己を呈示《プレゼント》することで自己が成立するときに、知らずして「自己喪失に向かう」パラドックスを独自の悲劇モデルから理論化した。他者や世界に開かれる自己のプレゼンスは、自己破壊という悲劇的な危険性を本質的に伴う。「集団死」や「自死」を予見させるストアハウスカンパニー演劇は「開かれ」と「閉ざされ」のパラドキシカルな二重性の身振りや反復の強調によって、表現《プレゼンテーション》の成立時に、そのつど「自己喪失」の萌芽を観客に示唆する。俳優たちは身振りを呈示《プレゼント》するごとに、意味《シニフィエ》を観客に表さないまま、身振り自体を意味不明（＝不在の状態）にすることで、観客の知覚や認識を不確実にする。アガンベンは、この不在の状態を存在の出現時（「開かれ」）における「放心状態」の考え方から説明し、放心状態ゆえに自己破壊——レーマンの言では「自己喪失」——の可能性も開かれることを指摘したのだった。『Ceremony』の観客は、現象の出現時におけるこのような不在の特徴ゆえに、不確実さを感じると同時に、自己破壊の可能性を踏まえた悲劇を予感するのである。この予感が、演劇評論で指摘された「集団死」や「自死」の予感にほかならない。

四　「不穏」な「宙吊り」状態

不確実性と悲劇の予感

このような悲劇の予感は――プレゼンスと不在の問題に照らし合わせれば――次のように捉え直せるだろう。観客は舞台上に立ち現れる表現《プレゼンテーション》がはっきりとはわからない（＝不在の状態）ために、漠然とした思い（＝不確実さ）をいだくが、同時に悪い予感もする。観客は俳優のプレゼンスと遭遇することで、かえって不在の状態に陥り、その不確実な状態において「集団死」や「自死」といった悲劇がありうるという予感をするのである。

この観客の受容のあり方は、一見すると通例ではないように思える。一般的に観客は舞台上のはっきりとわからない現象を見たとき、漠然とした思いをいだくが、すぐに悲劇の予感をするわけではないからである。よくわからないという印象だけで、観客は「集団死」や「自死」を予感することはない。にもかかわらずストアハウスカンパニー演劇の観客が不確実さを覚えるのと同時に悲劇を予感するのは、同劇団の演劇表現《プレゼンテーション》に独自性があるからである。この独自性とは――個々の特徴についてはすでに論じたように――エネルギッシュな身体表現が反復しつつ強い存在感《プレゼンス》を帯びて観客に呈示されると同時に、そのプレゼンスにとってパラドキシカルな要素、すなわち「隠れ」（ディディ＝ユベルマン）や「閉ざされ」（アガンベン）が観客に示唆されることにある。観客は圧倒的な存在感《プレゼンス》の身体表現によって強い衝撃を受けると同時に、何かが決定的に隠れ／閉ざされている状況を垣間見ることで、わからないという不確実な印象を受けると共に、不穏なことがいずれ起きるのではないかという悲劇の予感をするのである。

「不穏」と「宙吊り」

このような観客の「不穏(Beunruhigung)」を、ハンス＝ティース・レーマンは「悲劇的経験」と称して次のように述べる。

〔……〕意志のようなものがいったいどこで、どこから立ち現れる（erscheinen）のか。本当の意味で〔何かを〕欲するのは誰なのか〔……〕。このような問いこそが、悲劇の核心をつくものである。そのような問いが、私たちに**不穏**を喚起させるのだが、そのとき私たちは**悲劇的経験**の本来の遺産を垣間見ることになるのだ。〈23〉〔強調は引用者による〕

この引用箇所でレーマンは「クリス・バーデン、マリーナ・アブラモヴィッチ、ジーナ・パーネ」という激しい身体表現《プレゼンテーション》を特徴とするパフォーマンス芸術家を列挙して〈24〉、何かが「立ち現れる」プレゼンスの現象をめぐる観客の根本的な不確実性を指摘する。パフォーマンス芸術家の激しい身体表現を前にした観客は、このような激しい表現がどうしてなされるのか、パフォーマンス芸術家がこのような表現でいったい何をしたいのかなどの問いを立てつつ、答えが見つからず袋小路に陥り、「不穏」を感じる。これらのパフォーマンス芸術家と同じように、激しい身体表現を前面に押し出すストアハウスカンパニーの観客も、レーマンの言う問いに直面しつつ、よくわからないという不確実性に陥る。従ってストアハウスカンパニーの観客も答えの見つからない袋小路に陥り、「不穏」に至るのである。「悲劇的経験」における不穏は、観客が激しい身体表現を見てもわからないと思うと同時に、漠然とではあるが、やがて破局がおとずれるのではないかとする悲劇の予感を経た上で生じる否定的な感覚である。

観客のこのような不穏な状態は「宙吊り(Suspension)」に置き換えられる。宙吊りは、ある措定と別の措定とのあいだで逡巡しつつ、どちらの措定にも向かうことができない不確実な状況である。第二章で取り上げた「逡巡」論のヨーゼフ・フォーグルは、ミケランジェロのモーセ像を見ても措定できない観者の宙吊り状態について次のように述べる。

〔……〕フロイトは論考『ミケランジェロのモーセ像』においてモーセ像にみられる多様な記号を解読しようとした。しかし多様な記号を何らかの体系で一括りにすることはできない。〔解読によって導き出されうる〕出来事や行為、内容、特定の表現、性格、特徴は、このモーセ像に起きているということにならないのだ。むしろモーセ像では**宙吊りの論理**（Suspensionslogik）が一役買っている。この論理により、わかりたいと思う欲求と、〔実際には何もわからない〕茫然自失との関係が〔モーセ像を見る者において〕いっそう強まり、結果としてせいぜい可能性やら純粋な潜在的可能性に至るだけである。〈25〉〔強調は引用者による〕

モーセ像を見る者は、それを多様に解釈できるが、決定的な理解をすることができない。その結果、わかろうとする意欲と、実際には何もわからない茫然自失とのあいだで措定ができないまま、「こうなるかもしれない」という漠然とした予感をする（＝「可能性やら純粋な潜在的可能性に至る」）。フォーグルは、観者のこのような状態を「宙吊り」とみなす。

フォーグルの言う宙吊りは、『Ceremony』の観客の「不穏」な状態に当てはまる。観客は、俳優の激しい身体表現を「わかりたいと思う」が、結局わからないゆえに「茫然自失」となりつつ、「潜在的可能性」としての悲劇的出来事を予感するだけとなる。この観客受容のプロセスは、モーセ像の「宙吊りの論理」が観者に作用する受容プロセスと同じである。こうして『Ceremony』の観客は、舞台上の出来事を見て考えれば考えるほど、「不穏」な「宙吊り」状態に陥るのである。

五　プレゼンス論とアブセンス論の新たな側面

不穏な宙吊りの観客受容が生じるきっかけは、先述のように、俳優の身振りによるプレゼンスと不在のパラドキシカルな二重性であった。俳優の身振りが圧倒的な存在感《プレゼンス》で立ち現れる一方、「隠れた／「閉ざされ」たことによる不明な状態（＝不在）も示唆されるので、観客は結局わからないという不確実さを感じ、悲劇の予感をする。

ここで本章の最初に立てた問いに立ち戻り、これまで考察してきたことをまとめてみよう。問いは、『Ceremony』における激しい身振りが繰り返し呈示され《プレゼンテッド》／立ち現れる際のプレゼンスとは、演劇批評で指摘される不在の要素を踏まえると、どのような特徴を示すのだろうか、というものであった。この問いは、俳優の身振りが立ち現れる現象の特徴（舞台表現の次元）と、それを見る観客の受容（観客受容の次元）の二つに分けて答えることができるだろう。

舞台表現の次元では、身振りが呈示される《プレゼンテッド》際のプレゼンスが、その激しい身体表現と反復により、「開かれ」と「隠れ」（ディディ＝ユベルマン）や「開かれ」と「閉ざされ」（アガンベン）のパラドキシカルな二重性を帯びる。『Ceremony』は激しい身振りを反復することで、身振りの呈示（＝「開かれ」）を観客に強くアピールすると同時に、観客に身振りそのものが不明であること（＝「隠れ／閉ざされ」の状態）を示唆するのである。さらに『Ceremony』は、激しい身振りの反復に、激しさと執拗な反復を反映した負の特徴である「自己喪失」（レーマン）が伴うことを示唆する。激しい身振りの出現における「自己喪失」は、アガンベンが出現時の閉ざされた状態（＝「放心状態」）から説明するように、人間存在に破局をもたらしうる。こうして『Ceremony』は、同作品を始めとするストアハウスカンパニーの作品についての評論でも指摘されたように、悲劇的な末路を予感させるのである。

また『Ceremony』は激しい身振りとその反復を通じて、身振りの出現時に生じる「開かれ」と「隠れ」／「閉ざされ」のパラドックスの具体的な構造や、それがもたらす危険性を示唆する。『Ceremony』は、身体表現のプレゼンスにはこのようなパラドキシカルな構造や、自己破壊の危険性が備わることを、プレゼンスの特徴として示唆する。

こうしたプレゼンスの特徴は、プレゼンス重視の演劇論・美学論が軽視してきた側面である。第一章で指摘したように、フィッシャー＝リヒテのプレゼンス論は、激しい身振りを特徴とするアイナー・シュレーフの上演を例に挙げて、身振りが発するエネルギーやリズムが直接的に観客の身体に影響を及ぼすことをプレゼンスの特徴と指摘した〈26〉。またマーティン・ゼールは、現象が立ち現れることが鑑賞者／観客の知覚に直接的に影響を与え、それが鑑賞者／観客の感性に「充実（Fülle）」をもたらすと論じた〈27〉。これに対してシュレーフと同様に激しい身振りを集団で反復する『Ceremony』は、観客に「充実」感をもたらすわけではない。むしろ同作品の身振りは、エネルギーやリズムの直接的な影響を及ぼすだけでなく、身振りを知覚・認識することの不可能性や不確実性を観客に自省させる。受容の限界と観客の自省を主張してきたのは、プレゼンス論を批判したアブセンス論である。プレゼンス論が好んで論じる激しい身体性を特徴とする『Ceremony』は、アブセンス論がプレゼンス論批判の際に主張した観客受容の限界を示唆する。『Ceremony』が示唆するプレゼンスの特徴（プレゼンスのパラドックスと悲劇の予感）は、従来のプレゼンス論が軽視した側面を補うと同時に、アブセンス論によって主張されてきた論（例：ディディ＝ユベルマンの論）〈28〉がプレゼンス重視の演劇にも当てはまることを示した点において、プレゼンス論とアブセンス論のそれぞれの主張をキアスム的に結びつける可能性を示す。

観客受容の次元においては、『Ceremony』は以下のような特徴を引き出す。同作品の観客は、激しい身体表現に対して距離を取りつつ、それが何であるのか理解・解釈しようとするが、最終的に、何もわからないことを理解するに至る。観客は確かに身体表現の特徴を分析的に捉えることはできる。その可能性は、身体表現をシニフィエとシニフィアンの考え方から理論的に捉えたり、複数の解釈の可能性を列挙する演劇評論に示唆されている。しかし他方で観客は激しい身体表現から決定的な解釈を導き出したり、一つ一つの身振りを正確に把握して理解するわけではない。むしろ観客は、自分が導き出す理解や解釈が、漠然とした判断によるものにすぎないことを認め、結果として、はっきりと何かがわかるわけでないという認識の不確実性に陥る。わかろうとするが、結局わからないことをわかるに至る。ここに観客受容のパラドックスがある。

このようなパラドックスの経験により、『Ceremony』の観客は――フォーグルの論が指摘するように――わかろうとすればするほど、結局わからないことがわかるという不確実性の「宙吊り」の状態に置かれる。またレーマンが「悲劇的経験」論で指摘したように、この宙吊り状態は観客に「不穏」な感覚を「喚起」させる。『Ceremony』の身体表現《プレゼンテーション》は、単にその激しさやエネルギーによって観客の感性を圧倒するのではない。身体表現に反復や「不在」の要素を加えることで、観客の理解・解釈を不確実にさせた結果、観客に不穏な感覚を呼び起こすのである。激しいプレゼンスは、観客の感性に強くアピールするだけでなく、観客の自省や理解能力を極端なほどにまで活かすことができる。そうして初めて観客は不穏な感覚を感じるのである。プレゼンスの効果は、プレゼンス論が好んで指摘する感性的・身体的な作用に留まらない。観客の理解力を極限にまで追い込むほどのラディカルな知的作用を引き起こすこともできる。『Ceremony』は観客受容においても、従来のプレゼンス論とは異なる新しい側面を示唆するのである。

第四章

過剰と鬱

——フランク・カストルフ演出『終着駅アメリカ』におけるパラドキシカルな生き延び策

はじめに

プレゼンスが前面に押し出される演劇の特徴は、台詞や役のない身体パフォーマンスや身体演劇以外にも見出すことができる。俳優が戯曲の登場人物を演じる一般的なドラマの演劇形式においても、演技・舞台装飾・音響などの演劇表現《プレゼンテーション》が観客に過剰なほどに強い印象を与えることで、観客はかえってその表現に対して距離を置いて考察し、何かが欠けている不在の状況に関心を向けることがある。演出家と俳優は、戯曲の人物像やテーマを舞台化する際に、演技や演出に工夫を凝らすことによって、演劇現象の強度なプレゼンスと不在の状況をパラドキシカルに組み合わせて、観客に呈示することができる。

この組み合わせを巧みに駆使することで、プレゼンスと不在のパラドックスを観客に経験・省察させるのが、ベルリン・フォルクスビューネ劇場の総監督で演出家のフランク・カストルフである。カストルフは大胆に戯曲を解釈し、それを過剰な演劇表現《プレゼンテーション》によって舞台化する。プレゼンスが前面に押し出される演出にもかかわらず、演劇評論家や演劇論者はカストルフの演出に鬱やメランコリーがテーマとなっていると指摘する。舞台上では過剰なプレゼンスが前面に押し出されているのに、それと反対にみえる不在の特徴が観客によって見出されるのである。以下ではカストルフの演出作品を詳細に検討することで、戯曲を解釈し、舞台化した作品におけるプレゼンスと不在とのパラドックスの特徴を明らかにする。

一　過剰な表現《プレゼンテーション》と鬱

カストルフ演劇

一九五一年に東ベルリンで生まれ、一九八〇年代から東ドイツの劇場を中心に演出活動を行ったフランク・カストルフは、近代の古典的戯曲を大胆に解釈して、古典作品からアクチュアルな政治的問題を導き出して観客に提起する演出家として知られる。一九九二年から現在に至るまでカストルフはベルリン・フォルクスビューネの総監督・演出家として、古典作品から導き出した非常に大胆なテーゼにより、一九九〇年代以降のヨーロッパ社会・政治に顕著なグローバリズムへの体制順応的な傾向に対して、挑発的な批判を行っている〈1〉。

いくつかの例を挙げてみよう。一九九七年にカストルフはゲルハルト・ハウプトマン作の『織工』を演出した。戯曲は、一九世紀の工業化の煽りを受けて労働者が抑圧され、抵抗しても鎮圧される悲劇を扱った古典的な労働者劇だが、カストルフは戯曲の労働者を、現在のドイツ社会民主党が支援するドイツ人労働者に置き換えて演出した。この演出で明らかになるのは、旧西ドイツの左派を代表したドイツ社会民主党への問題提起である。この党とその関係者が、戯曲に描かれる「不幸な」「ドイツ人労働者」を支援すればするほど、ドイツ人よりも安い賃金で働くドイツ在住の外国人労働者を排斥する風潮を促してしまう。「不幸な」者を支援することで、社会の別の集団を不利にする矛盾が、カストルフの演出によって浮き彫りにされた。

一九九八年にカストルフはサルトル作『汚れた手』を演出した。この戯曲は、第二次世界大戦終了直後のパリを舞台にして、ナチス・ドイツから解放された新生フランスが西側自由主義か社会主義のどちらの方向へ向かうのかが問われる。カストルフは、この一九四五年のパリの内紛を、一九九八年にドイツ政府がコソボ紛争に軍事介入した際に生じた内紛と重ね合わせて舞台化した。

こうしてカストルフは古典的な戯曲を、一見すると無関係にみえる現在のテーマと巧みに結びつけて、アクチュアルな政治問題と古典作品との関連性を鮮やかに浮かび上がらせ、多くの観客をうならせてきた。

「放埒」と「生に疲れ果てた鬱」

カストルフは、けばけばしい色で悪趣味な装飾を舞台に施し、俳優に型破りの演技をさせたり、犬・猿・山羊などの動物を舞台上に登場させる過剰な演劇表現《プレゼンテーション》の演出家として広く知られている。俳優はしばしば「役から逸脱し(aus der Rolle fallen)」、台詞を叫ぶようにしてしゃべったり、舞台にしつらえたプールに何度も飛び込んだり、食器を次々と壊したりする。いずれも登場人物・物語設定とは無関係な型破りの身振りを執拗に繰り返す。その破天荒な演技は多くの演劇評論で取り上げられ、議論を巻き起こしてきた。カストルフの演出作品に出演する俳優について、次のような演劇評論のコメントがある。「〔カストルフの〕俳優についてだって？ 箍が外れた野生集団が雄たけびをあげるようなものだ」〈2〉。「大胆な猥雑さが、長年にわたるカストルフ演劇の基本的な身振りとなっている。〔俳優が演じる〕登場人物は、あらゆる戯曲が指示するより素早く前へと進み、四つん這いになって過ぎ去っていく」〈3〉。カストルフ演劇の俳優は、ときに「箍が外れた野生集団」のように舞台上を動き回り、動物的なエネルギーを発することで、観客を挑発する。

破天荒な演技や過剰な舞台表現《プレゼンテーション》にもかかわらず、カストルフ演劇はこれと反対と思える鬱や困憊をテーマにしていると指摘されている。演劇評論家のベンヤミン・ヘンリックスはカストルフ演劇の特徴を両極性から説明する。

カストルフは生に疲れた鬱と、子供じみたお芝居騒ぎを綯い交ぜにする。死の哀しみと神経を逆なでする騒乱、集中力と放埒、長い無気力の沈黙とカーニバル的破天荒が入り交ざるのだ。〈4〉

同様の評価は、ジャーナリストで文芸評論家のハンス＝ディーター・シュットの評論にもみられる。

広く知られるように、フランク・カストルフ〔の演劇〕は啖呵を切るようなときに、ナンセンスでメランコリックになり、子供じみた怒りを発散するが、そのようにして観客の共感を呼ぶのである。〈5〉

ヘンリックスもシュットも、カストルフ演劇に一方で「放埒」や「騒乱」を、他方で「生に疲れた鬱」や「メランコリック」なものを見出す。一方は演劇表現《プレゼンテーション》の過剰であり、他方はそれと反対の生気を欠いた状態である。ここにカストルフ演劇におけるプレゼンスと不在の二重性の特色がみられる。すなわちカストルフ演劇では、舞台上で示されるプレゼンスの過剰と、それと反対の特徴を通じて、現代人が一方で過激化、他方で無気力化する両極端のあいだで生きる現実が観客に問題提起されるのである。本章第三節で詳しく論じるように、市場主義経済システムのなかで誰もがサバイバルせざるをえなくなった状況下で、現代人は一方で主体性を押し出して積極的になろうとするが、反面その積極性が過剰になることで、自分に失望し、無気力になる傾向がある。カストルフ演劇のパラドキシカルな二重性は、過剰か無気力かの両極端に揺さぶられがちな現代人の多様な問題と社会背景を観客に呈示する。このような問いを観劇を通じて観客に実感させるために、カストルフは戯曲や人物像の解釈、俳優の演技、舞台装飾の工夫、音響などの演劇的要素を多様に活かす。

プレゼンスの過剰と鬱という無気力（不在）の問題提起が最も効果的になされたカストルフの演出作品は『終着駅アメリカ』（ザルツブルク音楽祭とフォルクスビューネの共同制作、初演二〇〇〇年）であろう。同作品はテネシー・ウィリアムズの戯曲『欲望という名の電車』（一九四七年初演）を基にして、失われた過去を夢見つつ、「今ここ」に起きる出来事を、過剰な方向に向けては壊すことを繰り返す現代人の実態を浮き彫りにする〈6〉。また『終着駅アメリカ』はフォルクスビューネ劇場の演劇プロジェクト「資本主義と鬱」のもとで制作されたが、制作に携わった同劇場のドラマトゥルク、カール・ヘーゲマンがこの上演とプロジェクトのテーマに関連する現代社会論や精神分析論を一冊の本『終着駅アメリカ――資本主義と鬱Ⅰ』〈7〉にまとめて上梓した。この本では、舞台作品『終着駅アメリカ』のさまざまな場面に関連する過剰と鬱のパラドックスが理論的に考察されている。『終着駅アメリカ』は、演劇実践と理論の組み合わせによってこのパラドックスに取り組んだプロジェクトである〈8〉。

二　不在の自己破壊的エネルギー

『欲望という名の電車』

先述のように『終着駅アメリカ』は、ウィリアムズの戯曲『欲望という名の電車』に基づく。戯曲においても過剰と不在がテーマとなっている。戯曲の物語は、地元の邸宅と職を失った元高校教師ブランチ・デュボアがニュー・オリンズの貧困街に住む妹ステラ・コワルスキーとその夫スタンリーのもとをおとずれて、夫婦の小さなアパートに居候することから始まる。ブランチは文学の素養のあるメランコリカーとして、ステラの夫スタンリーは「生きることへの動物的な喜び」〈9〉に溢れる粗暴な男として描かれる。物語はブランチとスタンリーの対立関係を軸にして展開するが、それは不在と過剰が緊張関係にあることを暗示している。

カストルフは演出に当たり、『欲望という名の電車』の人物設定や物語の背景を変更した。これによって戯曲における不在と過剰のモチーフが対立関係にあるだけでなく、その関係が複層的に重なり合うことになった。そこでまずは戯曲のあらすじを確認した上で、カストルフによって改変された作品の特徴を紹介する。

戯曲では、大農園の娘であるブランチは、文学や芸術の素養を備えているが、財産や職を失い、最愛の人を失った過去を引きずっており、メランコリックな喪失状態にある。他方スタンリーはポーランド系の移民で、軍隊を除隊後は肉体労働に従事しつつ、友人ミッチやスティーブとポーカーやボーリングに明け暮れる労働者階級の若者である。さらにスタンリーはどなるようにしゃべり、家財道具をすぐに壊してしまうほど粗暴な男であり、「力と誇りをもって、〔女たちに〕快楽を与えつつかつ受ける」[10]快楽主義者でもある。

粗暴なスタンリーと結婚したステラは、やがて子供を身ごもる。この頃、姉のブランチが突然ステラとスタンリーの前に現れ、彼らのアパートで居候を始めるのだが、ブランチとスタンリーは、教養の差や価値観の相違ゆえに反りが合わない。またブランチの実家が没落して財産を失ったことを聞いて、スタンリーは当てにしていた遺産相続の権利を失ったと思い、腹を立て、ブランチを不利な立場に追い込み、家から追い出そうとする。他方ブランチは、妹ステラにスタンリーとの離婚を促そうとしたり、ミッチに近づいて結婚による生活の保障を得ようとする。

自分の意に反するこのような試みゆえに、スタンリーはブランチを恨むようになり、ミッチとの関係を邪魔しようと、ブランチの身辺を調べる。その結果明らかになったのは、故郷を離れて他の町に移り住んだブランチが、売春婦に身を落としていた事実だった。スタンリーはこの秘密をミッチに伝え、ブランチとの関係に深入りしないように仕向ける。ミッチとの仲を裂かれたブランチは、スタンリーに手籠めにされてしまい、精神を病み、精神病院へと連れて行かれる。喪失という不在状態に病むメランコリカーが、過剰なエネルギーを発する「プレゼンス型」のスタンリーに屈することで、物語は終わる。

戯曲の改作

カストルフは『欲望という名の電車』の過剰と不在のモチーフを、現代社会における鬱／不在・過剰の問題として示すために、人物像や背景を変えた。戯曲ではフランス系とされたブランチとステラが、スタンリーと同じポーランド系に変えられた。ポーランド系移民のスタンリーは、一九七〇年にグダニスクで、（後に「連帯」運動を指揮し、大統領になった）レフ・ワレサによって組織された労働者のストライキ運動の担い手として、当時の社会主義独裁政権に抵抗し、弾圧されたために、アメリカへ亡命したという不幸な過去を背負う元社会活動家に変更された。ポーランド出身となったブランチも、グダニスクでこの抵抗運動を支援したという設定に変えられた。こうしてブランチとスタンリーはどちらもユートピアを目指した社会活動を阻まれて、平凡な日々を生きることに甘んじる

「ユートピア的メランコリカー」に変えられた。ユートピア的メランコリカーとは、社会学者ヴォルフ・レペニースが『メランコリーと社会』のテーマとしたように〈11〉、ユートピアのための活動と意義を失った喪失状態を気に病みつつ、日常生活に身を引いて非活動的に生きる鬱的な人間を指す。ブランチもスタンリーもポーランドでの抵抗運動を断念して、理想を見失ったままアメリカの消費社会に甘んじて生きる点で、どちらも鬱的である。

この変更によって、戯曲の重要なテーマだったブランチとスタンリーの対立は後退した。代わりに、ほとんどの登場人物が階級や価値観の差に関係なく鬱的であるか、鬱状態に翻弄されていることが観客に示される。例えば、スタンリーが「連帯」時代の悪夢にうなされるようにして暴れるとき、ステラは夫への愛情からスタンリーを介抱するが、後に夫から暴行を受けてしまう。ステラは鬱的な人間の苦悶や破壊行為の犠牲者であることが演出によって示されるのである。また戯曲の結末と異なり、上演の最後でステラは身ごもった子供を死産し、大きな喪失に苦しむ姿が強調される〈12〉。

スタンリーの友人で、ブランチと恋仲になりかけたミッチは、戯曲とは異なり、売春婦だった「過去」を理由にブランチを激しく責めたてることはしない。それどころか、マゾヒスティックな性格が演出によっていっそう強調される。ベッドで半裸になったミッチはブランチに自分の体を激しく叩いてもらい、恍惚状態になる。ミッチも、自己破壊に快楽を感じる異常さを示すことで、「健常」と「病気」の境界がいっそう曖昧になった現代社会の実情を暗示する。

カストルフはさらに照明効果を駆使して、戯曲にある鬱的な雰囲気をいっそう色濃くしたり、新たな意味を加える。スタンリーとステラ夫妻の狭いアパートの室内を示す舞台には、上手にキッチン、下手手前にベッドがしつらえてある。下手奥には浴室がある。照明がこの舞台空間全体を長時間にわたり、黄色、オレンジ、ピンク、薄暗い黄色、薄暗いオレンジなどのけばけばしくて、悪趣味な色合いで照らし出す。この照明は強すぎて、俳優も舞台セットも照明が醸し出す色にそのつど染まってしまうときもある。

この悪趣味で過剰な照明は、そこにいる人間たちが皆「鬱的」であることを暗示している。全員が鬱的であることは、戯曲の第三場のト書きにおいても暗示されている。第三場のト書きには、スタンリーと仲間たちが深酒をしつつポーカーに明け暮れる場面が、ゴッホの絵画「真夜中のカフェ」に喩えられている。

ポーカーの夜。ヴァン・ゴッホの絵に、夜のビリヤード室を描いたものがある。いま台所は、その絵を思わせるように、けばけばしい夜の輝き、子供の色彩感覚のようななまなましい色に満ちあふれている。〈13〉

ゴッホの同名の絵には安酒場風のけばけばしい赤、オレンジ、緑の屋内に、男女がテーブルで親

© Thomas Aurin

フランク・カストルフ演出『終着駅アメリカ』

上演冒頭:左からステラ、ブランチ、ユーニス、スティーブ。ピンク・赤・黄色の照明が舞台を照らして、けばけばしい色彩に満ちている。ステラとブランチは久しぶりの再会ゆえ嬉しいはずなのに、浮かない様子である。ニースとスティーブにも楽しげな表情はない。

フィンセント・ファン・ゴッホ《真夜中のカフェ》
1888 年
(イェール大学美術館所蔵)

テネシー・ウィリアムズの『欲望という名の電車』の第三場冒頭のト書きに、この絵画の様子が描写される。絵画に顕著な赤、オレンジ、黄色などの色合いが『終着駅アメリカ』の舞台照明に反映された。

密に話に興ずる一方で、三人の労働者風の男が顔をテーブルにつっぷしている。憂鬱を畢生のテーマとして描き続けたゴッホのこの絵は、粗野な者たちにすら憂鬱が潜んでいることを暗示する。

劇評家ローラント・コーベルクは、「ベルリン新聞」の演劇評論において同作品の照明と鬱に関して次のように述べる。「〔演出上の〕変化の頂点は、多様な照明によって醸し出される緑・赤・白色の雰囲気である。舞台においてずっと支配的なのは、強い朦朧状態である。〔……〕フランク・カストルフの手にかかると、誰もが同じになり、誰もが鬱的になるのだ」〈14〉。カストルフは、戯曲の一部の箇所で暗示されている鬱的な雰囲気を、上演のほとんどの場面に適用し、登場人物全員に覆いかぶせることで、「誰もが鬱的になる」状況を観客に示した。

過剰化のプロセス

演出の工夫により、鬱的な状況が原作よりも強く醸し出されるが、それは一般的な鬱のイメージとは異なる特徴である。「鬱」には、気分の落ち込み、非活動的な状態、喪失感などの「不在」のモチーフと関連するイメージが伴う。しかし『終着駅アメリカ』に登場する鬱的な者たちは、ほとんどの場面において活動的で、積極的に交流する。俳優の台詞廻しや演技もカストルフ演劇特有の激しさや誇張に満ち溢れている。俳優たちは「スラップスティック」調で演じたり、二〇枚ほどの皿を滑稽な仕草で次々と割ったり、五人の俳優が小さなベッドに寝転がって「押しくらまんじゅう」の戯れをする。活発で喜劇的な演技ゆえに「笑劇が舞台を支配している」〈15〉のである。『終着駅アメリカ』では、鬱的な状況が雰囲気によって暗示されてはいるが、舞台上で前面に押し出されているのは、それと反対にみえる活発な表現《プレゼンテーション》なのである。プレゼンスと不在の問題に関連するこのパラドキシカルな二重性は、この舞台作品において何を暗示しているのか。この問いに答えるために、俳優の活発な演技と演出を詳細に検討してみよう。

冒頭の場面ではキッチンでステラとユーニスが台所に立ち、卵を割ってはフライパンの上で焼くという作業を繰り返す。キッチン脇のカウンターにスティーブが腰を掛けてギターを爪弾きながら、ルー・リードの『パーフェクト・デイ』（一九七二年）をゆっくりとしたリズムで奏でて歌う。赤やピンクの照明が舞台全体を覆っている。ステラが卵を割るたびに「オーェ」といううめき声をあげ、スティーブは非常に物憂げな調子で音楽を奏でる。そこにブランチがスーツケースを持って現れ、カウンターに座り、メランコリーの象徴的身振りである頰杖をつく。ブランチがすぐに現れても、物憂げな演奏とうめき声は繰り返される。何も起きない退屈なアンニュイと憂いの気分ゆえに、舞台上を不在が支配している。その後ブランチが邸宅や職を失った喪失の経験について語ったり、ステラがスタンリーとの馴れ初めの経緯について語るが、会話はアンニュイな雰囲気と同じように弾まない。

スティーブが憂鬱な雰囲気を変えようとして、歌のリズムを速めて晴れやかに歌を歌い始めると、帰宅したスタンリーが舞台に現れ、ブランチも加わって一緒に歌う。しばしのあいだではあるが、三人はハーモニーを奏でて歌い、スタンリーが軽快に踊る。滑稽ではあるが、俳優たちの本格的な斉唱と歌が披露《プレゼンテッド》される。こうして舞台から不在を暗示する憂鬱な雰囲気が一掃され、「今ここ」の「充実(Fülle)」感が漂う。

この場面で初めて知り合ったスタンリーとブランチは、身の上話をしているうちに、二人ともポーランドに暮らしていた頃、「連帯」運動に参加していたことがわかり、会話はいっそう弾む。しかし話題が、多くの死者を出した一九七〇年の労働運動の鎮圧に及ぶと、スタンリーの表情は急に曇り、バスルームに駆け込む。そしてポーランド語で「悪党どもめ！　スタンリー・コワルスキーの参上だ！　人殺しめ！　革命万歳！」[16]とわめき叫ぶ。ステラが錯乱状態のスタンリーを宥めるが、錯乱状態は鎮まらない。ステラが泣きべそをかきながら「スタンリー、薬を飲んで。私たちは〔もうポーランドにいるのではなく〕アメリカにいるのよ」[17]と述べると、スタンリーはようやく正気に返る。スタンリーの騒ぎは収まったが、音楽や踊りで高揚した雰囲気はかき消され、かつて夢見た希望が挫折したという喪失感が舞台上を支配するようになる。

冒頭の一連の演技や演出から明らかになるのは、最初に退屈で憂鬱な状態が支配的であり、それを一掃するために歌や演奏を始めて雰囲気が一瞬よくなるが、やがて身振りがエスカレートして、一度盛り上がった雰囲気が台無しとなるというプロセスである。これは――「ある」と「ない」の視点からみれば――「ない」状態から「ある」状態に変わるが、それが過剰化して破壊され、ふたたび「ない」状態に戻るというプロセスである。

『終着駅アメリカ』は、このようなプロセスを繰り返しながら進んでいく。「ポーカーの夜」の場面では、作者ウィリアムズが陰鬱でけばけばしい「真夜中のカフェ」をト書きに描写した文章が字幕として観客に呈示されるなかで、スタンリー、ミッチ、スティーブがポーカーをしながら、ブリットニー・スピアーズの曲『ベイビー・ワン・モア・タイム』(一九九八年)をアカペラで本格的に歌う。陽気でハーモニーに満ちたコーラスは、ト書きに示された真夜中の眠気と憂鬱を吹き飛ばすような歌の表現《プレゼンテーション》である。コーラスによって元気を取り戻した三人とステラ、ブランチ、ユーニスは陽気に踊って過ごす。しかし曲がニルヴァーナの『スメルズ・ライク・ティーン・スピリット』(一九九一年)に変わると、各人が壁に体をぶつけることで自分の力を誇示し合い始め、これを繰り返す。反復するうちに高揚感がエスカレートし、その雰囲気に呑まれたスタンリーがブランチを皆の前で強姦してしまう。こうして憂鬱から脱した楽しい雰囲気はまたしても重苦しくなってしまう。ここでも場面が「ない」から「ある」状態へ移り、それが過剰化してふたたび「ない」状態に戻る。

ここで明らかになるのは、「ある」と「ない」をめぐる登場人物たちのパラドックスである。舞台上の人間たちが鬱的な状況(「ない」状態)から逃れようとして、斉唱や演奏などを呈することで、肯定的な「ある」状態に移行するが、この状態は長続きしない。楽しいプレゼンテーションが繰り返されるうちに、エスカレートして、やがて自滅するようにして終わり、ふたたび鬱的な状況(=不在の状態）が登場人物を覆ってしまう。不在の否定的な状況を打破するためのプレゼンテーションは舞台上の人物（と観客）を楽しませるが、長続きしない。舞台の時空間を多く占めるのは、プレゼンスの「充実」ではなく、不在や過剰なプレゼンス、過剰化がもたらす破壊の空しさである。ここに「ある」と「ない」をめぐる登場人物たちのパラドックスが露呈される。

三　サバイバルのパラドキシカルな二重性

サバイバルのプロセス

このような「ある」と「ない」のパラドキシカルなプロセスを繰り返すようにして『終着駅アメリカ』の物語は進んでいく。戯曲と異なり、カストルフ演出の舞台の最後ではブランチの破局がおとずれない。戯曲においてブランチは、ミッチやかつての恋人との結婚のもくろみが頓挫し、売春婦の過去を暴かれ、反りの合わないスタンリーに犯された結果、精神に破綻をきたし、精神病院に送られる。カストルフの舞台におけるブランチはスタンリーの「欲望」の餌食にならないし、憂鬱ではあるが、精神を病むまでに至らない。

上演最後では、原作と異なり、死産ゆえに悲嘆に暮れるステラをブランチが慰める。そこにスタンリー、ミッチ、スティーブ、ユーニスが現れて、ステラを、子守歌を歌って励まそうとする〈18〉。直後に舞台セット全体が揺らぐようにして上がり始め、天井近くで止まる。舞台セットとともに上方まで上がった俳優たちは、舞台が下り坂になったためにずり落ちそうになるが、実際に落ちるわけではない。ここで上演が終了する。この一連の展開からわかるのは――ブランチが没落し、妹のステラが悲嘆に暮れて劇が終わる原作と異なり――登場人物全員が没落しそうになるが、かろうじて生き延び続けるというサバイバルの実態である。カストルフの演出では、登場人物が一様に鬱的な状況から脱しようとする試みにおいて、先述のような「ある」と「ない」をめぐるパラドキシカルな二重のプロセスを経るが、このプロセスを繰り返すことで、鬱的な状況を生き長らえることができる。

しかしこのパラドキシカルな二重性は、いっそう深刻な別のパラドックスをもたらすことになる。一方で舞台上の登場人物たちは、「ある」と「ない」の状態を行ったり来たりすることを反復し、反復に特有の持続性を確保することで、「長期鬱的」で、下層社会の「長期に屈辱的な」苦境をサバイバルすることができる〈19〉。レペニースがメランコリー論で指摘したように〈20〉、鬱的な状況はそれに苦しむ人々を華々しく高揚させない代わりに、低空飛行のまま生き長らえる可能性を保証する。先述のスタンリーの例に示されるように、舞台上の六人は鬱的で退屈な状況（＝不在）から、何かが「ある」状況を作り出しているうちに、それが過剰化して元の木阿弥になる。しかし彼らはこの失敗を繰り返すことで、原作のブランチとは異なり、破滅することはない。彼らはパラドックスのプロセスを繰り返すことで、鬱的な状況を生き延びることができる。

他方、このパラドックスの反復において犠牲が生じる。それが顕著なのは、ステラと生まれてこなかった子供である。「ある」状態がエスカレートすると、ステラはそれをくい留めようとするが首尾よくいかない。それどころかしばしばスタンリーの（性的）暴力の犠牲となってしまう。ステラが出産を直前に控えたとき、スタンリーは「出産シーン」を映像に収めようと、陣痛に苦しむステラの姿をビデオカメラで撮影し続ける。その後ステラはお腹の子を死産するのだが、その原因は、撮影に夢中になった（＝「ある」状態の過剰化）ために、ステラを医者に連れて行くのが遅れたスタンリーにもある。

ステラに加えて、死産となった子供も犠牲者である。生まれ来る子供は、まだこの世に生まれ出ていないために——堕胎の権利に象徴されるように[21]——「人間存在」とはみなされない、マージナルな存在である。死産したことでステラは悲嘆に暮れ、姉のブランチも共に悲しむが、スタンリーはさほど悲しまない。また最後の場面でスティーブ、ユーニス、ミッチがステラを慰めようとして歌を歌うが、歌詞が悪意を含んだ内容[22]ゆえに、実際には慰めたことにならない。彼らは、他人の子供という「他者」の死を本当に悲しんでいるわけではない。彼らの関心は、「自分」が鬱的な現実を生き延びることであり、生まれ来る子供という「他者の死」は、彼らにとって関心の外にあるのである。すでに説明した「ない」という鬱的な状態を打破して「ある」状態へ至り、それが過剰となりふたたび

「ない」状態に戻るプロセスは、一部の人々に生き延びられる可能性をもたらすが、同時にマージナルな他者に犠牲を強いる。この犠牲こそ、「ある」と「ない」をめぐるパラドキシカルな二重性のプロセスがもたらすもう一つの、深刻なパラドックスである。

自己犠牲の弁証法

このパラドックスは、マックス・ホルクハイマーとテオドール・W・アドルノが『啓蒙の弁証法』で指摘した自己矛盾と関連する。ホルクハイマーとアドルノの言う弁証法は――ヘーゲルが進歩的歴史観を視野に入れて述べたジンテーゼへの合目的性と異なり――ある者が何らかの利益を得ようとするために行う努力や試みには、自分を不自由にするような別の問題が必然的に伴うという自己矛盾の問題と関連する。同書の補論「オデュッセウスあるいは神話と啓蒙」でホルクハイマーとアドルノは、主体的に判断し行動する近代人の典型としてオデュッセウスの策略を取り上げ、それがもたらす自己矛盾について説明する〈23〉。

船旅の途上にあったオデュッセウスは、海の底で人間を誘惑するセイレーンと対決する。セイレーンの歌声は聞く者に愉悦感を喚起させるが、それは自分のもとにおびき寄せる罠でもある。これまで聞き惚れた者はことごとく海に飛び込み、セイレーンの餌食となった。オデュッセウスは犠牲にならずして美声を堪能するための方法を思いつく。それは、船のマストに自分を縛り付けさせて、セイレーンの歌声を聞く方法である。そうすれば美声に快楽を感じて、海中に身を投げたい思いに駆られても、縛られた状態では身動きができない。オデュッセウスは主体的に考えて自ら実行することで、犠牲にならずして快楽を得ることに成功する。

この策略は、直面する苦難をサバイバルしつつ、利益を得るという近代人の特徴を反映している。神話時代の人間と異なり、近代人は神や掟の言いなりにならずに、自分で考察し、判断して行動することができる。近代人の主体性が、神話時代のオデュッセウスにすでに表れているというのが『啓蒙の弁証法』の主張である。

しかしホルクハイマーとアドルノは、主体的なオデュッセウスの策略に、見えない自己犠牲と自己矛盾が伴うことを指摘する。オデュッセウスは美声を堪能しつつ、犠牲にならないと思っているが、マストに自らの体を縛り付けることに象徴されるように、実は身体や感性を犠牲にしている。オデュッセウスは美声を聞くことで感覚的に満足したと思い込むが、そのために、感性の母体である自己身体を無理やり束縛することで達成されるという自己犠牲と自己矛盾を代償として払っているのである〈24〉。

このような自己犠牲を伴う矛盾は、『終着駅アメリカ』の人々にも当てはまる。彼らは鬱的な状況を生き延びるために、「ない」から「ある」状況へ至り、「ある」から過剰を経てふたたび「ない」状況へと戻るプロセスを繰り返すが、サバイバルの過程でステラが死産し、原作では生まれてくる子供が生まれないという結果となる。それは一見すると、ブランチ、スタンリー、スティーブたちは何とか生き延びるが、それによってステラと子供が犠牲になるという二分法の構図にみえる。しかしオデュッセウスの事例に照らし合わせれば、ステラと子供は他の人物にとって他者であるだけでなく、身内という自己でもあり、彼らの犠牲は自己の犠牲でもあることになる。他者が自己である内実を以下に確認してみよう。

ステラはスタンリーにとっては妻であり、またスティーブ、ユーニス、ミッチにとって大切な友人であり、毎日のように会う「遊び仲間」である。つまりステラは他者であると同時に、スタンリーを始めとする他の登場人物と深く結びついている内在的存在でもある。生まれてくるはずだった子供もこれに近い内在的存在である。ステラが哀しみに暮れたり、子供が生まれてこなかったことは、スタンリーたちにとって単に他者の犠牲を意味するだけなく、内在的存在の犠牲、すなわち「我々」全体にとっての自己の犠牲をも意味する。この自己犠牲は、主体的なオデュッセウスがセイレーンの歌声を堪能しながら、海の藻屑となる危険性をサバイバルできる反面、自己身体の拘束という犠牲を払う自己矛盾と類似する。

鬱的な状況を脱するためのパラドキシカルな試行錯誤は、一方では、『終着駅アメリカ』の登場人物たちがその状況を生き延びる可能性を保証する。他方この可能性は、死産とステラの絶望的な悲しみという犠牲を伴って実現する。この犠牲となるのが、他者であり同時に自己に内在する存在でもある以上、「ある」と「ない」のパラドキシカルな二重性のプロセスは、生き延びる主体の可能性と自己犠牲という別のパラドックスをもたらすのである。

四　主体における過剰と不在

『終着駅アメリカ』の登場人物にみられる鬱的状況と過剰化のパラドックスは、それ自体すぐに観客に当てはまるわけではない。彼らの仕草や語り口、エスカレートしていく際の身振りは、観客が大笑いするほど滑稽なものであり、観客の似姿をありありと描写しているわけではない。

エランベールの鬱社会論

しかしこのパラドックスは観客、すなわち現代社会に生きる人々の問題に間接的に関連していることが、同上演のプログラムとして編纂された書籍『終着駅アメリカ——資本主義と鬱Ｉ』に記されている。「本書には、『終着駅アメリカ』と直接には関連はないが、自由主義経済の強制によって現れる病的な現象をテーマとする〔……〕多岐にわたる論考が収められている」〈25〉。編纂者ヘーゲマンによれば、同書に収録された論考はどれも「直接には関連はないが」間接的には観客や現代人の「病的な」問題に関連するものである。

プログラムに収録された九つの論考のうち、現代社会の鬱をテーマにしているのが、フランスの社会学者アラン・エランベールの『疲れ果てた自己――社会と鬱』（一九九九年）の第七章〈26〉からの抜粋である。エランベールはこの章において、現代人の主体が鬱的な空しさ（不在）と（過剰に相当する）依存症とのパラドックスに直面する問題を多様な角度から検討する〈27〉。現代人の鬱と依存症の問題は、『終着駅アメリカ』に散見される鬱的な状況と過剰な傾向と比較しうる。以下にエランベールの主張を確認しよう。

自由な主体のパラドックス

エランベールはまず、一九八〇年代以降、個人の主体のあり方が変容したことを指摘する。西側先進国を中心とする自由な社会において個人は、「自分らしさ」を求めて、より主体的になり、人々や周辺世界との関わりにおいてより活動的になる傾向が強まった。その結果個人は、二〇世紀中葉頃まで社会の至る所にあった国家や共同体的因襲などの全体の犠牲になる（＝運命に左右される）心配をすることなく、自由に、自発的に、主体的に生きることが一般的となった〈28〉。

しかしエランベールによれば、自由の保障や主体性の尊重が個人に新たな問題、すなわち主体のパラドックスをもたらすことになった。個人は自分が特別な存在だと考え、より自分らしくなりたいと願って主体的に行動すればするほど、その願望や行動が本人にとって満たされないものとなる。また多くの人々が個性的であろうとすればするほど、各人の個性は他の人々の個性とさほど差がなくなり、結果として没個性的になりがちになる。その結果、個人は主体的に振る舞えば振る舞うほど、現状の自分が（不在状態への布石となる）「物足りない（unzulänglich）」と思うようになる[29]。

その結果、個人はますます主体的、活動的になろうとする。それでも自分はどこか「物足りない」という不満が解消されることはない。こうして個人は自分に対して満足しないまま、活動的な試みが空転することになる。過剰な期待と要求を自分に向けることで、行動がかえって空回りする。こうして過剰と「空回り」という不在の状態が主体にのしかかることになる。

エランベールによれば、過剰さと空回りの帰結が鬱である。自己に満足しない個人は、自分の限界を超えた活動や主体性を目指すようになると、その過剰さゆえにかえって「活動不能」に陥ってしまう。この活動不能は、レペニースがメランコリカーを「行為抑制（Handlungshemmung）」と特徴づけたように[30]、鬱的な症状の一つである。この症状は、個人がごくふつうの日常的活動すらできない新たな「活動不能」をもたらす[31]。

『終着駅アメリカ』との類似

エランベールが指摘するパラドックスの内実は、個人がより主体的・活動的になろうとすることで、鬱状態に陥り、自己破壊の危険性を招くことにある。これは構造的にみて、『終着駅アメリカ』の登場人物たちのパラドックスと似ている。ブランチやスタンリー、その仲間は退屈で鬱的な状況を打破するために、歌や踊りといった遊戯的な試みを一緒に呈することで束の間充実したひとときを共有するが、その試みはエスカレートし、充実するはずの「今ここ」は台無しになってしまう。こうして彼らはみずから鬱的な状況（不在）を招いてしまう。

エランベールが指摘する鬱的な現代人は、演出によって変更されたスタンリー像に最も色濃く反映される[32]。原作と異なり、カストルフ演出でのスタンリーはグダニスク時代の連帯運動の挫折を経験して、アメリカに亡命したという設定となっている。亡命後スタンリーは「娯楽部門で」[33]、テレビなどで人々を楽しませる俳優やコメディアンとして活躍していたが、インターネットや新手の娯楽が台頭したことでテレビ出演の機会を失い、現在はショッピングモールでゴリラの着ぐるみを身に付けて新製品の宣伝を行うアルバイトで生計を立てている。エンターテイナーからゴリラ姿の宣伝マンへの転落という脚色によって、スタンリーは新自由主義とグローバリズムによる個人間の厳しい競争に直面していることが、アイロニカルに暗示されている。エランベールは、プログラムに抜粋された論考で、競争の激化（＝過剰化）と個人の不安定化が現代社会の鬱状態を促進すると論じているが[34]、演出によって変更されたスタンリーは、競争の激化に苦しむ鬱的状況にあることが暗示されている。

スタンリーがエランベールの言う鬱的人間であることは、別の場面でも示唆される。先述のように、スタンリーがグダニスクでの連帯運動で多くの仲間が死んだという過去の出来事を思い起こして錯乱状態に陥り、ポーランド語でわめき叫んだとき、妻のステラが「ここはアメリカなのよ。薬を飲んで！」とスタンリーに忠告する〈35〉。「薬を飲んで」の原文“Nimm doch deine Tabletten”は、直訳では「あなたの薬を飲んで」という意味であるので、「定期的に服用する精神安定剤を飲め」ということを言わんとしている。

原作にはないこの台詞は、新自由主義を促進するアメリカ経済の実情を揶揄している。文意と文脈から、台詞はアメリカ社会、（失われた理想や過去を思い起こすことによる）鬱状態、薬という三つの関連性を示唆していると考えられる。これら三つの関連は、上演プログラムのエランベールの論考で取り上げられている。エランベールは、健康保険制度が確立していないアメリカで、病院の治療費を払えない貧困層の鬱病患者のために、医師の処方箋なしで抗鬱剤を販売することをめぐる議論を取り上げている〈36〉。エランベールは処方箋なしの抗鬱剤の一般販売に反対であると主張する。他方で彼は、厳しい競争ゆえ不利な個人がいっそう不利益を被る現代の状況では、貧困層の鬱病患者が医療費を払わなくても、薬を安く買える可能性には一定の理解を示している。

スタンリーは一見すると、厳しい競争にも適応できる「動物的」エネルギーに満ち溢れている。しかしそれは表向きの姿にすぎない。「薬を飲んで」という台詞の場面が、観客席から直接見えないバスルームであることから察せられるように、スタンリーは陰では精神安定剤を飲むことで、表向きのエネルギッシュな人間像をかろうじて維持しているのである。このようにカストルフの演出では、逞しくみえる現代人が、薬に依存しないとサバイバルできない影の側面が観客に示される。

五　観客のパラドックス

極端な「ある」と「ない」

こうしてエランベールが論じる現代人と『終着駅アメリカ』の登場人物は、主体的に行動すればするほど、かえって自己破壊に至る鬱的な傾向において一致することが明らかになった。この一致をプレゼンスと不在の視点から捉え直してみると、どちらの状態も強い否定性を帯びていることがみえてくる。現代人も登場人物も「ある」と「ない」の強い否定性に揺さぶられているのである。

現代人の場合は次のように説明できる。個人は主体的になればなるほど自分の現状を不十分と感じるようになる。つまり「今ここ」にある自分に満足せずに、「ある」べき自分を求めていっそう意欲的になるが、いつまでたっても「ある」べき状態に到達し「ない」ので、意欲的な試みは空回りすることになる。結果として「今ここ」にある自分の状態が過剰な状況に置かれることになる。ここに現代人の主体におけるプレゼンスの過剰さが確認できる。この過剰さは自己のエネルギーを空費することになるため、現代人から意欲や自発的なエネルギーを奪い、個人を空しい不在状態に陥れる。これが鬱的状態である。鬱状態は、単に空しい感覚を引き起こすだけでなく、自己を激しく責め立て、やがて自己破壊にすら至らしめる負のエネルギーも発する〈37〉。「鬱」という名の不在の状態は、個人を破壊する危険性も孕んでいる。鬱の不在は中立的な意味で「ない」状態にあるのではなく、自己破壊をもたらす起爆性を孕んだ、極端な否定性を帯びている〈38〉。

他方――すでに確認したように――『終着駅アメリカ』の登場人物たちも何らかの企てを行っているうちに、極端な「ある」と「ない」の状態を招いてしまう。スタンリーとその仲間たちは鬱的な状況から脱するために歌・演奏・ポーカーなどで戯れることで、「今ここ」に愉快な雰囲気を作り出すが、やがてそれが過剰化し、雰囲気を台無しにして、鬱的な不在の状態に戻ってしまう。登場人物の鬱的な状態は、スタンリーの錯乱にみられるように、自己の主体性を喪失させるほど破壊的である。舞台上にいる者たちの「不在」も、鬱社会に生きる現代人と同様に極端で強い否定性を帯びている。

現代人も登場人物も「ある」と「ない」の状態をめぐり、極端な両極に偏在化する点で共通する。どちらも「ある」と「ない」の状態を中立的なものとして維持することができず、過剰になってしまうのである。

アンビヴァレントな笑い

このように極端な「ある」と「ない」の状態に揺さぶられる点において、現代人と『終着駅アメリカ』の登場人物は同じ傾向にある。同作品を見る観客は、この極端さの問題とどのように向き合うのだろうか。多くの観客が鬱社会における現代人の問題を「我が事」として受け止めたことは、上演プログラムへの大きな反響から推察することができる。エランベールの論考が収録された上演プログラムで書籍の『資本主義と鬱I』は、一般の書店でも販売され、第三版まで増刷された。本の体裁をした分厚い上演プログラムが劇場以外でも販売され、しかもその反響ぶりが鬱社会の問題と関連づけられてメディアに取り上げられた[39]のは、ドイツ演劇界にとって異例の事だった。プログラムで論じられた現代人のパラドックスは、多くの観客や人々の共感を呼んだのである。

他方で観客は、『終着駅アメリカ』の登場人物における「ある」と「ない」の極端な状態に対してアンビヴァレントな反応を示すと考えられる。俳優が演じる登場人物は滑稽なほどに大袈裟な演技をするので、観客はその姿に自分を容易に重ね合わせることはしないだろう。それゆえに観客は、登場人物が揺さぶられる状態を、距離を置いて傍観することができる。しかし観客は同時に、知らずして彼らの状況を自分にも当てはまるものとして受け入れていたと考えられる。つまり観客は理性的には登場人物の極端さを否定的に傍観しながら、無意識の次元ではそれを受け入れてしまうのである。

このアンビヴァレントな反応は、登場人物の滑稽さに対する観客のアンビヴァレントな笑いから推察できる。滑稽さが顕著な例をいくつか挙げてみる。戯曲では二〇歳代で「動物的」な野生さが魅力とされるスタンリーは、五三歳の喜劇俳優ヘンリー・ヒュプヘンが演じる。白いTシャツとジーンズを着て「若作り」をしているが、下っ腹が出ている姿は、一九五一年の映画版で同役を演じた二枚目スターのマーロン・ブランドとまったく異なると演劇批評で揶揄された〈40〉。同様に風采の上がらない、中年の俳優が演じるミッチは、カウボーイハットとブーツで決め込む割に、それとミスマッチの半ズボンの姿ゆえに間抜けにみえる。ステラは「セクシーなお人よしで、甲高い声でしゃべり、お人形さんの衣裳を身に付けている」〈41〉。ブランチも時代遅れのスーツを着て、明らかに鬘とわかるブロンドの髪を付けて、「マリリン・モンロー」然と振る舞うことで、「勘違い」な「女らしさ」を自己演出する〈42〉。

このように「ドキュメンタリー・ソープ」〈43〉風の「ずれ」た人間たちが演奏や歌、踊りにおいて過剰な身振りを示すたびに、多くの観客が哄笑する。登場人物たちは鬱的な状況に苦しんでいるはずだが、そこから脱するための試みが滑稽なほどに過剰化し逸脱するために、観客はひたすら笑い続けるのである。演劇評論では「〔原作の〕メロドラマがなくなった代わりに、笑劇《ファルス》が舞台を支配している」〈44〉と指摘されたり、「〔登場人物は〕誰も同情を誘うことはない」〈45〉とみなされた。

観客が登場人物を見て、「同情」しないまま「笑劇」の対象として笑うとき、それは、アンリ・ベルクソン流の古典的な笑いに属する。ベルクソンによれば、滑稽さとは社会的な規範からずれた、機械的でこわばった身振りに起因する。それを笑う者は、自らが社会的規範を保持し、その価値基準から外れたものを滑稽な対象とみなし、笑いによって対象に「制裁」を加えることができる[46]。『終着駅アメリカ』の観客はこのように笑うことで、自分は滑稽な登場人物たちほど過剰にずれているわけではないということを確認し、彼らと自分とのあいだに線引きをする。観客はこの線引きによって登場人物たちに距離を置きながら、彼らを笑い飛ばす。

しかし詳細に検討すると、観客の笑いにはもう一つの特徴がみられる。登場人物の滑稽さは同時に、観客を魅了して惹きつける効果を発揮している。それゆえに演劇評論では、哄笑の対象であるはずの登場人物に「魅力的」、「愛らしくて、親近感」があると評された[47]。観客が登場人物の滑稽さに魅了されながら笑うとき、対象に距離を置いて「制裁を加える」のではなく、対象をいつの間にか受け入れているのである。このような笑いはベルクソンの説とは異なる性質を帯びている。それは――ベルクソンの笑いの論を批判したヨアヒム・リッターが指摘したように[48]――笑う主体が笑いの対象になりうる「転覆の可能性」[49]を孕んでいる。私たちが滑稽なものに対して笑うとき、頭の中では受け入れられないその対象を、笑う行為を経ることで――知らずして――自分に引き込んでいるのである。「笑いは、知性によって排除されたもの〔＝滑稽なもの〕を捉えてくれる。笑いは、知性や理解のための概念がけっして把握できないものを〔笑う〕人間存在に近づけてくれる」[50]。観客は笑うことで、舞台上の鬱的な人間たちの滑稽さを、知的次元を超えて受け入れるとき、その滑稽さが自分にも当てはまることを知らずして認めてもいるのである。観客は舞台上の他者を笑うことで、自分をも笑う「転覆」をはかるのである。

こうして『終着駅アメリカ』の観客は、登場人物の滑稽さを、「距離」と「親近感」というアンビヴァレントな態度で笑う。カストルフが、過剰と不在の両極端の問題を演劇上演で提起する狙いはここにあると考えられる。カストルフは、観客が知性では受け入れられない「他人事」を、リッターの言う笑いによっていつの間にか「我が事」のように受け入れるように仕向ける。ここでの滑稽な「他人事」とは、極端な「ある」と「ない」の両極のあいだで右往左往する登場人物の滑稽ぶりである。観客は一方で滑稽な人間たちを「自分はこれほど可笑しいわけではない」と思いつつ哄笑する。他方で観客は知性を超えた次元で、「そのような滑稽さは多かれ少なかれ私たちでもある」という事実を受け入れて笑うのである。

自省・自己矛盾・自己分裂

観客は自分をも笑う事実に気づくとき、メランコリーに陥る。リッターが述べるように「笑いについて考え込むと、人はメランコリックになる」[51]のである。メランコリカーが自分と世界に対して不安を感じつつ自省的になるように、『終着駅アメリカ』の観客は、舞台上の滑稽な人間たちを笑う自分とは何か、滑稽な対象と自分との関係は何かという自省的な問いを立てるようになる。この自省的な問いを考察すると、観客は自己のパラドックスを自覚する。すなわち観客が、自分とは異なるものと思っていた滑稽なものは自分自身でもあるというパラドックスの自覚である。リッターの言う笑いが、滑稽な対象を知らずして我が事として受け入れさせるのに対して、自省は観客にこの事実をパラドックスとして自覚させるのである〈52〉。

観客が、舞台上の滑稽な人間たちは自分とさほど変わらないと自覚したとき、観客には、「ある」と「ない」をめぐる問題に対する新たな自覚と葛藤が生じる。その自覚とは次のようなものである。スタンリーやその仲間が鬱的な状況（否定的な「ない」）と過剰さの破壊性（「ある」の過剰さ）とのあいだを右往左往することで、生まれてくるはずの子の死産と、ステラの絶望という犠牲を生み出しつつ、苦しい状況をサバイバルするパラドキシカルなプロセスは、観客のパラドックスとほとんど変わらないという自覚である。この場合の観客のパラドックスとは、次のようなものである。観客は、パラドキシカルなプロセスを繰り返してサバイバルする舞台上の人間たちを笑い飛ばしているが、そのような笑いを繰り返すことで、舞台上の人間たちを集団的笑いの「犠牲」にしつつ、上演の「ひととき」を楽しく過ごすのである〈53〉。楽しく過ごして「元気をもらった」観客は、上演プログラム『資本主義と鬱I』が論じる現実の鬱的な状況をサバイバルする勇気をもらえるだろう。しかし観客が他人を笑うことで、実は自分をも笑っているパラドックスに気づけば、自分の代わりにいわば犠牲となった舞台上の人間たちを笑い飛ばすことで、鬱社会を生き延びようと勇気づけられる自己のパラドックスにも気づくであろう。

このようなパラドキシカルな観劇経験を自覚する観客は、上演を見る自分とそれを自省する自分とに引き裂かれており、その分裂状態から抜け出せない自分と直面する。観客は舞台上の人物や出来事を見て考えたり、笑ったりする際の自分と、それによってそのつどパラドックスに陥る自分の両方をつねに自覚することになる。観客が引き裂かれた自己を認識すると、観劇行為に葛藤が伴うようになる。というのも自己矛盾の認識は、「今ここ」に起きている舞台上の出来事に集中する意欲を削いで、引き裂かれたもう一人の自分と、そのパラドキシカルな状態を意識させることになるからである。

観客の主体がパラドキシカルに引き裂かれるような演劇経験は、その強い否定性ゆえに、観客にとって忌避したいものである。しかしカストルフはこの強い自己分裂にこそ、社会の流れに抵抗しつつ生き延びる可能性を見出す。カストルフによれば、この分裂と可能性の双方を経験できるのが観劇である。

この社会には、明日をどう生き延びようかというせせこましい関心を超えた思考回路がほとんどない。直接的に利用価値があるかどうかの関心だけが蔓延する。ノイローゼ的なもの、まったく予想だにしないもの、〔ブレヒトの戯曲に登場する〕プンティラとマッティやシェン・テとシュイ・タのような**人間の分離**は否定されてしまうのだ。**両極化**はこの社会では受け入れられないのである。だからこそ〔演劇では〕、歪んだ〔見せかけの〕民主的コンセンサスに抵抗する行為への意欲が湧き起こらないといけないのだ！　成功への盲信や、テレビ番組によって駆り立てられるスピード社会に**抵抗する意欲**が必要だ。〈54〉〔強調は引用者による〕

カストルフは、新自由主義によって人間間の競争が強まり、個人が危機にさらされる現代社会では、見せかけのコンセンサスが求められる一方、不調和にみえる人間の分裂や両極化が忌避されるようになったと考える。人間の分裂や両極化は――『セチュアンの善人』のシェン・テが身と心を引き裂かれるようにして冷酷な男シュイ・タに分裂するように――解消できない矛盾によって個人をひたすら苦しめるだけである。不寛容で一辺倒な現代社会では、そのような分裂は排除されがちである。しかしそのような排他的な風潮だからこそ、カストルフは演劇上演において、解決がほとんど見出せない人間の分裂と両極化を観客に経験させる。カストルフは、観客が自己分裂の経験を経ることで、すぐに解決策を見出すのではなく、ずるずると引きずられる社会的風潮に抵抗する意欲を掻き立ててほしいと期待する。

このようなカストルフの期待は『終着駅アメリカ』の観客にも向けられている。同上演の観客は「ある」と「ない」をめぐって両極に揺さぶられる登場人物とそのパラドックスを見ることで、現代社会に生きる自己のパラドックスのみならず、芝居を見て笑って過ごす観客としての主体のパラドックスや、それを考察することのパラドックスにすら遭遇する。こうして観客は、観劇する自分自身の状況がパラドキシカルに引き裂かれることに直面する。観劇する自分に付きまとう自己分裂との対決は、観客としての主体をつねに揺るがすような葛藤をもたらす。

カストルフは、そのような葛藤のプロセスにおいてこそ、エランベールが論じた現代人の鬱（不在）と過剰な傾向（プレゼンスの過剰）に抵抗する意欲が湧いてくると考える。一般的な演劇観からすれば、観客が引き裂かれる葛藤は、かえって観客を落ち込ませたり、カストルフ演劇に対する否定的立場をもたらす危険性が生じる。しかしカストルフは分裂の葛藤が抵抗への意欲に変化することを期待する。この変化は、ある動きが反対の方向へ変転する「逡巡」の「対抗的衝撃（gegenstrebige Impulse）」（ヨーゼフ・フォーグル）に相当する[55]。観客が舞台上の人間たち、それを見て笑う自分、それを考える自分を契機として次々と自己のパラドックスと対決する際、その葛藤に抗う対抗的衝撃が湧き起こることを、カストルフは期待する。そのために彼の演出は観客を両極のあいだで強く揺さぶりかけ、自己分裂の経験をさせる。揺さぶられるたびに、観客が別の動きに向かおうとする「対抗的衝撃」の契機がおとずれる。カストルフはこの衝動が観客に起きることを期待して、「ある」と「ない」の両極を過剰と鬱に極端化したのである。

第五章

死者と生者の哀悼劇
――ニードカンパニーの『ディア・ハウス』における自己分裂の演技と観客の想像力

はじめに

第二章で指摘したように〈1〉、プレゼンスとアブセンスとのあいだで揺らぐ状況は、ハンス＝ティース・レーマンの言う「規範からの逸脱」という芸術的手法に基づく。表現《プレゼンテーション》の過剰化は「ある」べき状態からの「逸脱」であり、この逸脱が観客にプレゼンスと不在の関係性を問い直させる契機となる。

本章では表現《プレゼンテーション》の逸脱そのものがプレゼンスと不在のパラドックスを自省する契機となる演劇の特徴を考察してみよう。演劇表現はつねに過剰化するわけではなく、抑制が利いた演技や身振りを特徴とする場合もある。そのような表現はある種の規範を保持しているようにみえる。にもかかわらず、一見妥当にみえる演技や身振りが規範を超えたところで示される場合がある。ごく「ふつう」にみえる舞台上の出来事が、実は逸脱しているというたぐいの事例である。このようなとき演劇の表現はエスカレートするというよりも、どこか「ずれ」ている印象を与える。ずれは、あるべき状態と実際の状態とのあいだの空隙である。この空隙が不在に比肩するとき、表現《プレゼンテーション》の逸脱は不在と関連するようになる。ここにおいて、表現のずれと不在とのパラドキシカルな二重性の地平が開かれる。第三、四章の場合と同様、このパラドックスが観客に演劇を見ることについての問いかけや葛藤をもたらすと考えられる。この場合のパラドックスにはどのような特徴があるだろうか。パラドックスがあるとしたら、それは観客にどのような示唆をもたらすのだろうか。

これらの問いを考察するのにふさわしい事例がベルギーのパフォーマンス集団ニードカンパニーである。舞踊・視覚効果・演奏などにおいて独自の表現方法を目指してきた同集団では、存在感《プレゼンス》の強い俳優が自己自身を呈示するようにして演技することを特色とする。しかしこの自己呈示はつねに「ある」べき自己からずれている印象を与える。このずれを見続ける観客は、演劇を見ることとは何かと考えたり、同劇団が模索し続けるテーマ「死」と関わっていることに気づく。以下にニードカンパニーの舞台作品『ディア・ハウス』(二〇〇八年)を中心に、空隙としての逸脱が可能にするパラドキシカルな二重性の特徴を浮き彫りにしてみよう。

一　自己呈示のプレゼンテーションと不在

国際集団ニードカンパニーの多様性

ニードカンパニーは一九八六年ベルギー・ブリュッセルにて、造形芸術作家ヤン・ロワースと舞踊家・俳優のグレイス・エレン・バーキーを中心にして結成されたパフォーマンス集団である。初期の作品から戯曲を中心とせずに、むしろ視覚芸術や舞踊、楽器演奏や歌、俳優の身振りを多様に組み合わせた複合ジャンルのパフォーマンス作品を発表してきた。

結成から十年ほどの期間に多ジャンルを担う演劇人が定期的に参加し、同劇団の多様性がいっそう際立つことになった。ベルギーを代表する舞台女優ヴィヴィアン・ド・ミュンクが参加し、台詞や俳優術に厚みが増した。ノルウェーからパフォーマーのハンス・ペター・ダル、オランダからパフォーマーのアネッケ・ボネマが同劇団に加わり、歌・踊り・台詞の組み合わせがいっそう魅力を増した。さらにオーストリア、イタリア、トルコ、イギリスで育った舞踊家ティジェン・ロートンが加入し、軽やかでアクロバティックな舞踊が可能になった。最近ではフランスや日本の舞踊家も加わり、国際色をいっそう強めている。俳優や舞踊家が台詞を語るとき、各自の母語（フラマン語、フランス語、オランダ語、ノルウェー語、日本語）を使うこともしばしばである。舞踊家だけでなく、多様な言語も「飛び交い」、舞踊家が本格的な台詞を語ったり演説をしたり、俳優や演出家がピアノやギターを演奏したり、アクロバティックな芸を披露する。そのようなジャンルの越境が多様に行われるなかで、上演が進んでいく。個々のパフォーマーが自らの活動領域の「枠」を超える越境が実験的に試されることに、ニードカンパニーの特徴がある。

二〇〇〇年以降はドイツ語圏の演劇界とも継続的に連携し、ハンブルク・ドイツ劇場でシェイクスピアの戯曲『リア王』（二〇〇〇年）や『嵐（テンペスト）』（二〇〇一年）を上演し、二〇〇八年にザルツブルク音楽祭で『ディア・ハウス』、二〇一〇年以降はブルク劇場やルール・トリエンナーレで新作パフォーマンス『マーケット・プレイス76』（二〇一一年）や『ビギン・ザ・ビギン』（二〇一四年）などを発表した。

俳優の自己呈示と仮面

枠に囚われない演劇表現を特徴とする同劇団の作品にプレゼンスと不在の両方の特徴が混在することが、これまでの研究で指摘されてきた〈2〉。ポストドラマ演劇の提唱者ハンス＝ティース・レーマンは、ニードカンパニーの俳優の演技にプレゼンスと不在のパラドキシカルな特徴を見出している。一方で俳優は役を演じていても、つねに本人に特有の身体性や自己自身を呈示するが、他方でその自己呈示は観客に自分との「空虚（void）」という距離を持たせ、省察する機会を与える。つまり俳優は一見するとプレゼンスを重視して演じるようにみえるが、それによって省察のための空疎（不在の状態）が生まれるのである。プレゼンスが省察のための「空虚」に至るプロセスについてレーマンは次のように説明する。

> ロワースの作品は（少なくとも）二つの方法で私たちの記憶に刻まれる。ひとつは、俳優の〔……〕イメージ空間としての質によってである。もうひとつは、俳優の身体個性に根ざす存在感によってである。つまり俳優は、入念に仕組んだ身振りや言葉、踊り、演技によって、さらには個々の俳優独自のハビトゥスや動きのリズムによって虚構の「キャラクター」ではなく、**自分自身を呈示する《プレゼント》**のである。〔……ただし〕俳優たちは完全に自分自身になるのではなく、むしろ自身の「ペルソナ」のようになる。〔……〕彼らは〔……〕**省察のために自己の現前《プレゼンス》を呈する**のである。〔…そのようにして俳優身体の〕素材性は〔省察のために〕**脱素材化される**ので、感覚が感覚以外のなにか、（おそらく精神的な）**空虚**にかかわることになる。〈3〉〔強調は引用者による〕

レーマンは、俳優の自己呈示と観客の受容における二重のプロセスについて説明している。俳優は「自分自身を呈示する」ようにして演じるが、それによって「素」（「素材性」）の状態にある自分を見せるのではない。むしろ俳優は自己呈示によって、自己と仮面の両方を暗示する「ペルソナ」になるのである。つまり俳優は、一方で自分自身を限りなく示そうとするが、他方で仮面を付けたようにしたまま、自己を観客の視線にさらすのである。

解釈の宙吊りと逡巡のエネルギー

俳優は自己を呈示しながら、他方で仮面を付けたような状態でいる。この独特の演技を見ることで、観客は、舞台上の人間と身振りを俳優個人、登場人物や役とも同一視することができず、解釈において「宙吊り」[4]状態に置かれ、俳優と空白の距離を置くことになる。レーマンはこの宙吊り状態について次のように説明する。

> 〔俳優身体という素材性が喚起する〕感性的要素、意味、象徴的な力は、どんな状況下でも〔俳優身体の〕素材と切り離すことができない。プロセスがもたらすメッセージ、込められた意図は**延期されて宙吊りにされる**（ジャック・デリダの「差延」を参照されたい）[5]。〔強調は引用者による〕

俳優は自己呈示と仮面の二重性を帯びて立ち現れて、「感性的」な示唆や「象徴的な力」を観客にもたらす。そのような二重性の演技には何らかの「メッセージ」や「意図」が込められているようにみえる。しかし観客がメッセージや意図を解釈しようとしても、演技において呈示される俳優自身やその身体（＝素材）が解釈を妨げるようにして現前《プレゼンス》する。その結果、観客の解釈は明確な措定に至らず、宙吊り状態となる。この宙吊り状態ゆえに観客は俳優存在に「空虚」を感じ、そのような対象とそれを見る観客としての自己を「省察」する。俳優は自己呈示しつつ、仮面を付けたように観客の前に現れることで、観客は単に感性的な衝撃を受けるだけでも、単に解釈をするだけでもなく、そのような特殊な自己呈示の演技を見ることを省察する。

宙吊り状態における省察は、単なる知的な考察に基づくのではない。省察には葛藤が伴う。観客が俳優の演技を解釈しようとしても、自己呈示しつつ仮面を付ける俳優の演技が、観客の解釈の試みを妨げてしまう。解釈を妨げられる観客は、俳優に邪魔をされたような思いをして、葛藤をかかえるのである。観客はこの葛藤を感じつつ、このような特殊な演技を見ることとは何か、すなわち演劇を見ることとは何かという省察をすることになる。

これまでレーマンによるニードカンパニーの演技論を詳細に検討してきたが、それによって明らかになったのは、次のような演技の特徴である。ニードカンパニーの俳優は、自己呈示と仮面の二重性を帯びて演じることで、観客は理解や解釈において宙吊り状態になり、葛藤を伴う省察を行う。俳優の表現《プレゼンテーション》から観客の受容に至る独自のプロセスにおいて、ニードカンパニーの俳優による自己呈示の演技が独自性を発揮するのである。ただしレーマンはこのプロセスを、同劇団の具体的な作品から詳細に述べているわけではない。以下の考察では、具体的な作品におけるプレゼンスと不在をめぐるプロセスをつまびらかにして、ニードカンパニーが、劇を見ること自体を観客に問う省察への要請にはどのような特色があるかを探ってみよう。

二　自己分裂と不確実性

自己分裂と空虚

ニードカンパニーは二〇〇四年から悲劇の三部作と称して舞台作品『イザベラの部屋』（二〇〇四年）、『ロブスター・ショップ』（二〇〇六年）、『ディア・ハウス』（二〇〇八年）を発表した。いずれも同劇団の主宰者で演出家のロワースが創作した戯曲の舞台化であり、家族や身内の死が起きた後の問題、すなわち「喪の作業（Trauerarbeit）」が主題となっている。これらの上演において俳優は、戯曲に描かれる登場人物を演じているようにみえるが、実際には「〈ドラマの人物〉を再現することはほとんどない」[6]。俳優は登場人物を演じていながら、「仮面」を付けつつも自己自身を呈示する。俳優の演技は、戯曲のモチーフである死を問題にした作品の人物を示しているようにみえるし、また俳優自身を示しているようにもみえる。あるいは別の誰か、例えば象徴的な人物を示しているようにもみえる。

例えば『イザベラの部屋』ではベルギー出身の盲目の老婆イザベラを、六〇歳代の女優ド・ミュンクが演じるが、観客には登場人物のイザベラ、ド・ミュンク、さらには作品に示される二〇世紀の激動の時代を生き抜いたベルギー人の象徴を同時に見ているように思える。この舞台では冒頭や前半でイザベラの母親、次に父親、そして恋人が死んでしまうが、物語の後の展開において、死んだはずのこれらの人物を演じる俳優たちが、イザベラ／ド・ミュンクとごくふつうに会話を交わす。生者（イザベラ）と死者（母親・父親・恋人）との本来ありえない会話が、イザベラの幻想の世界で行われるのか、――あるいはイザベラも実は死んでいたと想定して――死者の世界で行われるのか、それともこの会話はまったく架空の次元での出来事なのかが、観客には最後まで判然としない。さらに舞台作品の最後で、イザベラ／ド・ミュンクは自身と俳優たちによって語られた自分の人生は嘘であると述べるので〈7〉、観客には、ド・ミュンクと他の俳優たちの演技を通じて見てきた出来事や登場人物もすべて虚構だったのではないかと思えてくる。

物語と登場人物の多義性ゆえの不確実性が明らかになるにつれて、俳優が自分自身と登場人物を呈示しつつ、どちらからも少しずつ分裂する際の特徴も浮かび上がってくる。つまり、物語やそこに登場する人間たちが虚構性を帯びるにつれて、俳優が自己から、あるいは登場人物から分裂していくたびに生じる「ずれ」は、観客にいっそう不透明になってくるのである。ずれは単に存在と存在とのあいだの空白ではなく、「空白」であり「虚構」でもあるという意味での「空虚」と思えてくる。ここにおいて、俳優が自己呈示しつつ仮面を付けたようにして観客の前に現れる、というレーマンの指摘の意味が明瞭となる。俳優は自分自身を呈するように演じながら、同時にそこから「ずれ」ていくありようを観客に示す。そうして自己呈示と「ずれ」とのあいだに「空虚」が生じる。仮面を付けた状態というのは、自己呈示からの「ずれ」が「空虚」へと向かうための媒体と言えるだろう。俳優が付ける仮面は——ニードカンパニー演劇ではしばしば死や死者がテーマとされることから——死相を帯びた印象も与えるために、死や喪失に付随する「空虚」を観客に印象づけるのである。

レーマンは、この空虚がニードカンパニー演劇では滅びゆく肉体や死のモチーフと結びついているとみなして、空虚を「究極のディタッチメント〔距離・隔たり〕」と称して、次のように述べる。「俳優身体からの究極のディタッチメント、身体存在からの最期のディタッチメントが、私たち〔＝観客〕の意識に入り込んでくる。この最期で究極のディタッチメントは死のなかで起きるのである。〔……〕これまでロワースの演劇を記号や身体、遊戯／演技と身体などの観点から分析してきたが、この分析はベンヤミンの〈哀悼劇（Trauerspiel）〉論と密接に関わり合っている」〈8〉。俳優が自己から、あるいは登場人物からずれていく演技を「究極の」「隔たり」にまで至らせた場合、それは死者という不在を悼む「哀悼劇」のモチーフに通じるというのである。

『ディア・ハウス』

ディタッチメントの演技によって、死者や哀悼のモチーフにまで至るプロセスが例証的に示されるのが、悲劇の三部作の最終作『ディア・ハウス』[9]である。この舞台作品は二〇〇八年夏のザルツブルク音楽祭で初演された。作品成立のきっかけは、劇団員の兄の殺害であった。二〇〇一年三月ニードカンパニーがフランスでの公演を控えて楽屋にいるとき、舞踊家ティジェン・ロートンの兄でジャーナリストのケレン・ロートンがコソボ紛争を取材中、同地の武装集団に襲われて射殺されたという訃報が届いた。劇団員の身内が、ヨーロッパの片隅で起きた戦禍に巻き込まれて死ぬという「悲劇」が実際に起きたのである。後年ロワースは、実際に起きた仲間の身内の犠牲を踏まえて戯曲『ディア・ハウス』を書いた。

戯曲に描かれる物語は三つの次元に分かれる。上演を控えた劇団員たちが楽屋でロートンの兄の死を偲びつつ語り合う状況、その後に上演される（と思しき）「鹿の家（Deer House）」という名の家族の物語、そして現実に起きた戦場での身内の死をめぐる状況である。ただしどの次元もディタッチメントの演技や、辻褄を欠いた話ゆえに、少しずつ自己分裂するので、観客には、今見ているものが本当に楽屋なのか、「鹿の家」なのか、実際に死んだ「兄」の出来事なのかが判然としない。それゆえに物語の三つの次元は互いに重なり合ったり、矛盾し合ったりして観客に示される。こうして観客はこの作品でも、舞台上の出来事を確信する手掛かりを欠いたまま、判断や解釈において宙吊り状態に置かれる。

にもかかわらずこの作品では――上演では冒頭に字幕で「二〇〇一年、舞踊家ティジェン・ロートンの兄でジャーナリストのケレン・ロートンがコソボで射殺された」と示されるように――誰かが戦争で死んだという揺るぎない不在の事実が観客に突きつけられる。『ディア・ハウス』では、一方で演技や物語の出来事が自己分裂して不確定性を帯びて、観客を戸惑わせるが、他方で絶対的な不在が観客に突きつけられる。観客が現実に起きた死という絶対的な不在に直面しつつ、自己分裂の演技や出来事を見ることで戸惑ったり、葛藤するとしたら、それはどのような様相を帯びるのだろうか。

あらすじ

この問いを考察するに当たり、『ディア・ハウス』の上演プロセスを確認しておこう。冒頭では楽屋と思しき場面で一一人の劇団員が上演の準備のため、準備運動をしたり、衣裳を着けたりしながら、雑談をしている。雑談では、劇団員がリオデジャネイロで公演を行ったときの出来事がエピソードとして語られる。劇団員の何人かが当地の公演会場に到着したとき、劇場の入口に子供の死体が横たわっていたのを見かけたこと、死体をカメラで撮影しようとしたら、どこからともなく現れた現地の女性が撮影料を要求したことが語られる〈10〉。

劇団員が楽屋で雑談している最中、ロートンが、死んだ兄の足跡を辿るために出かけたコソボへの旅から戻ってきて、兄の遺品とされる日記を劇団員にみせる。その一部を舞踊家ブノワ・ゴブが朗読し、ロートンの兄を偲ぶ。その日記には、戦争写真家が現地で撮影をしながら人間や動物の死体を見て考えたことなどが綴られている。日記の内容から判断して、ロートンは、日記の書き手は兄ではないと確信する。しかし日記の最後に記された「非常に謎めいた」文「私は鹿の家を見つけねばならない」が劇団員の関心を呼ぶ[11]。この文をきっかけに、場面は「鹿の家」とされる一家の物語に変わり、一一人の劇団員は一家の登場人物を演じる。

「鹿の家」は、鹿の群れが生息する山奥の一軒家であり、ド・ミュンクが演じる老いた母親ヴィヴィアンが子供たちと暮らしている。ちなみに「ヴィヴィアン」は、ド・ミュンクの名前である。子供たちの名も俳優・舞踊家の名前と同じなので、「鹿の家」の物語は、俳優自身と架空の人物が重なり合っているようにみえる。

「鹿の家」の物語は、キッチュで滑稽な妖精の衣裳や舞台装置から見て取れるように、B級「おとぎ話」という設定になっている[12]。家族構成もファンタジーに富んでいる。ヴィヴィアンの子供は、アネッケ（・ボネマ）、精神を病み多動症のグレイス（・エレン・バーキー）、インゲ（・ヴァン・ブリューステゲム）の三人姉妹であり、彼らはみな成人である。アネッケはハンス・ペター（・ダール）と、インゲはジュリアン（・フォール）と結婚している。さらに「難民」として日本人女性ユミコ（・フナヤ）と男性ミーシャ（・ダウニー）が一家の庇護を受けている[13]。インゲは、理由ははっきりと示されないが、鹿の家を出て、戦場に出かけたまま行方不明になった、という設定である。

物語はクリスマスの日、一家が「鹿の家」で晩餐の準備をしているところに、ブノワ（・ゴブ）と

© Maarten Vanden Abeele

ニードカンパニー『ディア・ハウス』

舞台中央に並べられた三人の死体。左からインゲ、夫のジュリアン、戦争写真家のブノワ。下手に立ち、三人を見つめるヴィヴィアン。上手奥で黄色いバッグを引きずるのがティジェン。上演では黄色いバッグのなかにインゲの子供の死体が入っているとされる。

称する写真家が現れるところから始まる。写真家は、自分が戦場で殺害したインゲの亡骸を運んできたので、引き取ってほしいとヴィヴィアンに頼む。写真家は、戦場でインゲを殺すことになった経緯について語る。写真家は、現地の将校たちに脅されて、インゲか彼女の娘のどちらかを殺害せよ、さもなくば二人とも殺せ、と命じられる。これは、映画『ソフィーの選択』においてナチスの収容所を描いた場面で行われたのと同じ脅迫である〈14〉。写真家はこの脅迫に屈して、インゲを殺害したと言う。

ヴィヴィアンは娘の死を聞いて茫然自失となるが、気をとりなおして亡骸を家に運び、家族と共に弔おうとする。その後インゲの亡骸を囲んで弔いの儀式が行われるが、その間、インゲの夫ジュリアンが復讐心から写真家を殺してしまう。しかしやがてジュリアンも、アネッケとハンス・ペターの子供ダニエル（・マーテン・ゼガース）によって殺されてしまう。

さらにティジェン（・ロートン）が写真家の兄を探し求めて「鹿の家」をおとずれる。ティジェンは、兄（ブノワ）が殺害されたことを知り、写真家の日記を朗読し、弔いの舞を舞う。ティジェンが家に持ち込んだボストンバッグの中に、インゲとジュリアンの子供と思しき死体が入っていることを、「鹿の家」の一家は知り、哀しみが頂点に達する。

残された家族は、亡骸となったインゲ、ジュリアン、ブノワを舞台中央に横たえて、大きな哀しみをかかえつつも、予定していたクリスマスの晩餐を行おうとする。しかし激しい吹雪が「鹿の家」を襲い、破壊する。一家がおそらく全滅したであろう破局の後、ハンス・ペターが語り部として舞台中央に立ち、グレイスと鹿の群れが互いに戯れる際の木霊だけが山奥から響いてくると語り、上演が終わる。

重なり合う自己呈示、失われる信憑性

現実と物語が重なり合う『ディア・ハウス』では、俳優たちの自己呈示の演技も幾重にも重なり合って観客に示される。例えば舞台上に立つ「ティジェン」（・ロートン）は、楽屋でのティジェンなのか、「鹿の家」でのティジェンなのか、コソボで殺害された兄を哀しむティジェンなのか、それともそのような「ティジェン」すべてを演じる舞踊家なのかが——舞台を注意深く見れば見るほど——判然としなくなる。

同じ不明性は他の俳優にも当てはまる。「鹿の家」の物語では戦争地域から逃げてきた「難民」の「ユミコ」は、同一人物にみえながら、おそらく別人であろう他の人物と重なり合うようにして、観客の前に居続ける。ユミコは、冒頭の場面の雑談で「ハンス・ペター」が目撃したとされる女性、すなわち、宅配ピザを車で配達中に交通事故に遭って、頭から血を流して消え去った日本人女性のようにもみえる〈15〉。あるいは楽屋口で死んだように横たわっていたところを劇団員たちに運び込まれて、劇団員になったアジア人女性のようにもみえる〈16〉。あるいは実際に日本からヨーロッパに渡り、『ディア・ハウス』出演によって初めてニードカンパニーに参加した新顔の舞踊家・船矢祐美子にもみえる。

ロートンや船矢に象徴されるように、『ディア・ハウス』の演技では、俳優の自己そのものが強調されると同時に、自己から別の次元にずれていくありようが観客に示される。

このように俳優たちが自己と重ね合わせつつも、ずれを生じさせるようにして演じていくと、上演では「ティジェン」や「ユミコ」などの本名を名乗る俳優たちが、いったい何を示したいのかが、観客にはますますわからなくなる。上演を見続けると、いくつかの重い問いかけが伝わってくるのは確かである。例えば「ティジェン」の兄をコソボで死に追いやった戦争とそれに付随する問題が提起されている。それは例えば、殺人は別の殺人をもたらすという復讐の連鎖、人間の死を哀悼する（不）可能性、死や死者とは何かという問い、（難民「ユミコ」が舞台上で冷遇されること[17]から暗示される）ヨーロッパ社会の不寛容といった問題である。しかしどのティジェンなのか、どのユミコなのかが特定されないようにして自己分裂する俳優の演技を見ていると、観客に問いかけられる明確な問題も分裂し、根拠を欠いているように思えてくる。すると観客には、最も重い問題である兄の殺害という「本当」の出来事すら、上演では深刻に扱われていないのではないかという疑念が湧いてくる。

『ディア・ハウス』の作者で演出家のロワースは、観客にそのような疑念をいだいて自問してほしいとインタビューで述べている。ロワースは、この上演において最も深刻な場面、すなわちティジェン・ロートンが、死んだ兄と思しき死者について語り、泣き、そして哀悼の舞を舞う場面について次のように説明する。

『ディア・ハウス』では、音楽などの形式によって哀悼が多様に表現されます。他方で観客は、俳優たちが痛みの最中にあるのを演技で示していることに気づくでしょう。そのようにして観客はティジェン・ロートンを見るのですが、彼女は自分の物語を語り、やがて泣き始めます。すると観客はこう自問するでしょう。「これは見せかけの涙なのか、それともいったい何であるのか?」「何が本当なのか?」「何が本当でないのか?」

このような混乱と、劇団の現実のドラマが、演劇を刷新するもうひとつの興味深い方法と言えます。〈18〉

ロワースは、「本当の」死者を悼む深刻な場面においても、それが「本当なのか」、「見せかけ」なのかをあえて判然とさせないことで、観客を「混乱」させようとする。さらにロワースは、観客が混乱することに、哀悼の演劇を刷新する可能性があると指摘する。そのような「刷新」とはどのようなものだろうか。刷新の前提とされる観客の「混乱」は、具体的にはどのように生じるのだろうか。以下にこれらの問いを――プレゼンスと不在をめぐるパラドックスの問題と関連づけて――考察してみよう。

三　不確実な死者像

ロワースが観客に期待する「混乱」は、上演において観客の内部で実際に起きていた。観客は、死者の哀悼というテーマにおいて「本当」か「見せかけ」かなどの問題をめぐって容易に答えを見出せない状況にあった。この状況を演劇評論家マルガレーテ・アッフェンツェラーは、「未知の」「隙間」に喩えて説明する。

「橋渡しなき」「隙間」

ロワースは『ディア・ハウス』のテーマとして、愛する者の喪失と哀悼を挙げ、芸術がそのような問題から距離を保つ手段となると述べている。上演においてメルヘンとドラマを平行して示すことで、ロワースは**ますます未知となっていく隙間を開き、それについて観客が自ら考えるように仕向ける**のである。未知の隙間は扇状に広がっていく。ロワースは振付、視覚、詩的テクストの次元において、〔『指輪物語』に登場する小人〕ホビットの滑稽な耳に象徴されるメルヘンの要素と、コロスの合唱に変化する場面に象徴される（ギリシア）悲劇を関連させるが、これらを取り混ぜる前に、それぞれの要素をそれだけの状態〔＝解釈を容易にさせないような状態〕のまま示そうとする。いわば**橋渡しなきもの**の瞬間が、観客を自ら考える方向へと駆り立てる

のである。〈19〉〔強調は引用者による〕

「愛する者の喪失と哀悼」をテーマとする『ディア・ハウス』において、俳優たちは自己分裂を次々と展開するようにして演じる。するとこのテーマに関する舞台上の表現は「ますます未知となっていく隙間を」「扇状に」「開」いていく。アッフェンツェラーは、この未知の隙間を踏まえて喪失や哀悼を考えることが、観客に課せられていると指摘する。ただしそれは容易ではないことが「橋渡しなきもの（Nicht-Überbrückung）」という表現に示唆されている。多様に自己分裂していく演技ゆえに、演技によって示されるものが「本当」なのか「見せかけ」なのかが、観客にはますますわからなくなるからである。こうして観客は、舞台上で扇状に展開する「未知」の「隙間」を「橋渡し」することがほとんどできない自分に気づくことになる。

「ある」と「ない」をめぐる「宙吊り」状態

観客は隙間を橋渡しできないと自覚するとき、レーマンが指摘した「宙吊り」状態に置かれていることに気づくであろう。レーマンは、俳優の身体という素材性ゆえに「プロセスがもたらすメッセージ、込められた意図は延期されて宙吊りにされる」と述べた。事実『ディア・ハウス』の上演からメッセージとして伝わるコソボの悲劇や復讐の連鎖は、先述した演技の自己分裂によってずれていき、はぐらかされたような印象を与えることになる。俳優はずっと自己分裂の演技を続けるので、観客はいつまでたっても、ずれたメッセージや意図を統一的に捉えて措定することができない。観客はずれていく演技を知覚することで、そこから思い浮かぶイメージや印象もずれていき、自分を見失ったような不確実な状況に陥る。

このとき観客は「ある」と「ない」をめぐって宙吊り状態に置かれている。観客は舞台上の出来事を俳優の演技や身振りを通じてある程度理解する一方、その理解が不確実でしかないことを認めざるをえない。ロワースが述べたように、観客が見るロートンの涙は、重苦しい場面で実の「兄」を思い起こしているようにみえるので、本当であると思える一方、「兄」は「おとぎ話」の人物でもあるので、見せかけのようにも思える。観客は見ているものが、本当に「ある」のか「ない」のかについて確信できない。観客は「ある」と「ない」とのあいだで、理解や解釈を明確に位置づけることができないまま宙吊り状態に置かれる。

この状態は、第三章で取り上げたストアハウスカンパニーの舞台作品が観客にもたらした宙吊り状態と似ている。同劇団の『Ceremony』では俳優の激しい身体表現ゆえに、観客がしっかりと受容できない不確実性の状態に陥る。観客は眼前の演劇的現象をわかりたいと思うが、よくわからないために、理解への欲求と不可能な現実とのあいだで揺らぎ続ける。観客は揺らぎつつも、後に起こりうる悲劇的な自己破壊を予感するので、不穏な葛藤と直面することになる[20]。『ディア・ハウス』の観客も、多様に自己分裂する俳優の演技ゆえに、自分が見ているものが本当に「ある」のか「ない」のかをめぐって宙吊り状態に置かれる。観客が「ある」と「ない」をめぐる不確実性に揺らぐ点において『Ceremony』も『ディア・ハウス』も同じ状況にある。

ただし悲劇的な出来事や結末が明示されない『Ceremony』の観客が、破局を漠然と予感するのに対して、『ディア・ハウス』の観客は、出演者の兄の死やコソボ紛争の悲劇という現実の問題を突きつけられているので、「ある」と「ない」の揺らぎのなかで明確に強い葛藤を感じる。実際に起こった身内の死や戦争の出来事を踏まえて舞台を見る観客は、舞台上で泣くロートンの姿が「本当」であって、「見せかけ」ではないと信じたくなるであろう。観客は本当であると信じることで、「本当に」兄を失ったロートンの哀しみを「真に」受け止めたいと考えるからである。ロートンの涙を「真に」受け止めることで、観客は兄の死や妹の哀しみに対して「誠実」に向き合っているとも考えるだろう。事実イギリスの演劇学者エイドリアン・キアーは「ティジェンの涙とむせび泣きは、〔実兄の死と物語上の写真家の死が重なり合う〕文脈において二重に痛々しいようにみえる」[21]と指摘し、ティジェンの涙から現実の兄の死への哀しみを「真に」受け止めたいという姿勢を示している。

このとき観客は、自分が見ているものが「本当」で「ある」と思おうとして、それが本当では「ない」ことを否定しようとしている。つまり観客は「ない」よりも、「ある」方向へ向かおうとする。しかしすでに紹介したロワースのコメントからも確認できるように、『ディア・ハウス』では、ロートンの涙は本当なのか、見せかけなのか判然としないようにして示される。それどころか、上演台本のト書きに「ロートンが泣く」と書かれているので[22]、ロートンは単にト書きどおりに泣く演技をしているだけかもしれない。

観客は涙が「本当」で「ある」と信じたくても、それは本当では「ない」という見方も十分に考えられるのである。それでも観客は判然としない状態から脱して、「ある」と考えたくなるが、そうすることで、判然としないものをパラドキシカルに措定することになる。実際には判然としない両極のうち、どちらかに措定することは、実際にある状態を無理に変えるという矛盾を犯すことになる。そこで観客は「ある」と「ない」のあいだで、本当で「ある」ことに強く惹かれながらも、ヨーゼフ・フォーグルの言う「逡巡」をすることになる[23]。ここにおいて、『ディア・ハウス』の観客の「ある」と「ない」をめぐる葛藤状態が表れている。

死者の哀悼／想像の矛盾

「ある」と「ない」をめぐって観客が強く葛藤状態に置かれることは、ロワースが『ディア・ハウス』で目指していたものに相当するであろう。ロワースは、「本当」か「見せかけ」かのあいだで観客を「混乱」させることで、演劇を刷新する可能性を模索しようとしたのだった。すでに確認したように、「本当」か「見せかけ」かは「ある」か「ない」かに置き換えられる。すると「ある」か「ない」かのあいだで揺らぐ観客の「混乱」は——ロワースが指摘したように——演劇を刷新する可能性を秘めていることになる。しかし刷新可能性への地平は「混乱」する観客にはすぐに見えてこないのが実情であろう。それでも観客は——レーマンが指摘するように——混乱や葛藤という「束縛」を受けるからこそ、「エネルギーを充填」して、演劇を刷新する「潜在的な意味《センス》に向かって」いかねばならない[24]。

ここで『ディア・ハウス』の出発点に立ち戻って、観客の「混乱」を整理してみよう。この作品は、劇団員ティジェン・ロートンに本当に起きた兄の死をきっかけとして構想され、死者を悼む哀悼劇として上演されることを目的としていた。上演では冒頭で兄の死が観客に伝えられ、その後の展開でも兄の死と、殺害が実際に起きたコソボを彷彿させる戦場の情景が観客に物語られる。従って『ディア・ハウス』は、観客が死者を祈念する体裁を取っているのは確かである[25]。問題は、観客が死者を祈念しようとして舞台上の出来事を見ても、それが本当なのか見せかけなのかをめぐって判断できないうちに、実際に起きた兄の死をめぐる問題が遠ざけられ、死者について十分に思い巡らすことができなくなることにある。哀悼劇のはずなのに、戦場で非業の死を遂げた者を祈念できないからこそ、観客は「混乱」するのである。

ここで観客がそのような混乱をもたらす哀悼劇と、それを見る自分との関係を自省すれば、『ディア・ハウス』が死者を哀悼することの矛盾を示唆していることに気づく。それは、観客という生者が死者を思い巡らす際の不均衡さである。観客が死者（ケレン・ロートン）を思い巡らすとき、それは生者による一方的な想像によるものであり、「自分」と「相手」との相互通行のコミュニケーションに基づいているわけではない。死者は観客に語りかけることができないので、死者への哀悼は、生者による一方通行で不均衡な想像行為である。一方は他方を自由自在に「想像」し、語ることができるが、他方は一方に対して何もすることができない無力のままである。哀悼の行為は、生者が死者を祈念すると言いながら、実は死者の現実をほとんど無視しつつ勝手に想像することで、生者の哀しみを慰めるという矛盾を孕んでいる。

　この矛盾が孕む問題は、テリー・イーグルトンが欧米のリベラリズムと想像力との関係に潜む矛盾を指摘した考え方を基にして考察できよう。イーグルトンは、リベラルにみえる欧米人が欧米以外の世界を理解しようと、自由《リベラル》に思い巡らして、「豊かな」想像力によって異文化の独自性を多様性の一つとして尊重しようとするとき、その背景において欧米と異文化との不均衡の問題が軽視されることを批判する。欧米人が異文化を、自分たちとは異なる「他者」の文化として想像しようとするとき、その出発点においてすでに自分たちが「支配者」であり、「おのが生活形式は規範であり」、「異なるのは他者の文化」であることを無意識に前提とする傾向がある[26]。欧米人が自分と異なる人々を「他者」として想像できるのは、そのような欧米人を支える文化と社会が、異文化の社会よりも物質的な「裕福」さゆえに有利にあるからであって、欧米人の知的資質がリベラルにみえる想像力を保障するわけではない[27]。二者（自己／自己文化と他者／異文化）の関係が対等ではない状況で用いられる想像力は、その関係に潜む不均衡さをかえって隠蔽することになるのである。このようにしてイーグルトンは想像力の矛盾を、欧米と「異文化」とのあいだにいまだ残る不均衡の問題を背景にして指摘した。

哀悼劇の観客が死者を哀悼する際の想像力も、イーグルトンが指摘する矛盾を孕んでいる。観客は哀悼劇を見て、死者を生者からみた他者（＝死者）とみなして自由に想像することができるが、その自由は、死者が観客に対して何もできない無力を前提にしている。さらに観客は哀悼劇を見て死者を祈念したと思うとき、想像力は観客と死者との不均衡な関係だけでなく、他者の無力を前提にして自由な想像力を獲得できるという自己矛盾を見逃してしまうのである。

死者を思う想像力の自己矛盾がもたらす生者の思い込みと、それによる甚大な問題は、「鹿の家」の「おとぎ話」で観客に暗示的に示される。前節の「あらすじ」で紹介したように、一家の女主人ヴィヴィアンの娘インゲは戦場で写真家によって殺害されるが、やがて写真家は死んだインゲを一家のもとに運び、殺した経緯について語る。その後インゲの夫ジュリアンが写真家を殺し、今度は、「鹿の家」の未来の家族とされるダニエルがジュリアンを殺すことで、復讐の連鎖が観客に示される。これらの殺害と平行して舞台上で行われるのは、運び込まれたインゲを弔う儀式である。ヴィヴィアンは娘インゲを舞台中央に横たえて、裸の死体に服を着せ、死んだ娘に祈りを捧げる。観客は、身内の死を弔う儀式が行われるのを見る一方、ジュリアンとダニエルの関係に象徴されるように、一族同士の果し合いが行われるのも目の当たりにする。

弔いの儀と復讐の連鎖が舞台上で平行して示されることに、死者をめぐる想像力への批判が込められている。ジュリアンはインゲの死体を見て、インゲの無念を晴らそうとして写真家を殺す。ダニエルはインゲと写真家の死体を見て思いを巡らせることで、ジュリアンを殺す。どちらの場合も生者が、死者を思うがゆえに、本来あってはならない殺人を正当化できると決断し、実行する。しかし死者が何を考えているかについて、生者は本当はわからないのである。死者は復讐を望んでいないかもしれない。にもかかわらず生者が死者の無念を晴らそうと思うのは、死者に対する生者の一方的な想像力が、生者をかえって狂信的にさせるがためなのである〈28〉。

「混乱」と「省察」のための「自己呈示」

このように想像力の矛盾とは、生者が死者のことを本当はわからない、すなわち死者の思いを汲んで想像することができないにもかかわらず、一方的に想像することである。この問題は先述のように、哀悼劇の観客にも当てはまる。死者を悼む哀悼劇は、観客という生者が死者を一方的に想像するうちに、知らずして――死者のためではなく――生者のための死者像を措定してしまう。

一方的な想像力とそれによる措定から死者を守るために、『ディア・ハウス』の独特の俳優術「ディタッチメント」が有効となる。先述のように俳優は、自分の名前の役で登場しながら、自分が次々とずれるようにして演じる。ティジェン・ロートンの場合、死んだ兄ケレンの妹ティジェン、舞踊家としてのティジェン、楽屋にいるティジェンを演じるティジェン、写真家の妹として「鹿の家」をおとずれるティジェン、架空の写真家の日記を読む朗読者としてのティジェン、楽屋や「鹿の家」の場面と無関係のまま、舞台上で一人踊っている不明な女としてのティジェンなどである。このようにティジェン像は次々と自己分裂することで、観客の脳裡に生じるティジェン像は現れては消えてゆき、明確なアイデンティティを持つものとして措定されることはない。

こうして観客は、自分が目の当たりにする俳優像や「物語」の言説に確信をえることができないので、これらの表現《プレゼンテーション》を基にして思い通りに想像することができない。それゆえに観客は――ロワースの期待どおりに――「本当」で「ある」のか「ない」のかが判然とせずに「混乱」するのである。俳優の分裂的な自己呈示は、観客に死者を自由に想像させないようにすることで、死者を生者の一方的な想像力から守るのである。

俳優術「ディタッチメント」は、死者を想像する矛盾の問題を観客に気づかせることにも効果的である。『ディア・ハウス』の内実からすでに明らかなように、哀悼（劇）の生者（観客）は弔うべき死者について無知なわけではない。舞台上にいる生者（俳優／登場人物）たちが、自分たちがよく知る家族を死者として弔うのと同じように、『ディア・ハウス』の観客も、上演の「物語」を通じてある程度知っているケレン・ロートンを死者として弔う。それゆえに本来なら家族（遺族）も観客も、ケレン・ロートンを「自分たちなりに」思い巡らすことで、自分たちは死者を追悼していると考えるはずだ。ケレン・ロートンは観客にとって、もはやまったく縁遠い見知らぬ他者としての死者ではないのである。しかしまさにそのような情報があるからこそ、観客は——本当はわからないにもかかわらず——死者を自由に想像できるのである。イーグルトンが「支配者〔として自由に想像する者〕は、自分がすでに何でも知っていると誤って思い込んでいるのだ」[29]と述べるように、観客もケレン・ロートンのことをよく知っていると思い込み、彼を死者として自由に連想できるのである。

ディタッチメントの演技は、観客にこの思い込みに気づかせるきっかけをもたらす。独特の自己呈示によって表現《プレゼンテーション》が少しずつずれていく上演は、一方では死者を「知っていると誤って思い込んで」想像する観客に、ある程度確実な情報をもたらす。自己呈示しつつ、ずれていく演技は、観客の脳裡にそのつどイメージを浮かび上がらせては、差異のイメージと重なり合うことで、何らかの理解へと観客を導きうるからである。しかし他方で観客が、演技によって次々と移り変わっていくイメージの「ずれ」そのものに関心を寄せるとき、自分の脳裡で生じるイメージもひたすら「ずれ」ていくだけであって、特定のイメージに限定することができないことに気づく。さらに観客が、特定のイメージに限定できないのに、死者を何らかのイメージで想像している自分の状況を省察すれば、想像力の矛盾に気づくであろう。矛盾とは、人は自分の想像力の限界を無視できるからこそ、自由に想像することができるというものである。

こうして観客は、本当は知らないのに、「すでに何でも知っていると誤って思い込んで」死者を想像しようとする自己の矛盾に気づく。死者が生者の想像力の及ば「ない」ところに「ある」がために、自分は死者を想像することはできない。にもかかわらず／だからこそ自由に想像できるという自己のパラドキシカルな状況を観客は悟るのである。

観客はこの事実をも省察すれば、想像できない自分が「不在」の状態にあることにも気づくだろう。私たちはよくわからない対象を表象・想像しようとするとき、できるだけ主観や偏見をもた「ない」ようにして対象と向き合おうとする。そうすることで私たちは対象への意識領域を「空」のように広く開けて、対象を想像する。想像力における空の領域を、イーグルトンは「アイデンティティをもたない純粋な空虚」、ジャン＝ポール・サルトルは「空無」と呼んだ[30]。この不在の領域が確保されて初めて、私たちは対象を豊かに想像することができる。

これに対して『ディア・ハウス』の観客は死者のことを適切に想像できないので、観客の内部では、想像をめぐらしたいと思って開かれている空虚／空無の領域が空のままであり続ける。観客は、不在の領域を「充実（Fülle）」させたいと思うが、実際には満たされ「ない」状況に置かれる。こうして観客は想像力を空回りさせることで、自分が内部に不在をかかえていることに気づく。

このような「ある」と「ない」をめぐる「混乱」から、観客が死者を想像することの限界や矛盾を悟るプロセスにおいて、レーマンが述べた「省察のために〔俳優が〕自己の現前《プレゼンス》を呈する」演技や「宙吊り」の意義が具体的に明らかになる〈31〉。俳優が次々と「ずれ」ていくようにして「自己の現前を呈する」のは、観客に、死者を偲ぶ哀悼劇における自己／生者の限界や矛盾を「省察」させるためだったのである。省察のきっかけは「宙吊り」の状態であった。俳優は「自己の現前を呈」しつつ、自己分裂することによって、俳優から発せられる身体像は流動的な「宙吊り」状態になる。観客も宙吊り状態の身体像を見ることで、自分が見ているものが「ある」のか「ない」のか措定できない「宙吊り」の状態に置かれる。こうして観客は俳優の演技を見ても、上演のテーマとされる死者の問題を適切に想像できなくなり、混乱し葛藤を感じるのである。このとき観客が舞台上の出来事と、それを見る自分の関係を「省察」すれば、舞台上の俳優たちが死者を観客／生者の一方的な死者像から守ろうとしている〈32〉ことを悟るのである。

四　死者と生者の共同体

観客／生者の矛盾と葛藤

前節で検討したように『ディア・ハウス』におけるディタッチメントの演技の意義は、観客に自分本位の想像をめぐらせないようにして、死者を想像することの無力と矛盾に気づかせることにあった。このような演劇経験と省察を経て、観客が死者と向き合う哀悼劇の可能性が開かれる。

ただしこのようにして生者が死者と邂逅することを可能にする哀悼劇も、それ自体に矛盾を孕んでいる。俳優や演出家が、死や死者のことを本当はわからないにもかかわらず、死者を舞台上に登場させたり、演じたりすることには――観客の場合と同様に――矛盾が伴うからである。にもかかわらず演劇では、能やタデウシュ・カントル、ジャン・ジュネ、ハイナー・ミュラーの劇に代表されるように、亡霊や死者を舞台に登場させる儀式的な上演が行われてきた〈33〉。「死者の演劇」は、死者を本当は適切に想像できない矛盾を孕みながらも、死者が語り、舞い、生者を急襲するようにして、生者の想像が容易に及ばない世界を示すことで、生者の想像力を問い直す試みを行ってきた。こうして演劇は、矛盾を犯してまで、死者と生者を引き合わせる不可能な試みを続けてきた。

『ディア・ハウス』も、本来は想像すら及ばない死者を登場させることで、「死者の演劇」に特有の矛盾から逃れられない。ただしこの上演は独特の俳優術によって、観客の想像力を混乱させることで、観客には死者のための哀悼劇にみえながら、実は生者のために機能する想像力の矛盾と限界に気づかせる。観客はこの限界への省察を経ることで、死者と向き合う際の自分の限界と矛盾を承知しつつ、自分が「今ここ」で死者を哀悼する上演に居合わせる。

ただし、前節で指摘したように、観客が死者を想像する限界と矛盾に気づくプロセスには、本当で「ある」か「ない」かをめぐる混乱や葛藤が伴う。特殊な演技により、観客が死者のことを想像したくてもできないとき、それはもどかしさという葛藤の経験となる。

演劇的共同体

このような状況に置かれることで、逆説的ではあるが、「死者の演劇」の可能性が開かれるのである。観客は死者を想像する際の自分の無力と矛盾、さらにはその状態をめぐって葛藤するとき、無力・矛盾・葛藤の自己を、舞台上にいる俳優たちや、他の観客に現前する。個々の観客がそのような自己を向け合うとき、無力・矛盾・葛藤において同じである生者たちが一堂に会する「死者の演劇」という共同体が可能性として開かれるだろう。生者と死者が居合わせることは、本来は不可能である。しかし生者（＝観客）が上演空間において、死者に対する無力・矛盾・葛藤の状態を、生者（＝観客）のあいだで互いに向き合うとき、本来は見えることのない生者自身の無力・矛盾・葛藤が——上演形式を通じて——顕在可能なものになる。観客は演劇という虚構の次元において、死者に対する自己の無力や矛盾を実感するとき、そのように無力で矛盾だらけの自分（＝生者）の状態で他の観客や俳優と「今ここ」の時空間を共有するのだが、このあり方こそが、死者に対する生者の最も現実的な向き合い方となる。このように観客が互いを互いに開示する状況のときに、生者が死者に対して自己を開こうとする哀悼劇の可能性が開かれる。

本来ならありえないこの可能性について、モーリス・ブランショが『明かしえぬ共同体』において示唆する。ブランショは、もし生者と死者が互いに分かち合える——本来不可能な——共同体が可能になるとすれば、それは、生者が死にゆく者の傍にいて、自己をさらけ出すような状況においてであると述べる。

〔私が〕死に瀕して決定的に遠ざかってゆこうとする**他人の間近に現前し**続けること、他人の死を、自分に関わりのある唯一の死でもあるかのようにおのれの身に担いとること、それこそが私を自己の外に投げ出すものであり、共同体の不可能性のさなかにあって**共同体を開示し**つつ、その開口部に向けて**私を開く**ことのできる唯一の別離なのである。ジョルジュ・バタイユは言う、「同胞が死んで行くのに立ち会うとき、生きている者は、もはや自己の外に投げ出されてでなければそれに耐えることができない」。〔……〕ひとと分かち合うことのできない彼固有の所有に属するとも思われる、この出来事の孤独を分かち合うために、私は彼と対話を続けるのだ。〈34〉〔傍点は原著者、太字は引用者による〕

ブランショは、死にゆく者に「私」が「現前し」、「私を開く」とき、不可能なはずの共同体の可能性が開かれると主張する。このとき、本来なら死にゆく者にしか属さず、生者としての「私」が共有不可能な死という「出来事」が、「私」と分かち合える可能性のあるものに変わる。ブランショの言う共同体は、私と死にゆく他者が、死をめぐって互いに現前し合う際に開かれる。

「死にゆく者」を「死者」に置き換えれば、『ディア・ハウス』の観客が、ブランショの言う「私」と同じようにして、自己を死者に開いていることが明らかになる。もちろん「死にゆく者」と異なり、死者は観客の前に現前することはないので、観客は死者に直接自己をさらすわけではない。しかし観客同士が、自分の想像力の無力に象徴されるように、死者のために何もできない自己の不可能性の現前を互いに開示し合うとき、死者のための演劇的な共同体、すなわち哀悼劇が可能な形式として開かれる。

この点において『ディア・ハウス』は――ロワースが述べたように――「演劇を刷新する」試みであることが明らかになる。それは、哀悼劇を通じて、単に死者を弔うモチーフを舞台化するだけでなく、死者に対する生者の無力・矛盾・葛藤を経験可能にすることで、死者に対する生者の向き合い方を模索することである。生者としての観客はこの無力を痛感し、無力な自己を互いに開示することで、生者一人ひとりの限界を「分かち合」う共同体を形成することができる。観客はこの無力の共同体においで死者と向き合おうとするとき、自分たちの一方的な想像力には拠らないあり方で死者に自己を開くことができる。哀悼劇とは、観客一人ひとりが死者に対して無力であることを互いに開示することで、死者に自己を「現前」する生者たちの共同体なのである。観客という生者たちの無力な自己を現前化した点において、『ディア・ハウス』は従来の哀悼劇とは異なる死者と生者との遭遇の可能性を示唆したのである。

アブセンス編

第六章
身体の救出可能性と挫折のあいだ
——ローラン・シェトゥアーヌ振付の踊らない身体

はじめに ——アブセンス編に際して

第二章第四節と第五節で論じたように、「今ここ」の演劇的現象が「ある」と「ない」をめぐって観客を不確実な状況に陥れつつ、知覚や認識を揺るがすことは、プレゼンスが中心の上演だけでなく、不在が中心の上演においても可能である。本章から第八章のアブセンス編においては、不在の美学の演劇を対象にして、演じない・踊らない演劇的現象が「ある」と「ない」のあいだで観客の内的状態をどのようにして揺り動かしたり、宙吊り状態に陥れるかについて考察する。

またプレゼンス美学が前面に押し出される上演と同様に、不在の状況が支配的な上演でも、観客の宙吊り状態での葛藤や揺らぎには、独自のダイナミズムが働く。葛藤や揺らぎのダイナミズムは上演ごとに異なっており、多様な様相を呈する。この多様性を明らかにするために、本章から第八章にかけて異なる舞台作品を取り上げて、葛藤やダイナミズムが生じるプロセスを詳細に検討し、上演ごとに固有の特徴をつまびらかにする。この葛藤やダイナミズムのプロセスにおいて、観客は演じない・踊らない上演に対して感覚的に引き込まれたり、感性的な衝動を感じたりする。この感性的側面が、従来のアブセンス論では軽視されていた。アブセンス編では、観客受容の感性的側面が不在の美学に基づく上演の場合でも重要な役割を担うことを明らかにする。

一　脱身体への抵抗

メディアの身体像と記号としての身体

「今ここ」の演劇的現象のなかで、身体のプレゼンスが上演の根幹をなすことに疑いはないだろう。台詞演劇であれ、コンセプト重視の演出演劇やラディカルなパフォーマンスであれ、俳優や演技者が登場しない上演はまず考えられない。生身の身体が登場しない上演は、インスタレーションなどの別の芸術ジャンルに位置づけられることが通例である。身体が眼前に現れるようにみえても、それが映像であれば、メディア映像による再現となる。それゆえに人間が実際に登場して自らのプレゼンスを呈示するライブ形式の演劇は、「脱身体化（Entkörperlichung）」の傾向に抵抗できると期待されてきた。本当は生身ではないのにそうと見せかける「テレプレゼンス」の身体映像が氾濫し、私たちのリアルな身体感覚がメディア映像によって操作されるメディア中心の社会[1]において、演劇が生身の俳優身体をライブ上演にて呈示して、観客の一般的な身体像を問い直して、脱身体化の傾向に抵抗を促すことには、大きな意義がある。

ただし生身の身体を呈示するだけで、演劇が脱身体化の傾向に抵抗できるわけではない。舞台上で演じる俳優の身体は――それがどれほど真に迫るものであっても――観客の受容プロセスにおいて記号的に解釈され、一般的な、それどころか紋切型の身体像に変換されうる。舞台上の身体のプレゼンスは、メディア映像が私たちに植えつける脱身体の映像と同じになる危険性を孕んでいる。ハンス＝ティース・レーマンが指摘するように、「〔メディア映像によって〕脱感性化した記号性と、〔舞台上の生身の俳優ですら免れない〕記号としての身体性のあいだで、演劇が身体の本領を発揮させる道は狭い」[2]のである。

不在の抵抗

演劇や舞踊が限られた領域において「身体の本領を発揮させる」試みの一つは、あえて踊らないことで観客に身体像の問題を問い直す手法である。アブセンス論者ゲラルト・ジークムントが主張するように、一般的な舞踊の身振りを放棄した舞踊家の姿を目の当たりにすると、観客は舞踊家の身体に典型的な身体像を当てはめることを阻まれたように思う。そこで観客は、踊らない舞踊家を見ることで、舞踊を見るとはそもそも何であるかと自問するようになる。そうして観客は、舞踊家の踊りをほとんど無意識に特定の身体像から見ようとする自己の身体観の問題に気づく。踊らない舞踊身体は、観客が潜在的にいだく脱身体的なステレオタイプの身体観をみずから問い直す契機をもたらす。不在の芸術が脱身体化に対する抵抗につながる可能性について、ジークムントは次のように説明する。

芸術は、〔商品経済の〕交換に基づく価値＝記号の論理を〔……〕混乱に陥れることができる。〔踊らない舞踊によって〕身体の価値＝記号を避けることで、新しい交換が行われる。そのような交換は、**記号生産の分析行為**となったり、支配的なコードに対する**抵抗の行為**となるだろう。ボードリヤールの言う贈与と返礼できない贈与の論理に従うならば、記号破壊の論理によってコードの不在が導き出される。〔……こうして〕不在は**抽象化に対する抵抗の戦略**となる。芸術が不在を徹底的に貫き、故意に主題とすることで、身体と身体像を互いに対抗させることができる〈3〉。
〔強調は引用者による〕

意図的に踊らない踊り手を見続けることで、観客は身体記号を脳裡で生み出すプロセスを「分析」

したり、「〔踊らない〕身体と〔潜在的に欲望する〕身体像を互いに対抗させる」ようにして自省する。このあり方とジークムントのアブセンス論の意義については、第一章で具体的に説明した〈4〉。ただしその際指摘したように、自己批判と分析を促すジークムントのアブセンス論には補うべき事柄もある。観客は、舞踊を見る自己に問題があると自覚した上で、それではどのようにして舞台作品を見る可能性があるのかという問いが、ジークムントの論では必ずしも十分に考察されなかった〈5〉。

この可能性は、プレゼンスと不在のあいだにおいて、踊り手の身体をより活発な感性で捉えようとする知覚方法であると考えられる。踊らない身体を見続ける観客は、踊らないという不在の要素が強いからこそ、眼前にある踊り手の身体をより活発に感性を働かせて知覚しようとするプレゼンスの試みが可能になる。踊らないという不在の要素が「対抗的衝撃」〈6〉の作用を活かして、知覚者に不在と正反対の活発な知覚の活動を促す。観客が感性的に活発な知覚を働かせることで、眼前にある踊り手の身体をステレオタイプ的な身体像に当てはめないようにして捉えることが可能になる。身体をこのように捉えることによって、身体像の「支配的なコード」に対する抵抗の行為」が可能になる。

「痕跡／気配」を「感じ取る」

知覚を活発に働かせて身体を捉える可能性を示唆したのが、文化論者のディートマー・カンパーである。カンパーは『不在の美学――身体の除去』（一九九九年）において身体の「痕跡／気配を感じ取ること（das Spüren der Spur）」という独自の知覚行為を提案した。ジークムントと同様にカンパーも、現代社会における脱身体化の深刻な蔓延を指摘する。身体の紋切型のイメージはメディア映像だけでなく、人間の抽象的な思考やイメージ化によっても次々と生み出されており、私たちが抽象的な身体像の呪縛から脱することは不可能であると指摘する〈7〉。この不可能性を直視した上で、私たちができる数少ない抵抗が、脱身体化される身体の痕跡を感じ取るようにして知覚する方法である。脱身体化に抵抗するこの方法についてカンパーは次のように述べる。

私たちは身体の痕跡／気配（Spur）を掬い取っていこう。痕跡／気配と化したものは、感じ取っていくしかないのだから。〔……〕痕跡／気配は単に存在するわけでも、表象されるわけでもないし、〔……〕経験や空想の網に取り込めるものでもない。痕跡／気配とは、痕跡の元となったものの不在である。それは、除去された身体の痛々しい現実であり、かつて身体があったところの空所である。〔……〕感じ取る（Spüren）という行為は空間において可能になる。平面や線、点の次元では感じ取ることはできない。感じ取る行為はコピーすることもできない。〔……〕それは〔身体の〕抽象化という逆行から後ろ向きに進む試みである。〈8〉

脱身体化という「逆行」の流れが止めどもなく続く現状に抵抗できるとしたら、それは脱身体化した現実としての「痕跡」を「感じ取る」行為から出発することによってであると、カンパーは主張する。抽象化された身体像が「痕跡」としてメディア社会に氾濫する以上、この痕跡を感じ取ることで、脱身体化という「逆行」の流れから「後ろ向き」、つまり前向きに進めるという転換が可能になる。

この転換の中心になる行為が「感じ取る」である。それは——動詞であることから示唆されるように——能動的な知覚行為である。「私たちは身体の痕跡を掬い取」っていくことで、知覚行為において「今ここ」の対象を能動的に捉え、それを続けることで私たちの身体的感性を陶冶することができる。

カンパー自身は指摘していないが、不在の演劇・舞踊は「痕跡／気配を感じ取る」観客の能動的な知覚行為を多様に活発にしうる。演じない・踊らない俳優や舞踊家の身体はすでに痕跡のように観客の前に立ち現れ、観客はその気配を、自身の感性を活かすようにして感じ取ることができる。

知覚のダイナミズム

身体をめぐる不在の演劇・舞踊の可能性は、感性を活かして身体の気配を感じ取る行為を観客に経験させることである。この活発な知覚行為によって、観客の内部にダイナミズムが作用する。ダイナミズムを伴う感性的な知覚の活動によって、観客自身は受容の次元において脱身体化に対する抵抗を試みることができる。メディア映像の身体イメージや抽象的な身体観は、それが表面上どれほど活発に動いているとしても、型にはめられた、固定化された身体像に囚われがちである。ダイナミズムを伴う感性的な知覚は、身体像の紋切型を揺り動かして、身体をより自由に捉える受容方法を模索することができる。

ここでいくつかの問いが生じる。不在の演劇・舞踊は具体的にはどのようにして「痕跡／気配を感じ取る」観客の知覚を可能にするのだろうか。またこの知覚行為と共に生じるダイナミズムは、プレゼンスと不在の両極のあいだでどのように作用するのだろうか。本章はこれらの問いを考察することで、舞台上の「今ここ」に現れては消える身体現象によって促される知覚のダイナミズムの特徴を明らかにする。

二　観客の活発な知覚

これらの問いを考察するのに参考になるのが、ドイツ演劇界で演出家・振付家として活動するローラン・シェトゥアーヌである。「痕跡／気配の演劇（Theater der Spur）」と称されるシェトゥアーヌの演出や振付作品では、俳優の語りや舞踊家の身振りが微かに現れては消えていく様子がつねに痕跡／気配であるかのような印象を与える。この様子について演劇学者のニコラウス・ミュラー＝シェルが次のように描写する。

〔俳優によって語られる〕どの言葉も、**不在の痕跡／気配**を必然的に伴って立ち現れる。〔シェトゥアーヌ演出の〕上演ではずっと問いが投げかけられていると言えるだろう。すなわち演劇は〔……〕**他者の痕跡／気配のため**に、どのようにして自己を開き続けることができるのかがつねに問われるのである。〈9〉

ミュラー＝シェルは、シェトゥアーヌの演出において俳優が抑揚や感情を欠いてしゃべる語り口に、「不在の痕跡／気配」がそこはかとなく感じられることを指摘する。シェトゥアーヌ演劇は、不在の痕跡／気配がつねに立ち現れる演劇的状況を経験可能にすることによって、通常と大きく異なる受容の可能性を観客に問いかける。

この可能性へ問いを、踊らない舞踊の方法を通じて観客に投げかけたのがシェトゥアーヌ振付のソロ舞踊『画の描写』（二〇〇六年）である。この作品では舞踊家フランク・ウィレンスが意味化されることのない身振りをひたすら示し続ける。その徹底的な脱意味化の試みは、第一章で紹介したル・ロワの『Self Unfinished』における舞踊の不在よりもさらに際立つ。このとき観客には、舞踊家の一つ一つの脱意味化された身振りを「感じ取る」ようにして、現れては消える身体の痕跡／気配を掬い取る可能性の是非が問われるのである。以下に『画の描写』における独特の不在の身振りと観客受容のプロセスを辿ってみよう〈10〉。

シェトゥアーヌの不在の演劇・舞踊

それに先立ち、日本ではほとんど紹介されていないシェトゥアーヌの演出・振付活動を紹介する。フランス・ソヨー出身のローラン・シェトゥアーヌは一九九〇年代にソルボンヌ大学で演劇学を、フランクフルト芸術大学で演出を学んだ後、二〇〇〇年からハンブルク、ミュンヘン、ケルンなどドイツの公共劇場で演出家として活動した。代表的な演出作品は『ドン・カルロス』（シラー作）、『タウリスのイフィゲーニエ』（ゲーテ作）、『エムペードクレス／ファッツァー』（ヘルダーリン／ブレヒト作）、『ファウスト　第一部』（ゲーテ作）である。シェトゥアーヌの演出は、リアリズム的な俳優術や身振りを排除する「放棄の演劇（Theater der Enthaltsamkeit）」〈11〉で知られ、そのラディカルな不在の手法ゆえに演劇批評家のあいだで議論を呼んできた。俳優は台詞を語る際、登場人物の心理や意図、感情などを排除し、人物や場面のリアリズム的な状況に添った身振りも行わない。この放棄によって、戯曲の言葉の響きを空間にゆっくりと浮かび上がらせ、語りの時空間が観客に体験できるような演劇世界を実現した。

二〇〇六年からは振付家としての活動を始めて、『ダンス・ピース#1〜#4』（二〇〇六〜二〇〇九年）、『逡巡へのオマージュ』（二〇一〇年）、『春の祭典』（二〇一二年）、『MiM』（二〇一三年）などの舞踊作品に振付を行った。その手法は、「放棄の演劇」を舞踊に応用したもので、心理描写や、日常のコミュニケーションに即した感情表現を排するだけでなく、一般的な意味構成や解釈がほとんどできないような身振りを構成する「脱構築的な」〈12〉振付である。

『画の描写』

シェトゥアーヌの脱構築的な試みが顕著に現れ、身体の固定的なイメージに対して身体が抵抗するありようを示した作品が『画の描写』である。約一時間半続くこのソロ舞踊作品ではアメリカ出身の舞踊家フランク・ウィレンスが、舞台装置も音響効果もない演劇空間において、ハイナー・ミュラーのテクスト『画の描写』の言葉をゆっくりと語りながら、その言語表現と直接は無関係にみえる身振りを示す。『画の描写（Bildbeschreibung）』は、作者ミュラーが脳裡に浮かんでは消えるイメージ（Bild）を、意味関連を持たせないまま言語化した複雑なドイツ語のテクストである。謎めいたイメージが横溢するドイツ語を、ドイツ語が決して堪能ではないアメリカ人舞踊家が一時間半近くたった一人で語りつつ、自ら語る言葉を聞くようにして——ただし大半の言語イメージは身振り化されない——ゆっくりと体を動かしていく。このときウィレンスの身体において、自ら語る言語イメージと、自ら動く身体に齟齬が生じる。イメージと身体が同一身体において齟齬をきたすことで、ウィレンスの身体が必然的に言語イメージに抵抗しているかのようにみえる〈13〉。

ウィレンスの身振りはイメージ化への抵抗を示すと同様に、観客に特定の解釈をほとんどさせない「措定なき」身体を呈示し続けることで、観客に身体を「感じ取る」ための多様な試みを経験可能にする。『画の描写』の大半は、ウィレンスが動き始めてもそれを突然止めてしまうことで、観客に具体的な意味化をさせない、すなわち意味付与の「措定（Setzung）」をさせない身振りから成る。例えばウィレンスは手足をゆっくりかつ単調に動かし始めるが、手足をだらりとさせて動きを止めてしまう。観客はよくわからない動きが何を意図しているのかを推しはかろうとするときに、その動きを止めてしまうのである。このような措定なき動きを次々と繰り返すことにより、意味化されない動きが現れては消え、消えては現れるという身体の謎めいた生成と消失の連続が観客に呈示される〈14〉。すると観客は身体の動きに意味付けを行ったり、具体的な解釈を当てはめるといった一般的な受容とは異なる方法で舞踊家の身体と向き合うことを迫られる。

この方法の一つが、現れては消え、消えては現れる身体の動きの一つ一つを、可能な限りにおいてではあるが、それ自体として受け止める方法である。ただし各々の動きは――次節で詳しく述べるが――たとえ特定の意味が付与されなくても、それ自体が観客に知覚されるわけではない。むしろウィレンスのゆっくりとした動きに顕在化されるように、現れては消える動きそれ自体の残像、すなわち「痕跡／気配」が漂う。観客はこの残像を一つ一つ掬い取っていくことができる。

五感の活性化

この試みが、身体の「痕跡／気配」を「感じ取る」試みに相当するのだが、『画の描写』では観客が「五感」を活かして知覚を活発に働かせることができる。観客の視覚と聴覚は、ゆっくりと現れては消えるウィレンスの動きと語りによって刺戟される。観客は、意味化される前に中途半端に中断する動きを見続けると、特定の意味付けをする鑑賞行為を止めて、一つ一つの動きの残像をひたすら辿るようになる。このとき観客の視覚は、動きの細部までを注視することで、細やかなリズムを働かせながら反応する。聴覚も視覚と同じように、語りや声の細部を丹念に聞き入ることで細やかに反応する。知覚の細やかな活動は、「静的なダイナミズム」[15]を発揮し、知覚はむろん外部からは可視化しえないが、多様な働きをする。

現れては消える「はかない（ephemer）」動きを掬い取るようにして知覚する方法は、ヴァルター・ベンヤミンの言う「現象の救出（Rettung des Phänomens）」の変種として捉えられる。ベンヤミンは失われゆく現象を批評の叙述によって救出する可能性があるとしたら、それは脱身体化と同等の、概念化という抽象的把捉によってではなく、「経験の最中における理念の叙述」によってであると述べた[16]。意味の付与という概念化ではなく、観客が「経験の最中」で視覚と聴覚を活かす試みによって身体現象を救出する可能性が開かれる。ただし『画の描写』において「現象の救出」は、対象としての身体現象ではなく、むしろ観客の身体に向けられていることが判明する。観客は眼前に現れては消える身体現象を救出しようとしても――実際に観客の知覚に届くのは、身体そのものではなく、身体の「痕跡／気配」である以上――本当に救出できるわけではない。むしろ実際に救われる対象は現象そのものではなく、身体を知覚する観客の受容方法である。すでに指摘したように身体に対する現代人の知覚は、氾濫するメディア映像に強い影響を受けて、身体を知らずしてメディア映像の型から把握する傾向にある。『画の描写』の観客は眼前に失われゆく身体現象を助けようとして、自分の感受性を十全に活かそうとする。この活性化が、メディア映像に支配されがちな私たち／観客の知覚を危機から救出することにつながる。救出の対象が客体から受容者の主体へ転換する点において、『画の描写』は「現象の救出」の変種を示す。

『画の描写』では観客の触覚や嗅覚、さらには味覚さえも作動するような場面がある。ただしそれは視覚や聴覚の場合と異なり、ウィレンスが挑発的な身振りによって、否応なしに観客の感性を刺戟する方法によってである。例えば上演途中、舞台中央に立つウィレンスは左手で自分の首や顔の辺りを探るようにしてまさぐり――実際にはそうしないが――ひょっとしたら汗を拭き取るのではないかと思わせる素振りを示す。その後、観客席にゆっくりと近づき、最前列まで進み、立ち止まってから、一人の観客の両手を取り、両手を自分の首に当てて、触ってもらう〈17〉。他の観客はこの一連の流れをずっと傍観するだけで、直接ウィレンスの身体に触れるわけではない。しかし他の観客は、実際に手で触った一人の観客の行為を見るからこそ、ウィレンスの首の気配を感じ取ることができる。また汗のモチーフから連想されるように、他の観客はウィレンスの身体を嗅覚で感じ取ることもできる。

別の場面では——同様に挑発的な方法によってではあるが——観客の触覚、嗅覚、味覚が活発になる。観客の前に立つウィレンスは白いチョークを手に取り、もう一方の手に塗る。そしてその手を——何かを乞うていると思わせるようにして——観客に差し出すように伸ばし、その状態でずっと動かなくなる。あまりに長く静止しているので、観客に自分が差し出した手を触るか、匂いを嗅ぐか、味覚で手の状態を確認してもらいたいのではないかと連想することになる。差し出されたウィレンスの手は、すでにチョークで白く塗られていたにもかかわらず、噴き出た汗によってチョークの色が剥げ落ち、肌の色が白色からのぞいている。観客は、汗とチョークにまみれた手が差し出され、ずっと眼前に置かれたままになっているので、その手がどんな匂いや味であるのかを否応なく想像させられる。この場面に嫌悪感を覚える観客ほど、その内部では嗅覚や味覚が強く活発になる。ヴィンフリート・メニングハウスが指摘するように、嫌悪感は説明不可能なものが突然現れた現象によって生じるが、それは悟性による判断や解釈を介さずに直接作用する嗅覚や味覚において顕著に現れるものである〈18〉。ただしウィレンスの挑発的な仕草では、観客が直接ウィレンスの手をなめるわけでも、嗅ぐわけもない。あくまでも手の気配を「感じ取る（spüren）」ことで、嗅覚や味覚が活性化されるのである。

これらの場面以外でもウィレンスはしばしば観客が五感を活かすような動きを挑発的に示す。ウィレンスの動きによって、観客の関心は手足、手足の関節、首、口、（口を開けての）口腔、目、髪に

© Deutsches Ttanzfilminstitut Bremen

ローラン・シェトゥアーヌ振付『画の描写』
(ダンサー：フランク・ウィレンス）

右上の写真ではウィレンスはチョークを塗りつけた左手を観客に向けて差し出すが、チョークは汗で滲み始めている。

向けられる。さらにウィレンスは台に座ってゆっくりと足を広げることで、足裏や尻すら観客にじっくりと「鑑賞」させる。その際ウィレンスは動作を反復する。こうして観客もウィレンスの身体のあらゆる部位と何度も向き合うことになり、それらを否応なしに「感じ取る」ことになる。ウィレンス自身が自分の身体を部分ごとに示すことで、身体全体を網羅するように、観客も視覚や聴覚だけでなく、それ以外の身体感覚もそのつど活かすことで、五感全体を網羅するように仕向けられる。

このようにウィレンスがほとんど意味化されえない身体の痕跡／気配をゆっくりと示し、それを反復することで、観客の感性的な知覚は活発になる。意味が見当たらない、痕跡／気配でしかないという不在の演劇的手法が観客をより活発な受容態度に導く。不在の演劇がそれと正反対の活発な効果を引き出すのである。

三　部分と全体

ウィレンスが頭から足裏まで自分の身体部位に観客の関心を向けるような動きを繰り返すことで、観客は五感を活かしてウィレンスの身体を「感じ取る」だけではない。観客は、ウィレンスの身体部位を一つ一つ知覚することで、多くの部分を網羅した身体の全体を捉えることができる。これは一般的な観劇の知覚方法と大きく異なる。観客は多くの場合、ある舞踊家の踊りを見ることで身体像を全体的に捉えていると考えがちだが、実際には特定の部分（顔、手足など）だけを注視して、舞踊家の身体全体を評価する。つまり一部分しか知覚していないのに、身体の全体を捉えたと思うのだが、このとき部分と全体の関係には、他の多くの身体部分を無視することで調和させるという齟齬が生じる。

身体神話の呪縛と解放

『画の描写』ではこのような齟齬と一線を画す身体の知覚方法が可能になるのだが、この齟齬は、身体の歴史的変遷において浮上してきた問題でもある。そこで身体の歴史に即して齟齬の問題を確認してみよう。社会学者クリストフ・ヴルフと文化論者クラウディア・ベンティーンが指摘するように、一六世紀ヨーロッパの医学で解剖学が発達し、人間身体を部位ごとに分けて専門化することをきっかけに、個々の身体部分への詳細な探究が始まった。他方、身体は一人間の全体像で捉える伝統的な身体観が今日まで一般的な考え方として受け継がれてきた。一方では専門分野を中心に身体部位だけを特化して捉える身体観が著しく発達し、他方では身体を全体像から捉える伝統的な身体観も根強く受け継がれてきたことになる。一方は部分だけ、他方は部分よりも全体を重視するので、両者には齟齬が生じやすいのだが、この齟齬の傾向はいまだ軽視されている。この点についてヴルフとベンティーンは共編著『身体部位』（二〇〇一年）において次のように説明する。

医学と芸術双方にとって共通する解剖学的な方法の現代性は、（全体に対立する）断章的側面、（全般に対立する）個、（外部に対立する）内部の実態への探究を重視したことにある。〔……今日〕文化論的な考え方において身体は全体とみなされ、この見方に疑問を呈することなく、文化論が展開されている。しかし実際には特定の身体部分だけが注目されたまま、それだけが強調されて身体が論じられる傾向にある。この傾向は、ジークリット・シャーデの言を借りれば、太古からいまだ続く「全身体の神話」と言えるだろう。またこの傾向には、ジャック・ラカンが「鏡像段階」として論じた身体の脱統合化という乳幼児期の経験を否定したい集団的な願望が表れている。〈19〉

ヴルフとベンティーンは、私たちが身体について語るとき、知らずして個を全体として捉える傾向にあると指摘する。この傾向は、理性を欠いた「神話」であり、本当は個々に分かれたままである身体部位を軽視しつつ、身体を統一的に捉えようとする私たちの意識下の「願望」に基づく。ここにおいて身体の部分と全体の齟齬の実態が浮き彫りになる。たとえ身体の部分が強調されたり、詳しく探究されても、それはあくまでも身体全体のためであり、全体に従属させられてしまう。こうして身体の部分がそれ自体として尊重されることがほとんどなくなる。

これ対して『画の描写』では、ウィレンスは身体の部分をあたかも自ら解剖するかのようにして観客に示す。その際、部分は身体全体に従属させられるわけでもなく、全体的な意味に統合されるわけでもない。ただそれ自体が強調されて示されるだけである。序列や全体的な意味に収斂されることのない部分を知覚し続ける観客は、個の犠牲によって身体全体を把握する「神話」の呪縛から自らを解き放つことができる。

プレゼンス論の呪縛

個を軽視して身体の全体像を優先するという問題には、演劇学のプレゼンス論者も陥りやすい。身体のプレゼンスを強調しようとするあまり、身体の一部分だけに着眼して、そこから視点を身体全体に飛躍させてしまう危険性を孕んでいる。例えば演劇学者カタリナ・ロースト は、旧ユーゴスラビア出身のパフォーマンス芸術家マリーナ・アブラモヴィッチの上演『声を解放しながら』（一九七五年）を取り上げて、アブラモヴィッチの叫び声だけに着眼して、それが観客の「体全体」に影響を及ぼすと指摘する。

『声を解放しながら』でマリーナ・アブラモヴィッチは呻き、うなり、叫び声を上げる。上演が始まって三時間後に声がほとんど出なくなった。〔……〕観客は声から逃れることはできず、声は文字通り観客の「骨の髄まで」響き渡った。〔……〕痛みや怪我を扱うさまざまな演劇や舞踊の上演を見ていると、〔……通常と〕異なる観劇方法があり、それは「共に感じ取る（Mit-Spüren）」ことや「共に痛む（Mit-Schmerzen）」ことに関連する。異なる観劇方法の特徴は、動詞「感じ取る（Spüren）」に示されるように、観客の知覚を視覚だけに限定するのではなく、知覚を**体全体に（ganzkörperlich）よって感じ取る**プロセスとみなす考え方に基づく。このプロセスには聴覚と触覚のような二つの身体的側面（Körper と Leib）が含まれている。〈20〉〔強調は引用者による〕

『声を解放しながら』でアブラモヴィッチは体を板に縛り付けられた状態で、観客に顔を向けてひたすら叫び続ける。この叫び声が否応なしに観客の骨の髄まで響き渡ることで、観客は「体全体によって感じ取る」知覚をするようになると、ローストは指摘する。

しかし『声を解放しながら』の観客は、必ずしも多様な感覚を活かして知覚しているわけではない。叫び声は確かに観客の身体に強いインパクトを与えるが、それは実際には聴覚と視覚を通してもたらされる。ローストは観客の「触覚」も作動していると指摘するが、それは――カンパーがアブセンス論で指摘したように――叫びの「痕跡／気配（Spur）」を「感じ取る（spüren）」だけであり、観客は叫びそのものに直接触れるわけではない。もしこの上演の観客に、ローストの言う「触覚」が当てはまるとしたら、それは比喩的な意味合いでしかない。にもかかわらずローストは、アブラモヴィッチの声がこのような触覚を通じて、プレゼンス論者が好んで用いる観客の「身体（Leib）」に直接届いていると思わせるような主張をする。このようなプレゼンス論者の錯覚を――第一章で紹介したように〈21〉――アブセンス論者ジークムントが批判したのである。

身体の部分に即した感性を多様に活かして観劇するという点においては、『画の描写』のほうが適している。『声を解放しながら』では叫び声が強烈な「存在感」を発揮することで、観客の聴覚だけを強く刺戟するのに対して、『画の描写』では舞踊家が身体部分をゆっくりとした動きで呈示し、それを反復するので、観客は五感のうち特定の感覚だけを強く刺戟され続けることなく、現れては消える身体現象を捉えることができる。観客が多様な感性を活かして眼前の身体を「感じ取る」ためには、存在感《プレゼンス》が強調される表現よりも、不在の要素が強い演劇上演のほうが効果的であると言えるだろう。

四　自己呈示（Sich-zeigen）と身体像のあいだ

これまで述べてきたように、シェトゥアーヌ振付の『画の描写』は観客から多様で活発な知覚行為を引き出すことで、舞踊家の身体を紋切型の身体像として見るのとは異なる受容のプロセスを可能にすることが明らかになった。多様で活発な知覚行為において、独特のダイナミズムが観客の内部で生じる。このダイナミズムは、カンパーが言う「痕跡／気配」を「感じ取る」ことで受容者の感性を活性化し、それによって脱身体化への抵抗を図るための契機となりうる。

可能性と挫折のあいだの揺らぎ

ただしカンパー自身が認めているように、このダイナミズムを伴う抵抗は、脱身体化から容易に脱することを約束するわけではない。メディア映像の身体像と、それに影響を受ける現代人のステレオタイプ的な身体観が支配的な現代社会において、「感じ取る」行為のダイナミズムは、可能性と不可能性のあいだで揺らぎながら試行錯誤する試みに基づく。試行錯誤についてカンパーは次のように述べる。

身体の抽象化に対する抵抗は非常に多岐にわたって行われる。にもかかわらず、それはきっと失敗するだろう。抵抗は救出の弁証法に従わざるをえないのだ。身体を救出しようとするいかなる行為も、行為を始めることで、まさに避けたいと思っている苦悩を増やすことになる。〔……〕このように**揺らぐ状態**に直面しつつ、身体の痕跡／気配を感じ取ろうとすることは、向う見ずな試みと思われるかもしれない。それは喩えるならば、意図しつつ、意図しないで躓くことであり、足を引きずるようにして歩むことであり、挫折することである。〔……だからこそ〕感じ取ることを徹底的に試みないといけないのだ。「試み（Probieren）」とは、文字通り「事後調査（Studieren）」を乗り越えて進むことである。試みた結果を事後調査することには終わりがないのだ。乗り越えて〔＝試みて〕、また後戻りする〔＝事後調査する〕。これは、いわば隠喩を逆さにしてキアスムに向かうようなものだ。〔……〕例えば「近づけば近づくほど、遠くへ！」、「見えてくればくるほど、見えないほうへ！」、「正しければ正しいほど、誤りの方向へ！」〔……この試みは、〕**ナンセンス・キアスム**と言えるものだ。〈22〉〔強調は引用者による〕

脱身体化の危機から身体を救出しようとしても、その試みは可能性と、それと正反対の結果とのあいだで「揺らぐ状態」にある。カンパーは「感じ取る」「試み」自体を、揺らぎつつ「キアスム」のように行ったり来たりする運動とみなしている。

このように身体の「痕跡／気配」を感じ取る試みは、可能性と挫折のあいだで揺らぎつつ行われるのだが、この揺らぎは、『画の描写』の身体表現と観客受容との関係にも当てはまる。先述のように、舞踊家ウィレンスは自身の身体を特定の意味やイメージにならないように動かし、その動きを中断する。そしてウィレンスはこのような動きの流れをそのつど反復する。反復によって特定の意味が浮かび上がるわけではないので、意味化されることのない身振りをひたすら反復することになる。こうしてウィレンスは何かを表現するのではなく、自己自身を観客に呈示しようとする。つまり可能な限りにおいてではあるが、意味化される前の自己のプレゼンスそのものを観客に呈示しようとする。しかし他方でこの身体プレゼンスの直接的な呈示は――第一章第二節と本章の冒頭で論じたように――実際には距離や屈折を通じて観客に届き、観客によって変形されたり、歪められてしまう。こうしてウィレンスによる自己呈示の試みは、挫折することになる。『画の描写』の上演は、自己呈示の「試み」と「失敗」とのあいだを何度も往来することから成り立つ。すでに論じた観客の知覚行為もこのあいだで往来するのである。

メルシュの自己呈示論と痕跡／気配

この自己呈示の試みと挫折とのプロセスについて、ディーター・メルシュがカンパーの「痕跡／気配」論に添いつつも、それとやや異なる立場から論じている。メルシュは論考「身体の呈示」（二〇〇一年）において、ジョン・ケージやヨーゼフ・ボイスなどのパフォーマンス・アート作品を例にして、パフォーマーが表現されるべき人物像や何らかの対象だけでなく、自分自身の身体をも示す「自己呈示」も行っていると指摘する。アブセンス論者のカンパーの論がもっぱら受容者（観客）の立場に即して、舞踊家や俳優の身体はすでにイメージ化されつつある「痕跡／気配」とみなすのに対して、プレゼンス論者のメルシュは表現者（パフォーマー）の立場を重視して、表現者が演じる際には身体それ自体が呈示される契機があると指摘する。

〔ケージやボイスのパフォーマンス・アートにみられたような〕自己を呈示しつつ、〔何らかの対象の〕表現を拒否する〔パフォーマーの〕他者性は、現象されうるものを超えたところにある現象と言えるだろう。パフォーマーは**何か**を表現しないようにすることで、〔レヴィナスの言う〕自らの顔を通じて自己自身を呈示する。この自己呈示（Sich-zeigen）はパフォーマーの意図や表現を超えた次元があることを示唆する。意図して何かを示すことは、自己呈示を基にして初めて行われるのである。自己呈示は「何かの呈示（Etwas-zeigen）」に先立つものなのである。[23]〔強調は原著者による〕

メルシュによれば、パフォーマーが何かを示す演技をしたとき、表現される「何か」や表現する「意図」を超えるようにして、パフォーマー自身が呈示される。この自己呈示は、「何かの呈示」やその「意図」に先立つようにしてパフォーマーの身体に生じる。自己呈示は、何かや誰かを演じる通常の演技では観客に気づかれることはない。しかし何かや誰かを演じるよりも、自己の身体を観客の視線にさらけ出すパフォーマンス・アートでは、パフォーマーが自己呈示する側面が観客により明確に示される。

『画の描写』のウィレンスが自己の身体を観客に示すあり方は、メルシュの言う「自己呈示」に相当する。ウィレンスも自己の身体を部分ごとに示すだけで、部分の持つ何ごとかを示したり、部分を示すことの意図を示唆しない。ウィレンスが「何かの呈示」をせずに、身体の部分を一つ一つ示していくことで、観客は身体そのものが多様に「自己呈示」されることを知覚する。

このような自己呈示を、『画の描写』を振付けたシェトゥアーヌ自身も目指している。シェトゥアーヌは俳優との共同作業について——やや苦言を呈しつつも——次のように述べる。

俳優は観客に対して何かを与える、何かを生み出すために舞台にいると思いがちだ。何かを生み出すことなく、ただそこにいる、人間の単なるプレゼンスがあるだけで、舞台に何かが起きることを、俳優はわかろうとしないものだ。〈24〉

俳優は何かを生み出さずに、「今ここ」にいる状態にあるだけで、演劇的な何かが生じる。シェトゥアーヌはこの状態を「ゼロ状態（Null-Zustand）」〈25〉と呼ぶ。俳優はこのゼロ状態から、何らかの身振りや動きを行うのだが、その身振りや動きは特定の意味にならないまま、観客に示されるべきであると、シェトゥアーヌは主張する。このような特殊な自己呈示をすることで、俳優は自分の身体から多様な可能性を引き出すことができる〈26〉。『画の描写』のウィレンスの舞踊は、自己呈示としてのゼロ状態と多様な可能性を具体化したものである。ウィレンスはできるだけ特定の意味を伝えないようにしつつ、観客に自己をさらす。この自己呈示／ゼロ状態を経て、身体の多くの部分を多様な角度から示すことで、観客から多様な知覚を引き出そうとした。

このようにメルシュの理論とシェトゥアーヌの振付は身体の「自己呈示」を目指すことで、脱身体にならない身体表現の可能性を模索する方向で一致する。他方、両者は、この可能性が観客の受容プロセスにおいて不可能性に変わる現実を踏まえる点でも一致する。まずはシェトゥアーヌの考え方を確認してみよう。シェトゥアーヌは『画の描写』に関する発言で、舞台空間において身体が作り出す出来事と観客の受容とのあいだに「ずれ」があることを指摘する。

本来起きるべきものは、空間のどこに生じているのか。舞踊家のもとに生じているのか、それとも観客のもとに、あるいは観客と舞踊家のあいだに生じているのか。〔……〕これは〔……〕眼差しの問題だ。観客が見る身体は、舞踊家が踊る身体とはまったく違う。このあいだにはずれが生じている〔……〕。[27]

『画の描写』ではウィレンスが自己呈示の身振りをすることで、観客が紋切型の身体像の「眼差し」を持たないようにすることはできる。しかしシェトゥアーヌが指摘するように、観客が知覚するウィレンスの身体像は、「踊る身体」とまったく異なるものになりうる。そのとき観客はウィレンスの自己呈示そのものを見るよりも、自分が無意識に好む紋切型の身体像に当てはめて見ようとする危険性が浮上する。

このように自己呈示の可能性は、観客の受容のプロセスにおいて紋切型の身体像に変わることで、不可能性に転じうる。不可能性についてはプレゼンス論者のメルシュも認めている。メルシュは自己呈示が不可能性に向かうプロセスを次のように説明する。

> ただし私たちは象徴化によって、〔俳優身体の〕痕跡／気配だけしか捉えることができない。こうして痕跡／気配は記号へと戻ってしまう。というのも〔俳優によって〕自己呈示された身体は〔……〕、私たちによって解釈されるほかないからである。〔……〕呈示する身体の痕跡は、自己呈示と、〔解釈される〕何かとしての呈示とのあわいで戯れる。[28]

メルシュは、俳優・舞踊家の身体が、観客の内部において自己呈示（プレゼンス）と、解釈を経て記号化される身体像（不在）とのあいだで遊戯すると指摘する。つまり身体は、観客受容のプロセスにおいて記号となり、それがプレゼンスと不在とのあいだで「戯れる（spielen）」、すなわち措定せずに揺らぐと、メルシュは述べているのである。

不可能性を前にしたダイナミズムと葛藤

この揺らぎのなかで、観客が俳優や舞踊家の身体を「記号へ戻」してしまわないようにする試みによって、観客による脱身体化への抵抗が可能になる。抵抗の方法は、『画の描写』の観客受容のプロセスで検証したように、五感を活かした力学的な知覚方法である。ただしここで留意すべきは、このようなダイナミズムは一般的な意味での躍動性ではないことである。むしろそれは、アブセンス論者のカンパーやプレゼンス論者のメルシュが指摘したように[29]、俳優や舞踊家の身体が、観客の受容ではすでに「痕跡／気配」になり、それが記号化する手前において、観客がかろうじて抗うような抵抗である。従ってプレゼンス（自己呈示）と不在（脱身体化）とのあいだで揺らぐ際のダイナミズムは、不可能性に限りなく近い限界状況において生じるとみなすべきである。

受容の感性が活発になることで観客の内部でダイナミズムが作用する一方、観客は脱身体化からの脱却の可能性（プレゼンス）と不可能性（不在）のあいだで揺らぎながら、俳優／舞踊家による自己呈示が脱身体化へ向かう方向に対して、かろうじて抗う。このとき観客には、感性の活性化というダイナミズムに加えて、「ある」と「ない」の問題をめぐる葛藤も生じる。観客は、ウィレンスの身体を「自己呈示」に「ある」状態として受容しようとするが――自己呈示は記号に変わってしまうので――そのような自己呈示をありえ「ない」ものとして受け入れざるをえない。この現実に抗うために、観客は五感を活かして身体の痕跡／気配を「感じ取る」のだが、その試みは不可能性を前提にした上での抵抗にすぎない。観客が抵抗しながらも、抵抗の限界に直面するとき、観客の内部には感性のダイナミズムと共に葛藤が生じる。こうして観客は「ある」と「ない」をめぐる状況で感性的衝動と葛藤を感じるのである。葛藤は、脱身体化からの救出の可能性を模索しつつ、それが不可能である自己の限界を直視することによって生じる。

この葛藤ゆえに、観客の感性が活発になるダイナミズムは負の様相を帯びる。観客は身体の危機の解決というカタルシスに到達することはなく、可能性と不可能性とのあいだで揺らぐ宙吊り状態に留まる。この状態は、観客にとってポジティブな観劇経験にならないだろう。しかしこの宙吊り状態ゆえに観客には、葛藤を伴う「もう一つの」ダイナミズムが生じるのも確かである。それは、「ある」と「ない」の両極のあいだで、どちらかの極にも加担せずに、揺らぎ続けるときに生じる「対抗的衝撃」というダイナミズムである。第二章においてヨーゼフ・フォーグルの言う逡巡のダイナミズムを基にして指摘したように[30]、観客が「ある」か「ない」かのどちらかを措定できないまま、逡巡するようにして考え、迷い、葛藤をかかえるとき、両者のあいだで行ったり来たりすることで生じる「対抗的衝撃」が観客の内部で作動する。『画の描写』の観客は、身体が、脱身体化しない状態で「ある」のか、(記号化やイメージ化して)脱身体化した不在の状態に陥るかのあいだで、負の様相を帯びながら揺らぎ続けることで、見えないダイナミズムを作動させることができる。『画の描写』は、身体(プレゼンス)が脱身体(不在)となりがちな現代社会の問題をめぐって、観客を「ある」と「ない」のあいだで揺さぶり、観客に独特のダイナミズムを発動させたのである。

不在の美学における観客の感性的な側面の特徴は、第二章で指摘したように、従来のアブセンス論において軽視されてきた〈31〉。『画の描写』は、不在の美学の効果ゆえに、観客が「ある」と「ない」をめぐって感性的な衝動に駆られるプロセスを可能にする点で例証的な事例と言える。

不在の美学の上演が観客に喚起する感性的なダイナミズムは『画の描写』だけでなく、他の上演においても確認することができる。ただしダイナミズムが喚起されるプロセスは演出や演技によって『画の描写』とは違った様相を呈する。感性的なダイナミズムと葛藤のプロセスに多様な事例があることを検証するために、第七章と第八章で別の舞台作品を取り上げて検討する。

第七章

ネガティブな「ある」と「ない」のはざま

——クリストフ・マルターラー演劇の持続性と歴史的時間

はじめに——「不在」と「遅滞」の演劇

前章で取り上げたローラン・シェトゥアーヌの振付作品では「踊らない舞踊」が示されるために、観客は現れてはすぐに消える身体の「痕跡／気配」を高い集中力で掬い取ろうとする。その結果、観客は一般的な観劇の方法よりも多様で活発な感受性を働かせるので、観客の知覚が活性化されることを確認した。

しかし多様で活発な感受性にも限界がある。上演時間が二、三時間を超えると、観客は通常と異なる知覚方法で高い集中力を維持することがほとんどできなくなる。それどころか、演劇的要素が大きく欠ける不在を特徴とするがゆえに、観客はかえって退屈してしまい、集中すらできなくなる。この限界は、シェトゥアーヌの演劇活動みずからが示している。演出家として活動を始めたシェトゥアーヌは『ドン・カルロス』、『ファウスト　第二部』、『ダントンの死』などで三時間を超える演出作品を手掛けた。しかしその際、観客が退屈して途中退席することがしばしば起こり、批評家から「観客退散」の演出家と揶揄されてしまった[1]。このような批判を受けるにつれてシェトゥアーヌは活動を舞踊の分野に移行させ、上演時間が一時間程度の振付作品を手掛けるようになった[2]。「劇的」や「躍動感」などの一般的な演劇表現を削ぎ落とす不在の演劇性に基づき、観客に通常と異なる活発な知覚を発揮させる試みは、比較的短い上演時間でしか実現できないのである。

長時間の「不在」と退屈は、演劇上演に限定されない普遍的な問題でもある。ハイデガーは『形而上学の根本概念』において、辺鄙な街の駅のホームで次の列車まで四時間待たねばならない状況を取り上げて、人間は、不在の状況下での退屈な感覚から逃れられないと指摘した[3]。「今ここ」にほとんど何も起こらない状況が数時間も続くと、不可避な退屈さと苦闘せざるをえない。演劇や舞踊の上演でも数時間にわたりほとんど何も起きなければ――たとえその不在の状況が一時的に観客の関心を引くことがあるにせよ――観客がまったく退屈せずに強い集中力を維持し続けることはありえないだろう。

プレゼンスと不在を扱う本論において、ここに新たな問いが浮上する。長時間の演劇上演で不在の演劇的要素を用いるとしたら、観客の受容態度はどのようになるのだろうか。シェトゥアーヌ演劇のように、多くの観客が退屈し、集中力を発揮できないのだろうか。長時間でも観客に「ある」と「ない」をめぐって独自のダイナミズムが生じることはありうるのだろうか。

このような問いの考察に参考になるのが、クリストフ・マルターラーの演劇である。一九八〇年代後半から演出家として活動するマルターラーの舞台作品では、劇的な要素がほとんど示されないまま、上演が三時間から四時間ほど続く。その間、俳優は緩慢でミニマルな身振りを反復し、疲れたような様子をしばしば示し、ときに眠り込んだようになることすらある。これらの特徴ゆえにマルターラーの作品は「不在の美学」や「遅滞」の演劇と称されてきた〈4〉。それにもかかわらず多くの観客は舞台上のミニマルな出来事に集中し、劇場はしばしば笑いに包まれる。マルターラーの演劇は、不在の要素が強く、かつ冗長な上演にもかかわらず観客が活発に反応するという興味深いパラドックスを示す。

このパラドックスの背景には、プレゼンスと不在の特徴を巧みに活かした演出が重要な役割を果たしていると考えられる。マルターラーの演出では、一見すると退屈と思えるような、微細で、ミニマルで、緩慢な身振りが支配的な時間帯と、合唱が行われたり、滑稽な身振りで場面が活況を呈する時間帯が交互に現れる。つまり不在とプレゼンスが交互に現れる独特のコントラストによって、観客は長時間の上演でも退屈することなく、舞台上の出来事に集中することができるのである。マルターラーの演劇は、不在の美学を基本とした長時間の演劇上演でも、観客が集中力を維持できることを示唆する。

以下の考察では、マルターラーの演劇における不在とプレゼンスの状況と観客の受容プロセスを検討することで、長時間の不在の上演における「ある」と「ない」をめぐる受容のダイナミズムの特徴を明らかにする。とりわけ一九九〇年代に制作された上演では、不在とプレゼンスの状態が交互に顕著になる上演プロセスにおいて、観客の葛藤や自己矛盾などの否定性を帯びた受容の状況が生じる。マルターラー演劇の観客は、たとえ舞台場面を滑稽や茶番とみなして楽しむとしても、この否定性の問題と直面し続ける。ここにマルターラー演劇ならではの受容のダイナミズムが生じると考えられる。観客の内部で生じるダイナミズムは——プレゼンス編で紹介した観客受容の場合と同様に——上演がもたらす自己矛盾と直面するがゆえに負の葛藤と密接に関連する。本章では、マルターラー演劇ならではの「ある」と「ない」のあいだのパラドックスの特徴を二つの上演作品からつまびらかにする。

一　プレゼンスとアブセンスの強い否定性

音楽的・喜劇的充実と「不在の美学」

演出家クリストフ・マルターラー（一九五一年チューリヒ近郊エルレンバッハ生まれ）は、独自の方法で「音楽劇（Musiktheater）」の地平を開いた演劇界・オペラ界を代表する演劇人である〈5〉。チューリヒの音楽学校でオーボエやリコーダーを学んだ後、パリのジャック・ルコック演劇学校で身体的な演技方法を習得したマルターラーは、音楽と演劇双方に精通する演出家として従来にない音楽劇を作り上げた。例えば『ファウスト 1＋2』(ゲーテ作、一九九四年)、『カジミールとカロリーネ』(ホルヴァート作、一九九六年)、『三人姉妹』(チェーホフ作、一九九七年)などの戯曲の上演であれ、『ゼロ時間』(一九九五年)、『二〇世紀ブルース』(二〇〇〇年)、『美しき水車小屋の娘』(二〇〇一年)などの創作劇であれ、俳優たちがコミカルで非常にゆっくりとした身振りを繰り返しながら、楽器を本格的に演奏したり、美しい歌声を響かせて斉唱する。しかしどの上演もオペラ、オペレッタ、ミュージカル、合唱劇などの既存の音楽劇に当てはまらない。むしろマルターラーの音楽劇はさまざまな芸術ジャンルの隙間を縫うことにより、どの既成ジャンルにも限定されない音楽劇として異彩を放つ。

音楽的・喜劇的要素の表現が充実する反面、マルターラーの演出には不在の特徴も顕著である。マルターラーの俳優たちは上演の最初から最後まで舞台に居続けることが多いが、その姿は疲れ果てた様子で、長い時間何も語らず、茫然と前を向き、動かない状態でいる。たとえ動いたとしても、それは非常にゆっくりしており、躍動感からほど遠く、中途半端に終わる。その後も一定の時間を経て同じ動きが繰り返されるだけで、大きな変化も起きない。一九九〇年代から二〇〇〇年代初頭に至るまでのマルターラー演劇を一冊の本にまとめた劇評家クラウス・デアムーツは、これらの特徴を「不在の美学（Ästhetik der Abwesenheit）」と位置づけて、マルターラー演劇を次のように解説する。

マルターラーは**空疎な中空**を舞台に反映させることで、**不在の美学**を作り上げた。〔……〕『二〇世紀ブルース』に支配的な**空疎**は、世界の破滅と人間の滅亡についての絶望によって貫かれている。〔……〕マルターラー演劇では**疲労困憊**が永遠のテーマのように現れる。フェルナンド・ペソアの『ファウスト』改作やチェーホフの『三人姉妹』では、すでに戯曲からして登場人物が消耗しているが、マルターラーの演出による作品の舞台化では、それらの人物が**終わりなき疲労困憊**のアレゴリーにまで高められる。〈6〉〔強調は引用者による〕

緩慢な上演と二重の経験

このようにラディカルな不在の状況も含めて、マルターラーの演劇の上演はときに三時間から五時間も続く。一般的な演劇観（劇的・躍動感・白熱）からほど遠く、また冗長に続く上演にもかかわらず、マルターラー演劇は根強い人気を二〇年以上にわたり誇ってきた。ハンス＝ティース・レーマンは、マルターラーを含めた「ポストドラマ演劇」の上演が冗長に続く「持続的美学」ゆえに、観客を困惑させつつも、感覚的に魅惑する両面性について次のように述べる。

> **持続的美学**の要素は、現代演劇の多くの舞台で確認できよう。特に顕著なのは、ヤン・ファーブル、アイナー・シュレーフ、〔……〕クリストフ・マルターラーの舞台であるが〔……〕**時間の引き延ばし**は、ポストドラマ演劇の最も際立った特徴の一つである。〔そこでは〕**二重の体験**が起きる――観客はまず**困惑するが、感覚的に誘惑されたり、**まるで催眠術にかかったようになり、非常にゆっくりした時間の経過を感じる。[7]〔強調は引用者による〕

「時間の引き延ばし」によって舞台が冗長になると、観客は困惑するが、同時に魅了されもする。つまり困惑させたり、退屈を感じさせる危険性が十分にあるが、舞台はそれゆえに独特の魅力を発揮することができる。マルターラー演劇に代表される時間が引き延ばされる上演では、観客は拒否的になると同時に惹かれるという相矛盾する「二重の体験」をすることになる。

　この拒否感と魅惑の感覚が顕著になったのが、一九九三年にベルリン・フォルクスビューネ劇場で初演された『ムルクス――あのヨーロッパ人をぶっ殺せ！　あいつを殺せ！　あいつを殺せ！　あいつをぶっ殺せ！――愛国的な夕べ』[8]である。約二時間半続くこの上演では、一一人の俳優が一九八九年の社会主義体制の崩壊により落魄した旧東ドイツ人を演じているようにみえるが、最終的には正体が特定できない一一人がじっと黙ったまま、ときおりぼそっと切れ切れの台詞を独り言のように語るだけで時間が過ぎていく。彼らは、舞台に二列に分かれて置かれた机と椅子に腰かけて、大半の時間帯は無表情の顔つきで、ずっと座ったままでいる。

ほとんど目立った動きや出来事がない状況で、俳優たちは意味不明な台詞をつぶやいたり、同様に意味不明な身振りをする。台詞の語りや身振りを披露すると、俳優たちはふたたび動かなくなる。台詞や身振りに反応する他の俳優たちもおらず、舞台はふたたび不気味な静寂に包まれる。上演の大半が空疎ゆえに「居心地が悪く、不気味で、幽霊屋敷のよう」な「雰囲気」が漂うなかで[9]、一一人は疲れ果てた生気のない状態で最初から最後まで居続ける[10]。緩慢で空疎な状況が多くの上演時間を占めているので、観客はいつ退屈してもおかしくない。劇評家フランツ・ヴィレは、『ムルクス』の舞台に「退屈」とそれに対する空しい抵抗が感じられることを、次のように説明する。「退屈に抗おうとあらゆる手立てを尽くしても、くじけてしまう。あらゆる身振りが機械的に、強制的に繰り返されるなかで空疎となっていく」[11]。

しかし実際には観客はしばしば笑い、ときに会場全体が爆笑と拍手喝采に包まれる。観客は、空疎な雰囲気が色濃く漂うゆえに退屈してもおかしくない舞台に、魅了されてもいる。この不思議な魅力は大別すると二つある。一つは、一一人が一二曲ほど斉唱する際の独特の雰囲気である。彼らは疲れ果てた空疎な状態を醸し出したまま、斉唱によって美しい合唱の音色を響かせる。つまり一方で不在の様相を醸し出しながら、他方で「ライブ」ならではは表現を観客に印象深くアピールする。不在とプレゼンスの大きなコントラストが同時に介在する独特の雰囲気のなかで、観客は「困惑」すると同時

© David Baltzer

クリストフ・マルターラー演出『ムルクス』

俳優たちは塞ぎ込んでいるか、座り込んで何もしないまま同じ姿勢を保つ。このような状況が、斉唱以外の場面でしばしば見受けられる。

に「誘惑」されるのである[12]。もう一つの魅力は、長い沈黙や静寂の後、俳優が独り言のように小声でナンセンス・ジョークを語ったり、意味不明な身振りを繰り返す滑稽さである。その内容は「ナンセンス(nonsense)」であり、「意味のない(sinnlos)」不在を特徴としているが[13]、この不在と語り口・身振りとの組み合わせにより、観客は舞台のミニマルな出来事に対して大きな笑い声で活発に反応する。こうして『ムルクス』の観客は——シェトゥアーヌの振付・演出作品と異なり——大半が「空疎」から成る二時間半の上演にもかかわらず、笑いによって積極的に舞台に反応する。

差別とナンセンスに満ちたプレゼンス

このような不在とプレゼンスのコントラストゆえに、観客は、実際には「空疎」な雰囲気や「無意味な」内容が支配する長時間の舞台に集中することができるが、不在とプレゼンスの状況を詳細に検討すると、両者とも大きな問題を含んでいることがわかる。それは、プレゼンスの状況では排他的な愛国心、外国人差別、女性蔑視といった問題、不在の状況では死への願望や「ない」という状態への根源的な不安である。

まずはプレゼンスが中心の場面を確認してみよう。沈黙や何も起きない不在の雰囲気が舞台全体を覆うなか、その合間を縫うようにして、一一人は合唱を繰り返す。合唱をしても、最初の三〇分ほど彼らは生気を欠いたようにしてじっと座っている。しかし合唱を重ねるにつれて、ときおりではあるが、自分の席から離れて、他の者とコミュニケーションを取り始める。つまり合唱することによって、一時的ではあるが、生気を取り戻すかのようにみえる。こうして一一人は不在の状態から、「今ここ」を充実させるプレゼンスの状態に移行するかのようにみえてくる。

しかし合唱される歌の歌詞は、大半がドイツ人のナショナリズムを鼓舞し、戦争へと駆り立てる愛国歌である。愛国歌の次に多いのが、希死念慮を語る絶望の歌である。一一人が歌を歌うにつれて生気を取り戻す変化の内実は、死んでしまいたいと願う絶望（＝不在への願望）から間違った充足感（プレゼンス）への移行にすぎないのである。合唱される愛国歌のうち、一部の歌詞をここに挙げてみる。

憂いなきドイツ、汝はいまだ眠りにあるのか？〔……〕
目覚めよ、ドイツ帝国！
目覚めよ、ドイツ帝国！

（「憂いなきドイツ」より）

燃え上がれ！　燃え上がれ！〔……〕
我々が立ちはだかるのを見よ！　我々が立ちはだかるのを見よ！〔……〕
祖国よ、我々が聖なる仲間とともに、

汝の犠牲にならんとすべく立ちはだかるのを見よ！〔……〕
焔の兆しよ、あらゆる高みの上で輝きたまえ、あらゆる高みの上で
いかなる敵も汝を見て白旗を上げるようにするために〔……〕
まばゆい輝きよ！　まばゆい輝きよ！
我々が一対となって団結し
ドイツ人であることを、ドイツ人であることを
祭壇で誓言するのを見たまえ！

（「燃え上がれ」より）

前進だ！　前進だ！
若者たちは危険を顧みない
ドイツよ、立ち上がり、燦然と輝け
たとえ我々の命が尽きようとも
旗が我々を前進させる

（「旗が我々を前進させる」より）〈14〉

これらの三つの愛国歌はそれぞれ一六五〇年頃と一八一四年のドイツ語圏、第二次世界大戦後の東ドイツで書かれた。またそれぞれは、三十年戦争終了後の時代、ナポレオン軍の支配による神聖ロー

マ帝国消滅後の時代、資本主義世界と対立した冷戦時代という危機の時代を背景にして作られた。時代や事情が異なるにせよ、これらの愛国歌はドイツ民族を鼓舞せざるをえない状況で作られた。しかしナチス時代という忌まわしい過去や、ネオナチによる外国人襲撃が社会問題化した一九九三年の初演当時の状況を踏まえれば、成立時は看過されえた「ドイツ（人）」礼賛と周辺国への敵視は決して許容されるものではない。

舞台上の一一人が愛国歌を合唱することで活動的になってくる以上、合唱や合唱後にみられる彼らの動きや身振りは、由々しき問題を孕んだ表現《プレゼンテーション》であると考えざるをえなくなる。例えば「燃え上がれ」を二回目に合唱するとき、普段は互いに離れて、孤立したように座っていた一一人は、椅子から立ち上がり、一箇所に結束して観客を見つめて、これまでは見せなかった力強さで熱唱する。この一致団結した力強い合唱は、一見すると、観客を驚嘆させるほどの表現《プレゼンテーション》である。しかしこの演劇的表現は魅力を醸し出せば出すほど――歌詞の内容が愛国的な内容を含むために――その分だけ問題があるとみなさざるをえなくなる。「今ここ」に立ち現れる現象のプレゼンスは魅力と由々しき問題を同時に示すために、観客の側からみると「矛盾の葛藤（Zwiespalt）」を孕んだものとなる。

このように歌を歌い続けることで、一一人は生気を取り戻し、互いに意思疎通を行い始めるが、その際示される身振りは滑稽で、しばしば観客を笑わせる。しかし身振りを詳細にみれば、多くの身振り表現《プレゼンテーション》も、行き過ぎた愛国心や外国人蔑視、女性蔑視を動機とするものであることがわかる。例えば普段は上手手前に座っているニッカボッカ姿の老人（クラウス・メルテンス）は、二度目の「燃え上がれ」を歌い終えると、一時は仲違いしていた下手側手前にいる長身痩躯の男（ウエリ・イェギ）を熱く抱擁し同胞意識を強く示す。他方、ニッカボッカの老人は外国人風の若者（ブルーノ・カトマス）の頬を平手打ちすることで、愛国心の裏返しである外国人蔑視を露骨に顕し始める。若い女（オリヴィア・グリゴリ）も、この若者が自分に好意を寄せていることを知りながら、若者に足をかけて、何度も転倒させる。また長身痩躯の男は「私は身体を黒塗りにする」という歌の卑猥で人種差別的な歌詞に感化され、太目の女性（ハイデ・キップ）の前に何度も足を運んでボディビルディングのポーズを取り、自分のマッチョぶりを誇示する。

熱い抱擁、平手打ち、足の引っかけ、ボディビルディングといった身振りはいずれも滑稽な様相を呈するがゆえに、多くの観客が笑う。しかしこれらの行為は、行き過ぎた愛国心、外国人蔑視、女性蔑視を動機にしてなされる。生気を失った落魄者が活気を取り戻した状態で示す表現《プレゼンテーション》も、「今ここ」の演劇的現象の「充実（Fülle）」と判断するだけでは済まされない問題が含まれている。

不在の脅威

『ムルクス』では、「不在の美学」に基づく演劇的状況も強い否定性を醸し出す。強い否定性は、舞台上の出来事と、それに対する観客の反応から確認することができる。舞台上の一一人は、合唱と、上演の後半に起きる差別行為や嫌がらせ以外では、机にずっと座り、目がうつろな状態で、茫然と前を向いている。観客はこのような不在の状態をずっと見続けることは難しいだろう。一一人もの俳優たちがほとんど何もせずに座り続ける状態が、演劇上演で「今ここ」に何かが起きることを当然のように待ち望む観客の期待に応えないものだからである。実際『ムルクス』の上演では、一部の観客が舞台上の長い不在状態に耐えきれず、観客席を離れて、劇場関係者に殴りかかる勢いで抗議したことがあった〈15〉。このような強い観客の拒否反応が、不在の状態が観客にとっていかに否定的であるかを物語っている。

不在が観客や芸術作品の受容者にとって「脅威」であることは、『ムルクス』だけの特徴ではない。不在に対する否定的な反応は、二〇世紀芸術の不在の美学を象徴的に示すものと言える。文化論者のクラウディア・ベンティーンは、芸術作品における沈黙の意義の変遷を考察した論考において、沈黙は二〇世紀の芸術作品では「空疎（Leere）」や「脅威（Bedrohlichkeit）」として「経験される」と指摘する〈16〉。一九世紀までの芸術作品では沈黙は、それの裏返しである「雄弁」や「強度」、「充実」などの生産的な意味に置き換えて解釈することができたが、二〇世紀以降の芸術作品はそのような置き換えをさせず、不在そのものを経験させるようになった。『ムルクス』の沈黙や生気のない状態も、置換できない不在として立ち現れるために、強い否定性を伴う「脅威」や「空疎」が観客に感じられるのである。

ベンティーンは不在の強い否定性をマルターラーの演劇においても見出している。マルターラーが一九九六年にハンブルク・ドイツ劇場で演出した『カジミールとカロリーネ』(ホルヴァート作)の沈黙について、ベンティーンは次のように言及する。

マルターラーは俳優たちと共に、**息苦しく重苦しい沈黙**を作り出す。観客は、そのような感覚的に「つらい」状況に自分が囚われていることに気づく。同時に観客は自分の回りに座る者たちと共に、観衆という共同体がいわば威圧のなかに置かれていることを知覚するのである。〔……〕沈黙は、**破壊的な空疎**、一種の死の静けさであり、台詞が語られる演劇上演にて**異他的なものと**して立ち現れる。〈17〉〔強調は引用者による〕

『カジミールとカロリーネ』の沈黙は、観客にとって逃れようのない「息苦しく重苦しい」ものと感じられるほど「破壊的な空疎」であると指摘されている。脅威としての不在の特徴は、『ムルクス』にも当てはまる。舞台上の一一人が揃って生気のない表情のまま動かずにいるのを見続けていると、観客はその不在の脅威が観客席まで覆い尽くし、そこから逃れられない状況にあることに気づく。観客は脅威を感じるからこそ、舞台上に何かが起きることを強く期待したくなるのである。

フィッシャー＝リヒテが『パフォーマンスの美学』で指摘したように、演劇上演では完全な不在はありえない[18]。沈黙や不在のパフォーマンスとして知られるジョン・ケージの「四分三三秒」の公演でも、会場の外の雨音や観客の不満の声などが聞こえたのであって、まったく何も起こらなかったわけではない。『ムルクス』の一一人が見せる生気を欠いた雰囲気や無表情も完全な不在ではなく、それを彷彿させる表現にすぎない。にもかかわらず観客は、舞台上に何も起きないと不満に思い、何かが起きてほしいと望むようになる。だからこそ観客は、何らかの出来事のなかに滑稽さを見出すと、それだけいっそう大きく笑うのである。このプロセスの背景では、『ムルクス』の不在の状態が「脅威」や「破壊」として観客にリアルに差し迫っている。『ムルクス』の不在は、それが本来有する強い否定性を剥き出しにしたのである[19]。

二　観客の共犯者性

以上に検討したように、『ムルクス』の上演におけるプレゼンスと不在の特徴は共に強い否定性を帯びる。強い否定性ゆえに、観客は両者のどちらにも加担することができないはずである。舞台上の「今ここ」の現象を満たすプレゼンスの状況では、多くの場合、ナショナリズムを鼓舞する歌が歌われたり、外国人風の者や女性への嫌がらせの行為が行われる。観客は本来ならば、このような状況に積極的に加担して見続けることはできないはずである。

また不在の状況に対しては、先述のように、観客はそれを真に受け止めようとはしていない。観客は不在の「脅威」を強く感じるからこそ、やがて舞台上に何かが起きることを期待するようになり、その結果、不在の状況を無意識に「抑圧」する。こうして観客は不在そのものにも強く加担することはない。このようにプレゼンスと不在の強い否定性を考慮すれば、観客はどちらの状況にも加担せず、両者のあいだで中立性を保って舞台を見るのが、望ましい観劇となるだろう。

「共犯者性」

しかし実際には大半の観客は中立の立場から舞台を見ようとしない。それどころか、観客は「今ここ」の現象を満たすプレゼンスの状況を何度も笑ったり、拍手喝采をすることで、舞台に引き込まれていく。観客がいかに引き込まれているかについては、観客の笑い方からはっきりと見て取れる。ニッカボッカ姿の老人は外国人風の若い男を何度か平手打ちにすることで、観客を笑わせる。老人が平手打ちを一定の時間を置いて繰り返すうちに、観客は老人の動きを予想して、ふたたび平手打ちが行われるのではないかと期待して、笑い始める。老人が席を立ち、若い男のほうへ歩き始めるだけで、観客はクスクスと笑い始める。つまり観客は、老人が若い男に平手打ちをするだろうと期待するからこそ笑う。このとき観客は、平手打ちが外国人への暴力を象徴する身振りであることを等閑視する。

さらに観客は愛国歌の合唱にも魅了されていく。有色人種蔑視の内容が含まれる戯れ歌「私は身体を黒塗りにする」[20]や、愛国歌「憂いなきドイツ」の合唱では、俳優たちの非常に滑稽な身振りも相俟って、観客は爆笑したり、真に迫る熱唱に圧倒される。観客は内容に問題のある歌詞には共鳴しないであろうが、かといって拒否する姿勢を示すわけでもない。忌まわしい歌詞を含む音楽に無自覚なまま引き込まれているのである。

こうして観客は嫌がらせや差別、ナショナリズムといった由々しき問題を含んだプレゼンスの状況に積極的に加担することになる。ここにおいて、観客の潜在的な自己欺瞞が露呈される。大半の観客は、自分が偏狭な愛国者だとか、差別を許容する者だとは思っていないだろうし、『ムルクス』の上演を見ることでそのような問題を助長するとも考えていないだろう。しかしこの公演の副題は「愛国的な夕べ」であり、初演された当時のドイツではネオナチによる外国人への襲撃が社会問題とされていた。そのような社会情勢を背景にして、人々が「愛国的な夕べ」という催しに出かけ、ナショナリズムの合唱を聴き、それに引き込まれてしまう。右傾化の弊害に批判的であるはずの大半の観客が、愛国的な催しという立場そのものに共鳴しないにもかかわらず、結果として催しに積極的な態度を示してしまう。

このようにして『ムルクス』は観客を「愛国的な夕べ」の「共犯者」に変容させる。ハンス＝ティース・レーマンが論考「リスクの美学」において、演劇上演の観客が共犯者になりうる状況を、共同体のタブー破りとの関連性から論じている。太古の儀式では、共同体の秩序の維持のために人身御供すら許容された。さまざまな人々が一堂に会して儀式的な振る舞いをしていると、本来ならば抵抗を感じるはずのタブー破りの行為を共に行えるようになる。演劇は太古の儀式から独立して発達した芸術に属するが、現代演劇では意図的に儀式性を復活させて、観客をタブー破りの行為に巻き込むことがある。これについてレーマンは次のように述べる。

タブー破りの効果を十分に把握するには、受容者の心理も考察する必要があるだろう。演劇上演では共同性の状況ゆえに、観客に一種の**共犯者性**が押し付けられる。劇場では人が集まり、俳優と観客が儀式の場合と同じように一堂に会するので、観客は、舞台上で象徴的にさらけ出される侮辱的行為や殺害の共犯者になり、共同で行われるタブー破りの象徴的犯罪行為に感情移入し、引き込まれてしまうのである。〈21〉〔強調は原著者による〕

『ムルクス』の観客は、外国人風の若い男への嫌がらせなどの「侮辱的行為」に「引き込まれて」笑うことで、舞台上の「タブー破り」の共犯者になっている。もし上演中に観客が「共犯者性」を「押し付けられている」ことに気づけば、観客の内面では葛藤が生じる。観客は、嫌がらせが続く舞台の出来事を見続ける自分にも疑念をいだくからである。その際観客は次のような自問をすることになるだろう。差別や嫌がらせが堂々と披露される舞台を見て、ただ笑っているだけでよいのだろうか。それとも嫌がらせの場面を笑わずに、深刻に見届けるべきだろうか。あるいは観劇を今すぐにでもやめるべきだろうか。しかし観客が観客席を見渡せば、大半の観客がこのような疑念を感じることなく、楽しそうに舞台を見ている。すると自覚的な観客には、自分だけが疑念をいだいて舞台の出来事に懸念を示しても意味がないのではないか、むしろ他の観客と同様に笑って見ていればよいのではないかとも思えてくる。こうして観客は自分自身への疑念に駆られて次々と自問をしながらも、疑念を晴らす決定的な態度を見出すことができないまま、「逡巡」の宙吊り状態のなかで、観客としての自分と葛藤し続ける。

葛藤のダイナミズム

ここにおいて、『ムルクス』の不在とプレゼンスの状況がもたらす観客の内的なダイナミズムが顕在化する。このダイナミズムは、観客が「今ここ」に生じる出来事（プレゼンス）の内容を見る自分自身を問い直す「自省的な（selbstreflektiv）」問いかけから生じる内的葛藤である。他方で観客は、ほとんど何も起きない不在の状況だけに注目することはできない。先述のように、何も起きない状況が「脅威」であるがゆえに、観客は舞台上に何かが起きてほしいと期待してしまい、不在の状況から目を背けようとするのである。しかし『ムルクス』の舞台上で起きることは、差別や行き過ぎた愛国歌の熱唱などの問題行為ばかりである。「ある」と「ない」の両方の問題に自覚的な観客ならば、プレゼンスと不在の状況のどちらにも加担できない宙吊り状態のなかで、観客としての自己に対して葛藤を感じるのである。

この葛藤は、大半の観客がしばしば笑い続ける『ムルクス』の状況ではいっそう強くなる。周囲の者たちが笑い続けていると、自分もつられて笑うことがしばしばある。『ムルクス』の観客も、たとえ舞台上の出来事が差別的であるとわかっていても、つい一緒に笑ってしまうだろう。また一緒に笑えば、観客自身も愉快になる。そうして笑えば笑うほど、本来ならば重大な問題である差別やナショナリズムの問題がますます観客の関心から遠ざかっていく。笑いと愉快な状況への誘惑ゆえに、自覚的な観客はいっそう強い葛藤をかかえることになる。

この強い葛藤は、『ムルクス』が観客の内部に引き起こす負のエネルギーに他ならない。負であるがゆえに、ダイナミズムは観客に「カタルシス」をもたらすわけではない。しかし『ムルクス』、ひいてはマルターラーの演劇は、負の力を観客にもたらすことに可能性がある。マルターラーの演劇は笑いや合唱、豊かな音楽性を特徴としており、それゆえに多くの観客が魅了される。しかしこの魅力は、それが多くの観客を一様に魅了するがゆえに、そこに潜む問題を隠蔽する危険性を孕んでいる。このような「魔力」の危険性を観客に強く自覚させるために、負のエネルギーが必要となるのである。負のエネルギーがなければ、『ムルクス』の自覚的な観客ですら、大半の観客と同様にただ笑って愉快に感じるだけとなる。舞台上の「魔力」と、観客席全体を占める雰囲気に抵抗するために、『ムルクス』の観客に生じうるダイナミズムは強い否定性を帯びていなければならないのである。

三　歴史的変遷におけるプレゼンスとアブセンス

本章で最初に立てた問いに戻ろう。「今ここ」にほとんど何も起きない不在が長時間続く上演では、観客が集中力を維持できず、やがて退屈するだけなのだろうか。集中して見続けるとしたら、プレゼンスと不在をめぐる観客のダイナミズムはどのような様相を呈するだろうか。これらの問いに関して、マルターラーの『ムルクス』における観客の反応は示唆的である。観客はパラドキシカルな反応を示す。大半の観客は――シェトゥアーヌの長時間の上演とは異なり――二時間半続く上演でも、舞台に魅了されている。しかしそれは、内容に問題のある出来事を期待し、それを堪能し続けることで、不在の否定的側面を抑圧しているにすぎない。それは、シェトゥアーヌの『画の描写』の観客が、舞踊家の不在の身振りそのものに向き合って、それに集中し続けるのとは反対の姿勢である。また『ムルクス』の観客には、舞台に支配的な不在の状態をめぐって独特のダイナミズムが生じうるが、それは「共犯者」として舞台を見る自分との強い葛藤から生じる。このような自己矛盾や強い葛藤そのものは『画の描写』の観客には生じないであろう。『画の描写』の観客では、そのつど現れては消えるはかない身体の身振りを「感じ取る」ことが重要だったのである。

『ムルクス』のパラドキシカルな特徴のうち、否定的な側面を重視すれば、観客が長時間の上演のなかで支配的な不在の状況に対して——シェトゥアーヌの短時間の舞台作品では可能だった——集中度の高い感性を維持することは難しいと考えざるをえないだろう。この限界は『ムルクス』だけでなく、マルターラーの演劇全般が示唆している。それは、とりわけ一九九〇年代に制作された長時間の上演『カジミールとカロリーネ』（ホルヴァート作、一九九六年）などに顕著である。劇的に展開しないまま、上演が三、四時間続く舞台に対して、観客が集中して笑い続けられるのは、ときおり興味深い出来事が起きるからである。この出来事はミニマルで、静的であると同時に、差別や独りよがりな行為、ナンセンスな滑稽さに満ちている。ここにおいて不在とプレゼンスに対する観客のパラドキシカルな姿勢が露呈される。すなわち観客は——ベンティーンが指摘したように——長時間の不在を逃れがたい「脅威」や「つらい状況」と感じるのであり、それゆえにプレゼンスの状況を——内容に問題があったとしても——積極的に求めたくなるのである。

歴史という長い時間

長い不在に対する観客のパラドキシカルな立場は、上演を見る身体的・感性的限界と関係するのは確かであろう。感性を活かして細やかな出来事に長時間集中することは、身体的なコンディションに左右されることが多いからである。他方でこのような限界は、マルターラー演劇の場合、歴史哲学に重要な示唆をもたらしてもいる。マルターラー演劇では「ある」と「ない」をめぐる歴史観が主題化されてきた。『ムルクス』では一七世紀から東ドイツ消滅に至る歴史的事象に関連する歌が歌われることで、舞台は近代から現在に至るドイツの歴史的変遷の場にもなっていた〈22〉。『二〇世紀ブルース』は過去百年のドイツを回顧し、『ストリート・オブ・ザ・ベスト』（一九九六年）は東ドイツ時代の人々を甦らせるかのようにして登場させ、『グランディング――暗礁』（二〇〇三年）はスイス社会の状況を戦後から現在に至るまで辿っていった。いずれの上演でも、「ある」べきものとして期待される理想やユートピアは幻想としてしか現れず、実際に起きる出来事は挫折、失敗、失望、逃避、ごまかし、嫌がらせ、差別といった否定的なものばかりである。つまり長い上演時間のプロセスにおいて生じる不在とプレゼンスの問題は、舞台上で示される歴史のプロセスにおいても現れるのである。マルターラー演劇の長い上演時間は、舞台上で表現される歴史的変遷と密接に関わっているので、プレゼンスと不在の問題は歴史的時間と関連して観客に受容される。

『三人姉妹』における時間性と歴史

歴史的変遷との関連性が顕著に示されたのが、一九九七年にフォルクスビューネ劇場で制作された

『三人姉妹』（チェーホフ作）である〈23〉。モスクワ芸術座で一九〇一年に初演されてからおよそ百年後に制作されたマルターラーの演出作品では、初演時から百年後に至る歴史的な流れが、四時間にわたる長くて重苦しい雰囲気の上演のプロセスと関連づけられる。その際『ムルクス』の上演で顕著だった不在の強い否定性が、歴史的変遷とより密接に結びつけられて、観客に呈示された。観客は不在とその脅威を、長い上演時間と歴史的時間のプロセスの双方において強く感じることになったのである。

ここで『三人姉妹』のあらすじを簡単に確認しておこう。かつてモスクワに住み、現在はロシアの田舎町の邸宅に暮らす三人姉妹（オーリガ、マーシャ、イリーナ）とその兄であるアンドレイは平凡で退屈な生活に不満を感じ、故郷モスクワに戻る日を夢見る。そんななかモスクワから田舎町に赴任してきた軍人たちと知り合うことで、平凡な生活が華やぐようになる。オーリガとマーシャはヴェルシーニンに惹かれ、とりわけマーシャはヴェルシーニンと逢瀬を重ねて、凡庸な夫クルイギンとの満たされない生活の憂さ晴らしをする。イリーナは教職を目指して日々勤しむようになる。

しかしアンドレイが小市民的な女ナターシャと結婚したことをきっかけに、凡俗な夫に成り下がり、モスクワで大学教授になる夢を諦める。すでに教師として仕事をしていたオーリガは、仕事に意義を見出せなくなる。他方イリーナは教職に就かないまま、トゥーゼンバフ男爵との望まない結婚の決意をする。こうして華やぐかにみえた生活が平凡で退屈なものに戻るなか、赴任していた軍人たちが町を去り、モスクワに帰還する。モスクワという憧れの地に戻る希望がなくなった三人姉妹とアンドレイは、田舎町で平凡な日々を生きる以外に可能性がないことを痛感する。

マルターラーの演出による『三人姉妹』では舞台装置、台詞、身振り、人物設定において歴史を強く意識させている。戯曲では二〇歳代とされる三人姉妹を演じるのは、三〇歳代（オリヴィア・グレゴリ、イリーナ役）、四九歳（ハイディ・キップ、オーリガ役）、六九歳（ズザンネ・デュルマン、マーシャ役）の女優であり、また他の俳優も五〇歳代から七〇歳代がほとんどである。登場人物を演じる者たちが、長い人生という歴史を生きてきたような印象を与える。舞台は戯曲にあるロシアの田舎町の邸宅の様相を呈しているが、観客席から見ると、天井付近に二階部分の一部が見え、そこから踊り場のある長い階段が舞台背景を覆うようにして下まで取り付けられている。さらに舞台中央から下手にかけて大きな空洞がある。それは上演台本では「穴」〈24〉と呼ばれるが、舞台用語の「奈落」に近い不気味な空洞である。戯曲では「巨大な空洞（riesiger leerer Fleck）」という語が歴史的変遷と関連づけられるので〈25〉、舞台の空洞を歴史の終着点としての「奈落」とみなすことができるだろう。上演開始後、舞台下手に座るオルガン奏者がショパンの「プレリュード第四番」を非常にゆっくりと、メランコリックな調子で奏でるなか、俳優たちが天井から舞台まで続く階段を、音楽のテンポと同様にゆっくりとした足取りで降りてくる。真上から階下まで降りる俳優たちの歩みは、少しずつではあるが、確実に没落していく歴史的歩みを象徴する。

上演の冒頭の身振りが、歴史的歩みと、モスクワでの『三人姉妹』の初演時から現在に至る歴史的時間の流れを観客に強く感じさせる。戯曲と異なり、上演の冒頭では守衛のフェラポント役のウルリヒ・フォスが天井からゆっくりと階下に降りて、階段脇にある椅子に座って『三人姉妹』の本を上着のポケットから取り出して、台詞の一部を朗読する。それは本来ヴェルシーニンが上演途中で語る台詞のコラージュであり、次のようなものである。

私たちはきっと忘れるでしょう。それは運命であり、どうにもなりません。私たちに重要だと思えるものは、時と共に忘れ去られたり、つまらないものに思えてくるのです。〔……〕コペルニクスやコロンブスの発見は、はじめは余計なことや馬鹿げたことと思われたり、取るに足らぬ茶番が、変人によって真理であると記されたのではないでしょうか。私たちが折り合いを付けて送る今の生活も、いつか奇妙なものと思われるかもしれません〔……〕。〈26〉

俳優フォスはフェラポント役としてこの台詞を語るだけでなく、観客と同時代に生きる者として、およそ百年前に書かれた戯曲の内容を観客に訴えかけている。すると観客には、舞台の天井から疲れ果てた姿でゆっくりと降りて来て、自分たちと同じ高さにいる俳優フォスが、あたかも百年前からの歴史を歩んで来た者として過去を回想し、未来を予想しているように思えてくるのである。劇評家リュディガー・シャーパーは、マルターラー演出の『三人姉妹』の歴史的経過を次のように指摘する。

© David Baltzer

クリストフ・マルターラー演出『三人姉妹』

舞台手前に立っているのがアンドレイ。その右横にいるのがフェラポント。階段に座り込み、頰杖をつくのがマーシャ。彼女の夫クルイギンが後ろ向きの姿で「穴」や「奈落」と呼ばれる地下室を覗き込んでいる。

「二千年の歴史でしばしば行われたように、演劇はふたたび終着点に達したのだ。三人の姉妹はもう何も思い出せないと語ってはいるが、〔この演出では〕想起がつねに行われているのである」[27]。俳優フォスの下降の歩みと朗読の身振りにより、『三人姉妹』の観客は、沈みゆくように進んできた歴史の流れを、その「終着点」において「想起」することになる。

この歴史的経過は、過去から「終着点」の現在に至るだけでなく、現在から未来へ続くものでもあることが、舞台装置と身振りの工夫によって示される。舞台下手には柵の付いた歴史的な終着点としての「穴」が開いているが、多くの俳優が柵に立ち、不動の姿勢で「穴」を見つめる。第三部ではイリーナが「穴」に掛け時計を落としてしまい、舞台の奥底から大きな破裂音が鳴り響く。モスクワに戻る軍人たちとの別れの場面が示される上演の最後では、陸軍少尉のフェドーチクが自殺を図るかのようにして「穴」に飛び降りる。「終着点」にいる舞台上の者たちが未来へ向かうとしたら、それはさらなる下降であり、しかも次の到着点は死や奈落でしかないことが暗示される[28]。

このように過去から現在へ、現在から未来への歴史的経過が、天井から(観客席と同じ高さの)舞台へ、舞台から「奈落」への歩行と一致するようにして観客に示される。観客は舞台上の俳優たちとほぼ同じ高さに座っているので、舞台上の者たちと同様に自分たちの未来も「奈落」に続くことを予感させられる。さらに観客は、俳優の歩行に合わせて、何度も視線を天井(過去)から地下(未来)へのまで向けることになるが、この視線移動の反復によって、俳優たちの上(過去)から下(未来)への歩行が観客の感覚に馴染んでくる。そうするうちに観客は、下降の歩みが暗示する没落の歴史と人間の宿命が、自分に密接に関わるように思えてくる。

不在のプレゼンス

沈みゆく歴史的経緯は、上演の時間的な流れにも反映している。休憩をはさみ四時間以上続く上演では、演劇表現が限りなく削ぎ落とされた不在の要素がずっと支配的であるために、観客は長い不在の時間の重苦しさと葛藤する。この葛藤を通じて、観客は沈みゆく歴史の流れを痛感することになる。

『三人姉妹』における不在の経験は、『ムルクス』以上に強い圧迫感を観客にもたらす。『三人姉妹』の俳優たちは『ムルクス』の場合と同様に、登場人物の心理や感情を示さず、台詞を棒読みのように語り、ゆっくりとしたリズムで動く。しかし『ムルクス』と異なり、観客の気分を高揚させる合唱や、観客を笑いに誘う演出上の仕掛けが皆無に等しい。『ムルクス』の舞台にちりばめられていたプレゼンスの要素が『三人姉妹』では排除されているのである。それどころか『三人姉妹』ではむしろ不在の要素がプレゼンテーション化されている。例えばイリーナと陸軍中佐のヴェルシーニンは逢引の場面で愛の台詞を語り合った後、二人は共に舞台の「穴」を見つめてうなだれてしまう。語られる台詞はすぐに不在の「穴」に吸い込まれてしまうかのようである。また多くの台詞廻しが同様の印象を与える。感情の起伏を欠いて語られる台詞は、次の台詞や動きの前に沈黙の「間」が置かれる。この間によって、台詞は茫漠とした舞台空間に吸い込まれるような印象を残す。舞台上で示される身振りや台詞の大半は、観客に表現されるよりも、舞台上に漂う不在の雰囲気を強めるためにあるかのように思えてくる。こうして舞台上の出来事は表現《プレゼンテッド》されるためにあるのではなく、不在のためにプレゼンテーションが機能するかのような印象が強くなっていく。

この不在の特徴を最も色濃く表すのが、眠りの演出と身振りである。戯曲『三人姉妹』の第三幕は真夜中の場面であるが、マルターラーの演出では上演の最初から最後まで真夜中であるかのように照明が仄暗くなっており、しばしば本当に真夜中と思えるほどの闇が支配的になる。また多くの俳優は台詞や動きがないとき、椅子や階段に座ったまま目をつぶり、眠っているような印象を与える。劇評家ゲルハルト・シュターデルマイアーが指摘したように、舞台上の「全員が夢遊病者のように振る舞う」[29]。俳優たちはあたかも「夢遊病者」のまま台詞を語ったり、身振りを示していると思われるほどに、主体性や活力を欠いた不在の状態にある。

この不在の状態は、『ムルクス』の観客にもたらされた「息苦しく重苦しい」、「つらい状況」に相当するが、その重苦しさは『ムルクス』よりも強く観客にのしかかる。しかも『ムルクス』にあった合唱や滑稽な場面が定期的に現れないので、観客は『ムルクス』の上演よりもはるかに長い時間、不在の「破壊的な」「脅威」と対峙することになる。その際、観客は不在とプレゼンスとのあいだで葛藤する。ただしそれは、『ムルクス』の場合と異なり、長時間続く重苦しい不在と、切望されるが決して現れないプレゼンスの充実とのあいだでの葛藤となる。『三人姉妹』では合唱や滑稽な身振りがほとんど行われないまま、重苦しい不在が支配し続けるので、観客は「今ここ」の活気ある表現への期待を空しく持ち続けるだけとなる〈30〉。こうして観客は不在とプレゼンスのどちらにも肩入れできない宙吊りの状態に置かれる。不在の状況自体は観客にとって大変重苦しいので、受け入れることが困難である。他方、切望するプレゼンスの状況は上演の最後まで現れない。観客は耐え難い不在と、そのような不在のプレゼンスとのあいだで宙吊り状態になりながら、その状態と葛藤し続けるのである。

歴史的時間の経験

長時間の上演における葛藤と共に、観客には歴史的時間を経験する契機がもたらされる。観客は上演の重苦しい時間を経験しながら、先述のように、舞台上で示される空しい歴史的プロセスを目の当たりにする。すると舞台上の歴史的な言説や身振りと、上演時間の経験とが重なり合い、舞台の歴史的モチーフが観客にいっそう強く「実感」されるようになる。劇評家デアムーツがマルターラーの演出に「時代の変遷と、それと密接に関連する憂鬱な感情」〈31〉を見出したように、『三人姉妹』の観客は重苦しい上演時間と共に「憂鬱な」歴史的時間をも経験するのである。

上演時間と歴史的変遷の重なり合いによって、舞台上で語られる歴史のモチーフは観客にいっそう重みを増して響いてくる。上演が三時間半を超えたところで、三人姉妹の兄アンドレイは人生と町の歴史を顧みつつ、次のように語る。

僕の過去はどこへ行ってしまったのだ。まだ若くて、快活で、賢くて、現在と未来が希望に満ちていたあの頃はどこに。〔……〕どうして僕たちは生活を始めるや否や、退屈で灰色でつまらなくなり、無関心で無益で不幸になるのだろう。〔……〕この町は二百年も続き、十万人もの人が暮らしているのに、皆同じような者ばかりだ。功労者もいないし、学者もいない。芸術家すらおらず、情熱に向かって行動し、羨望の念を集めるような者もいない。〔……〕ただ飲み食いをして、眠るだけで、死んでいく者たちばかりだ。〈32〉

アンドレイは、自分と人々の生き方が「退屈で灰色でつまらな」いものであり、町の歴史は、みずから変わろうとしない人々の人生から成り立つと述べる。他方、町で実際に起きているのは、「飲み食いをして、眠るだけで、死んでいく」ことだけであるとも述べている。プレゼンスと不在の立場からみれば、町の歴史は否定的な不在に支配されていて、「ある」べき出来事は起こら「ない」のである。アンドレイの台詞には、『三人姉妹』の人々は、「ある」べきプレゼンスへの空しい願望と、それが事実上「ない」という不在との関係から成る歴史の「終着点」にあることが暗示される。

舞台上で語られる無為の歴史は、『三人姉妹』の観客に痛感されることになる。アンドレイの台詞と同様に、観客も不在が支配的で、あるべき出来事が起こらない長い上演を四時間近く過ごしてきたからである。ここにおいてプレゼンスと不在のパラドキシカルな歴史的変遷が、演劇上演において観客に経験可能になる。

一般的に演劇は、「今ここ」の出来事とその経験を特徴とする芸術ジャンルであると指摘される。反面、歴史の出来事そのものは、演劇上演では直接経験することはできない。仮に歴史的出来事が経験可能になるとしたら、それはせいぜい「追体験」されるだけであり、本当に経験されるわけではない。それゆえに演劇が、演劇ならではの特徴を活かして歴史的出来事を扱うことは、本来的には難しい。しかし『三人姉妹』では、上演の時間性と戯曲に描かれる歴史性が演出によって重ね合わせられたことにより、観客が自らの時間的経験に照らし合わせて、歴史の時間的経過を実感することができる。この実感は、歴史的出来事を直接経験することではない。しかし観客は自らの観劇経験によって──過去の事象を記録したメディア映像を受容するのとは異なる方法で──歴史的な時間性に「間近に」迫ることができる。演劇上演における歴史の経験可能性については、演劇学者ギュンター・ヘーグがさまざまな上演例から指摘している。ヘーグは、歴史の経験可能性が直接的なものではなく、「現在における歴史性の経験」であると留保した上で、演劇上演における歴史性の経験について次のように述べる。

歴史の条件における〔……歴史性の〕経験は、後世に生きる者の生において現在と過去が交錯する〔……演出や上演の〕時空間の構成によって可能になる。〔……〕歴史的経験は、過去との距離によって保障されるのではなく、後世に生きることのトラウマ的歴史継承に晒されることで生じるのだが、この経験は何よりもまず歴史的な遭遇である。遭遇のパトスにおいて、歴史の観察者は距離を置く立場を失う。そして今や自分が、統一的な歴史のイメージ、閉ざされた歴史物語、歴史の教訓といった安全な立ち位置から、潜在的な歴史の断片が未完のまま動いている状態に移行することに、歴史の観察者は気づくのである。〈33〉

観客は「歴史の観察者」としての「安全な立ち位置」を失い、歴史的事象が未完のまま動いている状態に自分が置かれているのに気づく。このような受苦（パトス）にある自分に気づくことが、演劇における歴史の経験にほかならないとヘーグは指摘する。『三人姉妹』では演出や舞台装置の「時空間の構成によって」、ほとんど何も起こらない上演の「今ここ」の時間性と、舞台上の歴史的な時間性が「交錯」する。観客は、長い不在の上演を苦痛に感じ、「安全な立ち位置」を失った状態に移行したなかで、現在と過去が交錯する時間性に自分が巻き込まれていると気づくとき、演劇ならではの歴史的時間が経験可能になるのである。

マルターラーの『三人姉妹』における歴史の経験可能性は、演劇のプレゼンスと不在についての探究に新たな地平を開く。「現在」を表す「プレゼンス」という表現に象徴されるように、両者の関連は、演劇の「今ここ」という現在性を重視して議論されることがほとんどである。これに対して『三人姉妹』や、近代から現代までの歌が歌われる『ムルクス』は、観客が経験するプレゼンスと不在の関係性が現在の次元だけでなく、歴史の次元においても議論可能であることを示唆する。

歴史的経験への地平が開かれたことにより、プレゼンスと不在のあいだをめぐるダイナミズムにも新しい視点がもたらされる。『三人姉妹』では四時間にわたる不在の状況が「破壊的な」「脅威」であったが、観客はこの持続的な不在そのものと直面し続けることで、葛藤というダイナミズムが生じた。『三人姉妹』と同様に不在の状況が支配的な『ムルクス』では、観客がその脅威から逃れたい願望と、差別や嫌がらせの行為が表現される舞台状況とのあいだで板挟みになり、葛藤のダイナミズムが生じた。いずれの上演も破壊的な不在が長時間にわたって支配的だからこそ、観客は葛藤する。このような葛藤が、演劇ならではの歴史的経験への洞察を可能にする。不在が長く続く演劇上演の経験は、観客の特別な集中力が続かない限り、重苦しく、ときに退屈にすら感じられるのは確かであろう。しかしこの重苦しさや退屈の経験は、『三人姉妹』や『ムルクス』の舞台が示したように、あるべき何かが起こらないまま現在に至る歴史的時間とも関連している。演劇の観客は歴史そのものを経験することはできない。しかし不在が長く続くからこそ、上演時間の経過が重苦しく感じられると同時に、歴史的時間の重苦しさも感じられるのである。この重苦しさとの葛藤を通じて、観客は少なくとも歴史の時間性を経験することが可能になる。歴史的事象は、経験論的に言えば、現在生きる者にとって「不在」であり、歴史的事象そのものは体験できない。しかし「今ここ」の不在の時間性を経験することによって、過去から今に至る歴史の「重み」は実感されうるのである。このような演劇上演における歴史的経験の可能性を、マルターラー演劇は、不在とプレゼンスをめぐる葛藤の経験を通じて観客に示唆したのである。

第八章
「不在の像」との「つきあいかた」
――マレビトの会のカタストロフィー演劇

はじめに

前章で取り上げたマルターラーの舞台作品よりもさらにラディカルな不在の状態を観客に呈示した上演が、二〇一二年の東京でみられた。それは、劇団マレビトの会の上演『アンティゴネーへの旅の記録とその上演』[1]である。この上演では、七時間にわたり俳優がほとんど何もしないまま立ち尽くすだけの不在の状態で観客に自己を呈示《プレゼント》する。舞台上に「ある」べきとされる期待と、「ない」という現実のあいだで揺らぐ観客の葛藤は、これまで取り上げてきた作品よりもさらに強い否定性を帯びる。このラディカルな否定性に、さらに別の強い否定性が加わる。それは、この上演が東日本大震災のカタストロフィーをモチーフとして制作されたことである。上演『アンティゴネーへの旅』は、俳優がほとんど何もしない不在の状態で自己を呈示《プレゼント》することで、観客に強い不在の経験をさせるだけでなく、カタストロフィーの破壊がもたらした不在の現実をめぐって観客にラディカルな問いかけを行うのである。カタストロフィーのモチーフが加わることで、「ある」と「ない」をめぐる観客の葛藤もいっそう破壊的で否定的となる。そのような葛藤の経験はどのようなものだろうか。この経験を可能にする俳優のラディカルな不在の自己呈示はどのようなプロセスで行われるのだろうか。本章ではこれらの問いを視野に入れて上演『アンティゴネーへの旅』を検討し、カタストロフィーを背景にした「ある」と「ない」をめぐる葛藤のあり方を明らかにする。

一　カタストロフィーの不在

二〇〇三年、劇作家・演出家の松田正隆を中心にして京都で結成された劇団「マレビトの会」は、発足当初は力強い身体性や台詞廻しが特徴の「プレゼンス」中心の舞台作品を発表していた[2]。しかし二〇〇九年に山口情報芸術センターとびわ湖ホールで発表された『Park City』以後の上演では、役や人物模様、語りの文脈や意図を排した不在の特徴を演劇空間に醸し出しつつ、舞台上に静謐な時間が流れる独特の「不在の美学」が顕著になった。身振りや人物設定などの演劇表現を欠いたまま、静謐な時間が淡々と流れていくことで、不在の持続性が観客に強く意識されるのである。

マレビトの会には、マルターラー演劇と比較しうる不在の持続性の他に、もう一つの重要な不在の特色がある。それはこれまでの舞台作品で広島と長崎の原爆の問題、チェルノブイリ原子力発電所の大事故、パレスチナの戦争などのカタストロフィーがテーマとされたにもかかわらず、テーマの核心(悲惨な「現実」、被害者や遺族の苦しみ、問題の原因など)が意図的に舞台上から排除されていることである[3]。例えば劇団員が現在の広島と原爆投下の問題を広島市で調査して、それを舞台化した『Park City』では、原爆投下の状況や被爆者の苦しみが俳優の台詞や演技によって示されない。むしろ広島というテーマを調べることで、カタストロフィーの問題からほど遠い日常を生きる現代人の現実や、調査する劇団員の無力が——演劇的表現を極力削ぎ落とした演出と静謐な時間の流れを通じて——観客に暗示される。カタストロフィーをテーマとしつつも、その具体的な内実を意図的に排することで、カタストロフィーそのものの状態を生きているわけではない大半の現代人が、それと無関係にみえる状態(=カタストロフィーの不在)とどのように向き合うべきかという問題が、観客に示されるのである。

最もラディカルな不在演劇

この問いかけが観客に最もラディカルに呈示されたのが、二〇一二年一一月に東京で上演された

『アンティゴネーへの旅　第二の上演』である。この上演は、東日本大震災と原子力発電所の事故によって甚大な被害を受けた福島の問題とソフォクレスの『アンティゴネー』をモチーフにして、国際演劇祭「フェスティバル・トーキョー」の会場（豊島区の元中学校の建物）で行われた。第二の上演は——同年八月から一一月初旬にかけてソフォクレスの『アンティゴネー』を東京、福島市、南相馬市の街頭で上演すると同時に、上演台本などの情報をインターネット上で公開した『アンティゴネーへの旅　第一の上演』を終えた後——一一月中旬の約一週間、元中学校の体育館と校舎に分かれて行われた。体育館では、一〇名の俳優たちが暗闇のなかで毎日七時間にわたり無言のまま、ほとんど動かずに立ち尽くすだけだった。劇団の主宰者・松田正隆によれば、俳優たちは第一の上演で経験した出来事を想起する際の身振りを示したのだが、俳優たちの手や足のミニマルな仕草や顔の表情から観客がソフォクレス作の『アンティゴネー』、大震災、第一の上演にまつわるテーマ、モチーフ、情報を読み取ることはまったくできなかった。

七時間も続く上演においてテーマやモチーフ、演出の明確な主張が示されないまま、俳優がただ「今ここ」に居続ける不在のあり方は、これまで取り上げてきたシェトゥアーヌやマルターラーによる不在の美学の作品よりもさらにラディカルである。シェトゥアーヌの振付作品では舞踊家の細やかな身振りや動きが観客の繊細で活発な知覚の活動を引き出していたし、マルターラーの演出では合唱や滑稽な場面が観客を魅了する側面があった。しかし『アンティゴネーへの旅　第二の上演』ではそのような表現すら欠いているので、観客は立ち尽くす俳優たちの微かな動きや身振りを、彫刻を眺めるようにして、数時間見るほかなかったのである。役、言葉、語り、演技、声、動き、舞台装置などの演劇的な要素を欠いたまま七時間も続く上演は、不在を基調とする演劇のなかで最もラディカルな部類に属する。

不在同然の観客

『アンティゴネーへの旅　第二の上演』の極度の不在について、ドイツ演劇論・演劇批評の新野守広は次のように描写する。

> 観客がいることを想定して開催された唯一の公演である「第二の上演」でも、どの俳優が「第一の上演」のどの役を演じたのか知らされない。「第二の上演」から「第一の上演」を再構成することは不可能だ。〔……〕感覚世界の出来事として体験できない演劇。それが今回の公演の興味深い特徴だろう。寺山修司の『盲人書簡』は観客とともに暗闇のなかで演じられたそうだが、マレビトの会の公演は**観客不在**のまま演じられ、観客は〔第一の上演の情報が掲載された〕Webに残された痕跡を頼りに、**あたかも目をつぶったまま手で触れて全体をつかもうとするかのような努力**を求められる。〔……〕ここには被災という現実のとらえがたさが表れている。

〔……〕Webに体験の痕跡のみ残すやり方を編み出したことで、被災という現実が当事者以外の者に投げかける倫理に触れる感覚があった。〈4〉〔強調は引用者による〕

新野は第二の上演について「感覚世界の出来事として体験できない演劇」ゆえ、観客は手探りで「全体をつかもうとするかのような努力を求められる」と述べている。その際、舞台上の不在があまりにラディカルだったがために、観客自体も不在になったような状態にされたとも指摘する。上演だけでなく、観客も不在同然の状態になるような経験をすることで、東北や福島のカタストロフィーが「当事者以外の者」から安易に遠ざけられてしまう不在の「倫理」的な問題を、観客に実感させた〈5〉。

「不在の像」との「つきあいかた」

カタストロフィーをめぐる観客の「倫理的な問題」と不在との関連は、松田自身が『アンティゴネーへの旅』の観客に問いかけようとしていた不在の問題に通じる。松田は同作品の「創作ノート」において、戯曲『アンティゴネー』のモチーフに重ね合わせながら、「私たち」が大震災という「取り返しのつかない出来事」を「見失っている」という不在の問題を指摘する。『アンティゴネーへの旅』は、「私たち」がこの不在の問題、すなわち「不在の像」と向き合うための上演であると述べる。

この作品では、今日のインターネットやマスメディアによって共有可能になる公衆の意識、あるいはこの世界の現実の与えるさまざまなイメージと、常に出来事はすでにどこかで起きており私たちはそれに事後的に付き合わざるを得ないという場合の、その**過去の取り返しのつかない出来事との関わりようを問いかけたい**のである。〔……〕あの〔＝『アンティゴネー』の〕盲目の予言者テイレシアスが述べたように、私たちはいま見えることでいまだに見えないでいることに気づいていない。見えるものによって、過去の出来事を見失っている。〔……〕しかし、それら「不在の像」は、私たちのいる場所にイメージ（映像や想像、そしてイメージを喚起する言葉）として紛れ込みほとんど見分けがつかない。〔……〕私たちの身体はそれら「**不在の像**」**とのつきあいかた**を多様化する必要に迫られている。〈6〉〔強調は引用者による〕

松田は大震災に関する「イメージ」のなかで、マスメディアやインターネットを通じて共有可能なものとは異なる「いまだ見えない」「不在の像」を重視して、この不在との「つきあいかた」を模索することを観客に促す。ここにおいて不在とプレゼンスに関する重要な問いが生じる。『アンティゴネーへの旅』の観客が「今ここ」のプレゼンスの状況において、「不在の像」と「関わり」合い、カタストロフィーの問題と向き合うとしたら、そのプロセスはこの上演においてどのようなものになるだろうか。

この問いは、観客の葛藤の経験という本書の問題設定にも通じる。というのも普段見失っている「不在の像」と向き合うという困難な「問いかけ」は、台詞・演技・演出がほぼ皆無である「不在」の上演に直面する観客に対して——不在が二重に重なるがゆえに——いっそう重みを増すからである。この上演の観劇経験に葛藤が伴うものであることについては、松田自身あらかじめ予想していた。

死んでこの世にはいない人々の言葉は私たちには理解できない言葉だろう。それを私たちの言葉へと翻訳するときには、**私たちのなじみ深い母なる言葉は壊され**、まるで見覚えも聞き覚えもない異国の言葉のように響くだろう。〈7〉〔強調は原著者による〕

「不在の像」がたとえ理解できないにせよ、それでも「私たちの言葉へ翻訳」しようと試みるとき、観客の「なじみ深い母なる言葉は壊され」る。この言語の破壊が、『アンティゴネーへの旅』の観客が不在の像と関わるときの葛藤の一つと考えられる。ここに新たな問いが生じる。このような言語の破壊や葛藤の内実はこの上演においてどのような様相を呈するのだろうか。またこのような葛藤の経験は、カタストロフィーをめぐる観客の問題とどのように関連するのだろうか。本章はこれらの問題に取り組むことで、観客が不在の演劇経験を通じてカタストロフィーと向き合うあり方を問う。

二 「不在の像」＝不可視の像

これらの問いを探究するために、観客がいないことを想定して東京、福島市、南相馬市などで行われた第一の上演についての基本情報が必要となる。というのも、第二の上演では俳優が第一の上演の出来事を思い出す姿を観客に見せていたので、第一の上演は第二の上演において――それがたとえ第二の上演の観客に不可視となったにせよ――重要な役割を担うからである。

第一の上演

第一の上演は二〇一二年八月から一〇月にかけて東京、福島市、飯舘村、南相馬市の街頭などで行われた。それに先立ち、松田と、マレビトの会の制作者・森真理子は東日本大震災後、福島県を中心に定期的に実地調査を行い、第一の上演を行う場所を定めていった。福島県では、福島駅周辺、南相馬市の映画館（朝日座）、民家、空き店舗、小高地区海岸、相馬野馬追の祭場地などが上演場所に選ばれた。このような制作準備を経て、二〇一二年八月から、松田やマレビトの会の制作スタッフ、俳優たちがあらかじめ台詞と場面設定を考え出して、現場で寸劇を次々と行った。寸劇は次の四つの物語や人物を組み合わせたものから成り立つ。一・劇団パトリオットが「一人の盲人のために」『アンティゴネー』の上演を試みる。二・「息畝実」という名の青年が、新宿の本屋でアルバイトをしつつ自己流で『アンティゴネー』を執筆する。三．高円寺の食品会社に勤務する男女の物語。四．街頭での上演中に、白装束で現れては消える正体不明の女の物語。第一の上演は、これら四つの物語や人物が重なり合うような寸劇形式で、各地で行われた。その際用いられた台本と上演場所の情報は、各地での上演の前にインターネット上で公開されていたので、観客があらかじめ台本を読み、上演場所に赴いて、寸劇を見ることができるようになってはいた。ただし実際には数名の観客が立ち会っただけだったり、観客がまったくいないまま寸劇が行われることもあった。松田と劇団としては、観客が立ち会おうとなかろうと第一の上演を行うことが肝要であり、上演経験を踏まえた俳優の身体を第二の上演において観客に呈示しようと考えていた〈8〉。

筆者が同年一〇月一三、一四日に立ち会った南相馬市と飯舘村での各上演は、大震災の死者を弔う鎮魂劇の様相を呈しており、（大震災が起きなかったとしても）過疎化していく地方都市の問題を炙り出した〈9〉。その本格的な上演は、インターネットで公開された台本や、第二の上演の会場で入手可能だった第一の上演の記録集から読み取れる茶番劇風の軽々しさとはまったく異なる深刻な雰囲気を帯びていた。とりわけ大震災の津波によって橋や公園施設が破壊されたままの状態の海岸で上演されたのは、荒い波音を背景にして、アンティゴネー、イスメネ、劇作家「息畝」が登場して、アンティゴネーが亡き母のいる黄泉の世界へ向かおうとする「劇的」な場面だった。松田はこの場面について次のように描写する。

南相馬での上演は、息畝実の夢の中という設定だが、これまで路上で積み重ねた上演とは違って、より劇的なものだった。特に、この上演でのハイライトは、海辺での場面だった。かつて津波が押し寄せた海と再建中の火力発電所の廃墟を背景に出演者たちが立ち、息畝の書いた戯曲を読む。息畝は拡声器を用い、声を発する。アンティゴネー役の芋名賀りえ（役名）が同じ言葉を繰り返す。波の音が二人の声と重なり合い、敢えて劇的な空間が演出された。〈10〉

上演が行われた場所は海岸公園の浜辺だった。浜辺には、いみじくも古代ギリシア劇舞台を彷彿させるオルケストラの円形広場があり、そこで俳優たちはアンティゴネーが黄泉の国へ向かう場面を上演した。円形広場の背後には、大津波の爪痕が残る公園施設の「廃墟」と東北電力発電所があった。このような「劇的な空間」のなかで、台詞の一節をそのつど反復する俳優たちの声と、寄せては返す「波の音」が互いに「重なり合」う〈11〉。上演に立ち会った演劇学者ギュンター・ヘーグは、演出の工夫によって、南相馬という街が「歴史のエコー空間に変容した」と指摘した〈12〉。「劇的な空間」や「歴史のエコー空間」に変容した街の姿は、インターネット上で読める台本の内容からまったく読み取ることができない第一の上演の特徴を端的に表している。

マレビトの会『アンティゴネーへの旅の記録とその上演』第一の上演

2012 年 10 月 14 日に南相馬市の原町シーサイドパーク内にある海岸にて行われた第一の上演。中央右に古代ギリシアのオルケストラを彷彿させる広場がある。そこに立っているのがアンティゴネー（右、「雲雀うめ美」）とイスメネ（左、「吉本ミカ」）である。二人の演技を見届けているのが「劇作家」の「息畝実」（手前左）と「演出家」の「大木桃子」（手前中央）である。左後方に東北電力火力発電所が見える。

このような「劇的な」第一の上演は、『アンティゴネーへの旅　第二の上演』において観客にはまったく示されなかった。第一の上演では「今ここ」の出来事性、すなわちプレゼンスの要素が重要だったが、第二の上演ではそのような演劇的特徴がすべて「不在」と化していた。

第二部の上演は二〇一二年一一月一五日から一八日にかけて毎日七時間、元中学校の体育館と校舎[13]に分けて行われた。体育館では一〇名の俳優が暗闇のなかで無言かつ不動のまま立ち続けて、第一の上演で起きた出来事を想起した。観客は上演時間中、体育館に自由に出入りして、歩き回ったり立ち止まったりして、いつでも入退場することができた。しかし観客が体育館に数時間居続けてある俳優の傍にじっと立ち続けて、その姿を見続けたとしても、俳優の身振りから、南相馬や東京で行われた具体的な出来事を思い浮かべることはできなかった。俳優が福島の出来事について思い起こす内容と、その際に観客に示す身振りにはまったく関連がないので、観客は脈絡がまったくわからない身体の微かな動きを見続けるだけだった[14]。例えばアンティゴネー役と、その役を演じる女優「雲雀うめ美」役も演じる牛尾千聖は、福島市で遭遇した出来事を示すとき、「手首のそりをあげ」たり、「口を軽くあけ」たり、「左に向きをかえ」たり、「顔、右を向く」身振りを観客に示すが[15]、観客にはその身振りから福島市での具体的な出来事や、戯曲『アンティゴネー』との関連をまったく想像できなかった。そもそも身振りが何を意図して行われているかが、観客には皆目わからなかったのである。

文芸批評の星隆弘は俳優の意味不明な身振りについて次のように描写している。

舞台に立ちつくす俳優たちは、その通りに立ちつくしている。〔……〕彼らの演技は極端に抑えられていて、目や唇の微細の動き、表情、仕草には観客が読み取ることができる文脈の情報が欠如している。台詞を発してもほとんど聞こえないので、それを聞き取ろうとするなら、観客は俳優の口元まで耳を近づけなければならない（筆者の観劇中そこまでする観客はいなかった）。もちろん、発声された音を正確に聞いたところで、意味や文脈を聞き取れるとは限らないが。〈16〉

観客がたとえ俳優に触れるほど近づいて耳を傾けたり、凝視しても、「意味や文脈を聞き取」ることができないほど、俳優の身振りに「情報が欠如してい」たのである。

プレゼンスと不在のあいだの宙吊り

観客は俳優というプレゼンスを前にして、その細やかな動きを見続けながらも、意味や意図がわからない不在の状態と対峙する。そのプレゼンスの状態だけを見続けることは——すでに稽古の時点で劇団員が予想していたように——観客を「あまりに退屈」させるだろう〈17〉。他方、戯曲『アンティ

© 田村友一郎

マレビトの会『アンティゴネーへの旅の記録とその上演』第二の上演

上演空間は元中学校の体育館。中央に「演出家」「大木桃子」が立っている。スポットライトが当たるほとんどの者たちが「マレビトの会」の俳優であるが、一部は観客である。俳優であるか観客であるかの差が判別しづらいほど、俳優は一般的な意味での演技を放棄して、観客と変わらない状態になっている。

ゴネー』や大震災というカタストロフィーに関心をいだく観客が、俳優の身振りからこれらのモチーフに関する何かを想像することはほとんど不可能である。仮に想像したとしても、それは、俳優の想起する出来事と一致することはなく、結果として観客の恣意的な空想にすぎないだろう。

こうして観客はプレゼンスと不在の状態のどちらにも加担できないまま、両者のあいだで宙吊り状態に置かれる。この状態において観客は俳優の「微細の動き」を見続けると、必然的に動きの一つ一つが何を意味するのかを問わざるをえなくなるが、問いの答えは見つからない。そのようにして俳優の身振りを見て考えたり、問いを発し続けていると、この上演を見ることの意義そのものを疑問視せざるをえなくなる。観客は答えのない自問を次から次へと繰り返すことで、上演を見ることに葛藤をかかえるようになる。

「終わりなき問い」の葛藤

このような揺らぐ状態での葛藤は、第二章で取り上げたヨーゼフ・フォーグルの「逡巡」の状態に当てはまる。フォーグルは、「知的に機敏」ではあるが、精神を病んだ女性が脈絡を欠いたまま、自分の周囲の状況について延々と問い続けるありようを次のように述べる。

逡巡は、疑念や思い悩みに止めどもなく駆られるときに、極端なかたちで立ち現れる。逡巡は、無意味な動機と組み合わさることで、結論に至らないまま、終わりなき問いをひたすらに立てる状況に陥る。知的に機敏な女性を例に挙げよう。彼女は通りに出ると、次のような問いを立てずにはいられなくなる。「誰かが窓から落ちてきて、私の足元へ倒れ込んで来ないかしら。その人は男だろうか、女だろうか。怪我だけで済むだろうか、それとも死んだりしないだろうか。頭か足に怪我がないだろうか。歩道が血だまりにならないだろうか。もし死んでいたとしたら、それをどうやって確認したらよいのだろう。助けるべきか、逃げるべきか、お祈りを捧げるべきなのか。現場を立ち去ったことで、私は訴えられるのかしら。私の無実は証明されるだろうか……」。〈18〉

ほとんど動かない俳優を前にして、ためらいつつ自問する観客は、「無意味な動機」から「終わりなき問いをひたすらに立てる」女性に近い状態にある。例えば観客が、俳優の身振りから次のような問いを立てたとする。「右を向くのはなぜだろうか。鼻を軽くおさえて息をすったが、それはどういうことか。突然しゃがんだが、この人は疲れたのだろうか。〈ふう〉とため息をついたが、第一の上演を思い起こして、悲しくなったのだろうか。〈ああ〉と言って、右に頭を垂れたが、これも悲しみを表しているのだろうか……」〈19〉。目の前に立つ俳優の身振りから、このような問いは次々と立てられるが——身振りと想起の内容に関連がない以上——確実な答えは見出されないし、問い自体が「無意味な動機」から発せられることになる。

このような答えなき問いを立てつつ、揺らぎ続けることで、観客の内部にいわば「空回り」の動きが生じる。これは観客には葛藤と感じられるであろうが、フォーグルによれば「逡巡」の「ダイナミズム」なのである。フォーグルは、「終わりなき問いをひたすらに立てる」女性には「理論的または理論化する情熱」が生じていると指摘する。終わりなき問いを立てることは、ある出来事や行為の根拠を解明したり、その帰結を明らかにするわけではない。しかし終わりなき問いには、その女性個人に特有の「理論化する情熱」、すなわちダイナミズムが生じている。フォーグルは、一般化することはできないが、特定の個人の内部にだけ生じるダイナミズムというものが「個人的な事例ないしは問題」として存在すると指摘する[20]。第二の上演で戸惑いつつ、問い続ける観客の内面にも、本人にのみ当てはまる「個人的な」「情熱」が生じるのである。この情熱はまた、有意義な行為に至らないまま空回りし続けるだけなので、「デモーニッシュな魅力」に誘われるようにして「永遠に没落する」自己破壊性を伴う[21]。

松田が『アンティゴネーへの旅』で目指していた「不在の像」との「つきあいかた」と、「なじみ深い言語」が「壊される」衝撃は、これまで述べてきた第二の上演の観劇経験において推しはかることができる。「不在の像」とは、第一の上演で俳優たちが行った東京や福島での出来事について、第二の上演で彼ら自身が自分の脳裡に思い起こす追憶の像である。追憶の像は、第二の上演に立ち会う観客が想像する内容と一致することはなく、観客から遠ざけられたまま、俳優たちの内部に留まる。俳優が想起する像は、観客にとって「不在の像」となるのである。

こうして観客は俳優の身体存在というプレゼンスの傍に居ながらも、俳優が第一の上演やモチーフとは無関係に行う表現、すなわち「不在の像」との「つきあい」をすることになる。このとき観客は——先述のように——「無意味な」問いや、そもそもこの上演を見る意味があるのだろうかという強い疑念に駆られる。この強い疑念は、観客としてのアイデンティティをも激しく揺さぶるだろう。というのも、演劇を見て感じたり考えたりする「なじみ深い」観劇の習慣が、「破壊され」るからである。

「不在の像」との「つきあい」とは、観客のアイデンティティを根底から覆す自己破壊の経験なのである。この破壊性ゆえに、観客に生じる葛藤というダイナミズムも強い否定性を帯びることになる。

三　孤立者の「パッション」

不在へ引き寄せられる

第二の上演において観客が「不在の像」との「つきあい」によって独特の葛藤をかかえたことは、

劇評にも記されている。この葛藤は、フォーグルが「知的に機敏」な女性を例にして指摘した、本人に特有な「情熱」と関連している。例えば劇評家・前田愛実が「第二の上演」の「何も起こらない」不在の状況ゆえに失望感を覚えた後、「気をとりなおして」俳優の側で何かを感じ取ろうとした。そのとき生じた経験は次のようなものである。

気をとりなおして自分も「雲雀うめ美〔……〕」役の俳優に近づき、声を聞き取ろうと努力してみる。そしてしばらくその囁きに集中していたら、突然、自分の意識より先に、何かを感じる暇もなくただ発作のように胸がつまり、落涙していた。…これはなんなのか？〔……〕権力に抵抗し死者を弔おうとしたアンティゴネーに重ねて冷静に反芻すれば、原発を継続しようとする勢力への強い反発、母国を放射能で汚染した施政者に対する恨みが一滴、涙としてふいに飛び出たものだったのだろう。〔……他方では〕瞬時に沸いたものは、〔……〕自分自身にふりかかってきたものを払うために絞り出すのと同様の、せっぱつまった、我がことの涙だった。表面張力状態の水面に落ちる一滴のような衝撃で、震源へと連れ去られたような気がする。あのように、さらわれるようにあちら側に取り込まれた経験はない。〈22〉

観客の、個人に特有の葛藤は、前田の場合、落涙である。前田は傍らにいる俳優から「声を聞き取ろうと」すると、「せっぱつまった」ようになり落涙する。落涙は、その瞬間、本人にも説明できないような葛藤から「発作」的に生じる。前田はこの説明不可能な出来事を後日思い起こして、それがアンティゴネーの「恨み」と原発事故の要因に対する「恨み」を重ね合わせたがゆえに起きたと考えて、説明不可能なものを説明可能にしようと試みた。しかし他方で前田は、感涙は理由づけができない「我がことの涙だった」と述懐し、感涙が個人に特有の葛藤であることを改めて認めている。

このような葛藤は――フォーグルが「知的に機敏」な女性を例にして述べたように――説明できないほどに個人的だが、それでも説明可能にしようと試行錯誤する「理論化の情熱」に当てはまるだろう。また前田は「さらわれるようにあちら側に取り込まれた」と述べているが、これは、「デモーニッシュな魅力」に誘われるような「受苦」の側面を示しており、この点でもフォーグルの言う「情熱」と同様である。

「さらわれるよう」な情熱は、前田が一度は会場を立ち去ろうとしたが、「気をとりなおして」、「俳優に近づき、声を聞き取ろう」としたことに端を発する。つまり情熱は、何も演じないまま立ち尽くす俳優の不在の状態を退屈と思わずに、引き寄せられるようにしてその存在に近づこうとする観客自身の積極性と受動性とのパラドキシカルな競合によって可能になるのである。情熱は、ほとんど何も示さない不在を積極的に受苦するパラドキシカルな姿勢に表れるのである。ただしこの情熱によって有意義なものを感取できるわけではないので、観客は俳優の存在の傍に居ながら、不在を前にしていることに変わりない。にもかかわらず前田はそれでも声を聞き取ろうとする情熱をいだくのである。前田は、不在状態の俳優に積極的に向かおうとする志向を示しつつ、実際に何か明確なものを感受するわけではないので、俳優にただ寄り添うだけの受け身の姿勢を晒す。このとき観客は積極性と受動性の両方の側面をみずからの姿勢において示す。

第二の上演において不在へのパラドキシカルな姿勢が観客に表れたことは、他の劇評でも確認することができる。美学研究・美術批評の高嶋慈は、たとえ不可能であったとしても、俳優の不在から何かを「感取」しようとすることに可能性があると指摘する。

通常の演劇作品の上演としては、〔第二の上演の〕七時間という上演時間は長大かもしれない。だがそうした声なき声を聞き取ろうとする状態に身を置き慣らすには、それだけの持続が必要なのではないか。〔……〕声なき声を感取しようとする、「第二の上演」の濃密な時間はまた、死者たちに寄り添おうとしたアンティゴネーの言葉へと通じる時間ではないだろうか。〈23〉

「声なき声を感取しようとする」高嶋の謂いは、前田の「声を聞き取ろう」とする試みと同じである。高嶋も前田も、俳優の不在の状態にあえて付き合う積極性を示すと同時に——積極性を明確な解釈などの生産的な能動行為に発展させることなく——じっと黙って「寄り添」う受動的な態度を貫くのである。

「パッション」―「秘密」―「孤独」

明確な何かを感取することはできないが、それでも不在と付き合う志向性を、ジャック・デリダがエッセイ『パッション』において情熱・秘密・孤独との関連から論じる。デリダは、解釈が際限なく広がっていくほどのオープンな形式ゆえに「秘密」と同然となる文学作品を例にして、作品は秘密の特性ゆえに受け手を惹きつけると述べている。惹きつけられるとき、作品の受け手に情熱が生じるのである。

> 秘密は私たちの心をとらえて離さない（passionner）のだが、それはどんなときだろうか。それは、次のようなときである。つまりまず、あるテクストの意味について、あるひとりの著者の最終的＝究極的な意図や志向に関して、あらゆる仮説が限度なく、無限なまでに許されているときである。〔……〕登場人物、語り手、文章は、その源泉と思われているものから分離して、隠れたままとどまるのである。〔……〕また、その秘密の呼びかけが、それでも他のもの＝他者（l'autre）に、あるいは他なるもの〔autre chose〕に送り返すときである。そして、まさにそのこと自体が、私たちのパッションを刺激して気をそらさず、私たちを他のもの（l'autre）

に結びつけておくとき。そうしたとき、秘密は私たちの心をとらえて離さない。〈24〉

第二の上演において立ち尽くすだけで不在同然の俳優が、前田や高嶋のような観客を惹きつけるとしたら、そのとき俳優はデリダの言う「秘密」の状態にある。俳優は第一の上演の出来事を想起しているが、その際示される身振りは出来事を反映や暗示しないため、想起の像は「隠れたまま」となっている。さらに俳優の示す微細な動きは、出来事との関連や表現の根拠を欠いているために、観客の解釈を「無限なまでに許」す。俳優の身振りに何らかの根拠や意味が「隠れたまま」であると同時に、確固たる根拠なき解釈が「無限なまでに」許されるとき、観客はその不在の状態を、つかみどころのない茫漠なものとみなして、関心を持たなくなるのが一般的であろう。しかし他方では、つかみどころのない茫漠さゆえに、受け手が惹きつけられるようにして対象に関心をいだくこともある。第二の上演の俳優はデリダの言う「秘密」のようであるからこそ、一方では観客の関心を削いでしまうだろうし、他方では観客の「パッションを刺激」する。

デリダはさらに秘密を孤独の存在であるとも指摘するが、この特徴にも第二の上演の俳優は当てはまる。デリダは秘密も孤独も、他者に対して応答しないという点で共通すると述べる。

孤独、それは秘密の別の名である。〔……〕秘密は他者への関係によっても、また共存在によっても、あるいは「社会的な絆」のどのような形態によっても運び去られることはないし、再び覆われてしまうこともない。たとえ秘密はそれら他者への関係、共存在、「社会的な絆」を可能にするにしても、秘密はそれらに応えない。秘密は応えないものである。〈25〉

第二の上演の俳優は、第一の上演の出来事を想起しつつも、それに合う演技を見せないし、戯曲や上演テーマに関するモチーフも示さない。このようにして俳優は観客の期待に応えないまま、ひたすら「孤立」しており、それはデリダの言う「孤独」の状態にある。すると「パッション」に駆られて、俳優の傍らで「声なき声を感取」しようとする観客は、応答することのない孤独で秘密な存在に接していることになる。観客の情熱は決して俳優によって迎え入れられることはない。それゆえに観客の情熱は空回りし、先述のように葛藤に転じる。にもかかわらず——高嶋が「必要」であると指摘したように——観客は「パッション」に駆られるようにして長時間にわたり「寄り添おう」としなければならない。このような葛藤を伴う観客の姿勢が、松田の言う「不在の像」との「つきあいかた」の「倫理的」応答となる。〈26〉

四　カタストロフィーをめぐる（不）可能性

俳優は秘密で孤独という不在の状態のまま立ち尽くすだけで、観客の期待に応えない。そのような不在の現前《プレゼンス》が観客の「パッション」を掻き立てる。プレゼンスと不在との両極において俳優と観客が極端に非対称的に関わる関係性は、カタストロフィーについての表現と受容との問題に関連している。秘密で孤独の状態にあるというのは、デリダも『パッション』で示唆したように〈27〉、死に直面する危機的な状況であることを暗示している。

証言の不可能性としての秘密＝孤独

死と直面する秘密で孤独の存在をアウシュヴィッツの証言（不）可能性に関連づけて、カタストロフィーの証言の意義を問うたのがジョルジョ・アガンベンである。アガンベンは『アウシュヴィッツの残りもの――アルシーヴと証人』（一九九八年）において、ナチス収容所の死の現実を、死そのものを経験しなかった「生き残り」の元収容者が証言するというパラドキシカルな問題に取り組む。その際アガンベンが強調するのは、アウシュヴィッツの証言が、証言不可能性を前提にして可能になるという逆説の関係性である。そのような不可能性は生き残った人々の証言のなかで見えなくなっているのが一般的だが、それが顕在化することがある。その例としてアウシュヴィッツ収容所から帰還したイタリア人プリーモ・レーヴィの証言が挙げられる。レーヴィは、「フルビネク」と呼ばれ、一九四五年三月に収容所から移送中に亡くなった三歳ほどの幼子が死の直前、「マッスクロ（mass-klo）」もしくは「マティスクロ（matisklo）」という意味不明な言葉を繰り返した出来事について述べている。「夜、私たちは耳を澄ませた。本当だった。フルビネクのいる方から時々音が、言葉が聞こえてきた。〔……〕正確に言うと、少しずつ違う風に発音されている言葉で、ある主題、ある語幹、おそらくある名前を、色々と試しながら発音しているようだった。〔……〕いや、それはもちろん通報や啓示ではなかった」〈28〉。アガンベンは、レーヴィがフルビネクの意味不明な言葉という証言不可能なものを証言しようとした試みに注目し、この試みに、証言可能となる契機が不可能性を前提にしていることを見出す。

その際アガンベンは、フルビネクの「孤立した状態によって話される」、「意味をかたくなに秘めたまま」の「秘密」において、破局について語ることの「証言不可能性」が暗示されていると指摘する。つまりデリダの言う「秘密＝孤独」は、語ることが極めて困難なカタストロフィーの内実に相当すると同時に、この証言不可能性ゆえにカタストロフィーについての証言が、パラドキシカルな意味で可能になる契機にも相当する。このように秘密と孤独の存在を軸にして、証言の不可能性が可能性になるありようを、アガンベンは次のように述べる。

おそらく〔フルビネクによる〕この秘密の言葉こそ、レーヴィがツェラーンの詩の「雑音」のうちに消失してしまっていると感じたものである。しかしそれでも、かれ〔＝レーヴィ〕はアウシュヴィッツで、**証言されないものになんとか耳を傾け、そこから mass-klo、matisklo という秘密の言葉を受け取ろう**とした。この意味では、おそらくあらゆる言葉、あらゆる文字は、証言として生まれるのではないだろうか。だからこそ、それが証言するものは、けっして言葉ではありえず、けっして文字ではありえない。それが証言するものは、証言されないものでしかありえない。そして、これは、欠落から生まれてくる音であり、**孤立した者によって話される非‐言語である。**非‐言語を言語が引き受け、非‐言語のうちで言語が生まれるのだ。この証言されないものの本性について、証言されないものの非‐言語についてこそ、問わなければならない。〈29〉〔強調は引用者による〕

フルビネクについてのレーヴィの証言と、アガンベンの証言の（不）可能性を第二の上演に敷衍すると、俳優はフルビネクに近い存在であると言える。どちらも「孤立」しており、「秘密の言葉」のような「非‐言語」を発する点で同じである。また第二の上演の「声なき声を感取しようとする」観客は、レーヴィと同じような状況にある。レーヴィは「証言されないものになんとか耳を傾け、そこから」フルビネクの「秘密の言葉を受け取ろうとした」が、第二の上演の観客も不可能であることを前提にして、俳優から何かを感取しようとした。

第二の上演の観客とレーヴィにはさらなる共通点がある。どちらも、秘密で孤独の存在に「パッションン」をいだいて接したのである。観客の情熱についてはすでに論じた。レーヴィの「パッション」は、アガンベンの次の文で確認できる。「レーヴィの関心は、収容者たちがフルビネクと呼んでいた子供にすぐさま惹きつけられた」〈30〉。そのようにしてレーヴィと仲間の収容者は「言葉にならない声に」「耳を傾け」た〈31〉。その際、彼らがフルビネクの繰り返す秘密の「非-言語」を理解しようと、幾度となく問い続けたとしても、その「秘密の言葉」は解明されない。このように、答えに至らないままひたすら問い続けるありようは、フォーグルが紹介した、終わりなき問いを続ける「知的に機敏」な女性や、ひいては、この女性と同様に問い続けざるをえない第二の上演の観客の状況と類似する。

証言者／観客の脱主体化

他方、レーヴィと第二の上演の観客には決定的な相違があるのも確かである。アウシュヴィッツという過酷な状況を耐え抜いて、多くの葛藤をかかえつつ証言したレーヴィと、意味にならない身振りやつぶやきを聞き取ろうとして葛藤する観客は、まったく異なる次元にあるからである。

しかしアガンベンが『アウシュヴィッツの残りもの』で試みたのは、カタストロフィーとまったく無縁に生きているようにみえる大半の現代人が、アウシュヴィッツを経験した者と変わらない問題に直面していることを明らかにすることである。アガンベンはアウシュヴィッツを経験し、それを「生き延びて」語るレーヴィを論の中心に据えることで、アウシュヴィッツと直接関係はないが、数々の大きな犠牲の歴史的時間を「生き延びる」現代人が「語られないことに耳を傾けるやり方」を模索し、直接は関係のないカタストロフィーの問題と向き合う可能性を問うたのである〈32〉。カタストロフィーの経験には大きな差があるものの、東日本大震災の災禍を逃れて生き延びた第二の上演の観客と、アウシュヴィッツを生き延びたレーヴィは、語りえないことに対して矛盾をかかえながら向き合う姿勢において比較可能な位相を共有する。

この比較可能な位相を確認した上で、両者にまたがるもう一つの共通問題を取り上げる。それは、両者とも「脱主体化された」状態において「証言者」や「観客」としての主体性をかろうじて獲得するという矛盾の構図である。アガンベンは、レーヴィが「かれ〔＝フルビネク〕は私の言葉を介して証言する」と述べたことで、証言の主体性がレーヴィ本人なのか、それともフルビネクなのかを曖昧にした点に着目して、レーヴィが脱主体化することで、主体的に語るという矛盾のからくりを指摘する。

一見したところでは、〔レーヴィのような〕人間が、生き残った者が、〔フルビネクのような〕非‐人間について、回教徒について証言していると見えるかもしれない。しかし、生き残った者が証言するのは、回教徒のためにである――専門的な意味で「代わりに」あるいは「代理として」である（「わたしたちは、かれらの代わりに、代理として語っているのである」）――とすれば、〔……〕回教徒こそが証言していることになる。〔……〕このことが意味するのは、人間のもとで本当に証言している者は非‐人間であるということ〔……〕である。あるいはむしろ、証言の所有主はいないということであり、話すということ、証言するということは、あるものは底まで行って、完全に脱主体化し、声を失ってしまい、あるものは主体化して、語るべきものは〔……〕なにもないにもかかわらず話す（「身をもって体験せずに傍らから見たことについての話」）という、めまぐるしい運動に入ることを意味するということである。〈33〉

レーヴィが亡くなった回教徒のために証言することとは、レーヴィが「完全に脱主体化し、声を失っ」たことを前提として、成立する。証言者の脱主体化において「回教徒こそが証言」するのである。あるいは証言者の「主体化」は、自分には「語るべきものは」「ない」からこそ、つまり自らの主体性を示すものがないからこそ、成立する。

第二の上演の観客は、脱主体化と直面することで、観客としての主体性を維持できる点において、レーヴィと同じ状況にある。観客がレーヴィと同様、俳優の傍らに立ち、「証言されないものになんとか耳を傾け」、「声なき声を感取しようとする」とき、あるいは俳優の顔や手足の微かな動きから何かを見届けようとするとき、観客は俳優について特別に「語るべきものは」「ない」という事実と直面する。もちろん観客は自分が上演で思ったことを語る必要はないし、語るとしても、他人に向けて証言する必要もない。しかし多くの観客は上演中、ほとんど語るべきものがない俳優の不在状態に対して、これはいったい何であるのかと自問するはずである。このとき観客は、言明や証言をしなくても、内面でもう一人の自分に語っているのである。そのような語りや自問は、フォーグルの論に基づいて説明したように、「無意味な動機」から「終わりなき問いをひたすらに立てる」ものになる。それは例えば、次のようなものだった。「右を向くのはなぜだろうか。鼻を軽くおさえて息をすったが、それはどういうことか。突然しゃがんだが、この人は疲れたのだろうか。〈ふう〉とため息をついたが、第一の上演を思い起こして、悲しくなったのだろうか。〈ああ〉と言って、右に頭を垂れたが、これも悲しみを表しているのだろうか……」。俳優はもっぱら微細な動きだけを脈絡なく示し続けるので、観客は上演中、このような自問による内なる語りをずっと続けることになる。

このような自問は、俳優に寄り添うようにして「感取し続ける」観客だけができることであり、そうすることで「今ここ」に居合わせた観客ならではの主体性を獲得しているようにみえる。しかし観客が第二の上演について「証言」するつもりで、七時間も続く細かな動きについて他人に語る／記述しても、それは一般的な「証言」にはならないであろう。七時間も続くあいだに示される意味不明な俳優の身振りを描写しても、聞き手は理解できず、その描写が「証言」や上演の「語り」として機能しないからである。第二の上演の観客は、上演について語ったり、語ろうとすることで、観客としての主体性を獲得すると同時に、実は何も語ることができないという脱主体化の側面を露呈する。松田はこの上演で「私たちのなじみ深い母なる言葉は壊され」る経験を目指したが、観客が上演について他人に語ったり、あるいは内面において言葉で理解しようとするときに、観客のなじみ深い言葉は破壊されるのである。

このような脱主体化は、「パッション」に駆られて俳優の傍らに居続けた観客に葛藤をもたらすだろう。不在の状態に長時間向き合ったことで、観客は観客としての役割を果たしていると自負することができる。情熱と自負があるからこそ、「声なき声を感取し続け」ても、実はそれを捉えたり、完全に語ることができないという不可能性は観客に強い自己矛盾としてのしかかる。演劇的な出来事がまったく起きない第二の上演を早々と「つまらない」、「退屈だ」と判断して、すぐに立ち去った観客には、脱主体化と葛藤は生じないだろう。それは、観客が意味不明な俳優の存在から何かを「熱心に」感取しようとしなかったからである。

カタストロフィーをまったく示さずに、ただ立っているだけのようにみえる不在の状態の俳優に長時間「パッション」をもって関わろうとする観客だからこそ、充実感よりも、脱主体化や葛藤という経験が伴う。このパラドキシカルな経験が、直接は関係のないカタストロフィーも自分と無関係ではないというパラドックスに結びつく契機となる。無関係であるカタストロフィーこそ関係があるという逆説がより説得力のあるものになるには、上演が長時間にわたり観客を、俳優たちの不在の状態に直面させるという強度のパラドックスが必要だったのである。『アンティゴネーへの旅の記録とその上演』は、カタストロフィーと「無縁」であるという不在の状況を変えるために、従来にないラディカルな不在の経験を観客にもたらしたのである。[34]

終章　受動の活動

――「ある」と「ない」をめぐる観客の可能性

一　「ある」と「ない」の両義性

プレゼンスゆえの距離／不在ゆえの感性

本書の出発点に立ち戻ってみよう。ドイツ演劇学では近年、「今ここ」に立ち現れる演劇的現象が観客に直接的、感性的に影響を及ぼす意義を主張するプレゼンス論と、その現象が観客に自身の知覚のずれや限界を気づかせると主張するアブセンス論とのあいだで論争が繰り広げられた。両論の主張にはそれぞれ一定の意義はあるが、どちらとも取り上げる作品の傾向において偏りがあった。すなわちプレゼンス論は舞台と観客との直接的な関係を重視するあまり、演劇的表現《プレゼンテーション》を前面に押し出す作品を優先し、不在の美学の作品を軽視する傾向にある。他方、アブセンス論は舞台と観客との距離を重視するあまり、不在の美学の作品を優先するが、表現《プレゼンテーション》を前面に押し出す作品を軽視する傾向にある。本書は、プレゼンス美学と不在の美学がそれぞれに中心的な作品を考察し、そのどちらが顕著な作品であっても、プレゼンス論とアブセンス論がそれぞれ主張する受容の特徴（感性的側面／省察的な距離性）の両方が観客に生じうることを個々の上演分析を通じて明らかにした。

パラドキシカルな二重性

従来のプレゼンス論とアブセンス論の欠落を補うことに加えて、本書が独自に明らかにしたもう一つの演劇の特徴がある。それは、プレゼンスの要素と不在の要素のどちらかが上演で支配的であっても、「ある」と「ない」の二重性が演劇的現象に伴うこと、さらには、この二重性が観客の受容に作用するという特徴である。「今ここ」に生じる演劇的現象は、単に何かが起きることを前提とするプレゼンス論だけでも、プレゼンス論の誤謬を批判的に捉えることを出発点とするアブセンス論だけでも十分に捉えることができない。むしろ演劇上演では、何かが「ある」ようにみえる状況と、それはひょっとしたらそのように起きてい「ない」のではないかと思える状況が、パラドキシカルな関係を成しながら、同時に発生する。それゆえに優れた演劇上演において、観客は「今ここ」で自分が見ているものが、本当ではないのではないか、俳優によって語られ、示されるものがひょっとしたら虚構にすぎないのではないか、しかし「今ここ」に何かが「ある」ことは否定できないのではないか、などの自問にしばしば駆られるのである。観劇経験における「ある」と「ない」をめぐるパラドキシカルな二重性を踏まえた演劇観こそが、演劇現象とそれが観客に及ぼす作用を、実情に即して捉えることができる。

二　揺らぎのダイナミズム

本書はこの演劇観に基づいて、個々の演劇上演における「ある」と「ない」をめぐるパラドキシカルな状況と、それが観客にもたらす宙吊り状態のありようを明らかにした。とりわけ重要なのは、観客の内部で生じる省察・自問・葛藤のプロセスである。このプロセスは、プレゼンス論が積極的に主張する観客の明確な反応（上演に対する抗議としてのブーイングや退場、観客席から立ち上がって俳優と同じように振る舞う行為）と異なり、観客の様子から見て取ることはできない。しかし第二章で紹介したヨーゼフ・フォーグルの「逡巡」論に従えば、観客が「ある」と「ない」をめぐって措定なき宙吊り状態に置かれながら、行ったり来たりするように自問・省察・葛藤するプロセスには、見えないダイナミズムが働いている。

脱措定の抵抗力

措定なきダイナミズムは「宙吊り状態」に象徴されるように、中途半端で意味のない力の作用にすぎないとみなす向きもあるだろう。しかし中途半端にみえる状態においてパラドキシカルに揺らぎ続けることは、観客にとってもう一つの「抵抗」の可能性につながる。観客は「ある」と「ない」の両極のあいだで揺れ動きながらも、どちらかだけに加担しない中途の状態を維持することで、措定なき、すなわち明確な判断や決着をつけない「自由」な「遊戯空間（Spielraum）」を作り出し、それを維持することができる。

この独特の遊戯空間と抵抗の可能性を、ギュンター・ヘーグがシラーの自由論と美的経験論に依拠しつつ指摘する。ヘーグのシラー解釈によれば、「観客」が「演劇の遊戯と可能性の空間」において得られる「抵抗の契機」とは、社会や自分の「苦悩」に抵抗して、苦悩の克服を見出すという単純な発想にあるのではない[1]。抵抗はむしろ、「苦悩の持続的な存在をしっかりと認めつつも」、「最終的には人間に苦悩や運命を押し付けしてしまう状況に異議を」申し立てることにある[2]。観客の本当の自由とは、舞台上で示される苦悩や問題を第三者の立場で傍観し、オルタナティブな解決を見出す（＝措定する）ことにあるのではない。むしろ自由とは、解決できない状況を耐える胆力を確保することによって、その状況を、措定や一義的な判断といった「現実」から「切り離す」ことにある。「切り離す（lösen）」とは、英語で言えば“free of”のように、ある状態から身を解き放つ自由を意味する。ヘーグは、不可能な問題に対する観客の耐久力と、それがもたらす自由を、「演劇を見ること」の「悲劇的な姿勢」と称して次のように述べる。

可能性の空間としての遊戯空間において抵抗の姿勢は、苦悩、痛み、道徳的な葛藤といった**解決できない対立に耐える姿勢**へと変容する。この姿勢が対立の諸要素を遊戯的次元に持ち込み、それらの要素を現実の重みから切り離すことで、**「今ここ」の状況に対する自由を獲得する**ことができる。〈3〉〔強調は引用者による〕

本書で紹介した上演の観客はいずれも「ある」と「ない」の解消できない対立関係から解決策を見出せない状況に置かれている。それゆえに観客は両者のあいだで宙吊り状態にあるのだが、それは「解決できない対立に耐える姿勢」を維持し、「〈今ここ〉の状況に対する自由を獲得する」ことでもある。観客はときに、舞台上の俳優や登場人物と同様に、両極のあいだで揺さぶられたり、自己矛盾を感じて葛藤するが、どちらかの極に決定する必要はない。また観客は、現実の状況で解決困難な問題に直面して、何らかの決定を下す必要性に迫られるわけでもない。遊戯空間ゆえに、解決できない状況を直視し、その状況に対して一義的な措定を行う必要はないのである。むしろ観客は解決できない状況を解決不可能なものとして耐えつつも、その状況と自分との関係や、葛藤をかかえる自分の状況を省察することができる。「ある」と「ない」のあいだで揺らぎ続ける観客は、両者をめぐる解決不可能なパラドックスから安易に脱して見せかけの解決を図るという現実の選択から自己を「切り離す」ことができる。

この自由な領域において、観客にはプレゼンスと不在に内在する問題に抵抗する可能性が開かれる。プレゼンスであれ、不在であれ、それが中立的に受け取られることは稀である。「ある」という状態は、例えば『王女メデイア』の雄弁な語りや、『終着駅アメリカ』の登場人物たちのエスカレーションのプロセスにみられたように、他者を圧倒・抑圧したり、自ら破壊に突き進む危険性を孕んでいる。「ない」という状態も、それを経験する者を過剰な方向へ導く危険性を孕んでいる。この危険性は、『ディア・ハウス』の家族が身内を殺されるという過酷な喪失ゆえに、復讐の連鎖を止められなくなったり、『ムルクス』の観客が舞台上で何も起きないことに強い脅威を感じるために、舞台上の外国人差別の出来事にすら積極的に笑うことにおいて、明確に見て取れる。

これらの例は、プレゼンスの場合でも、不在の場合でも、それを受容する観客に過剰化の危険性が内在することを物語っている。観客は、舞台上の「ある」状態であれ、「ない」状態であれ、それが過剰化し、やがて（自己）破壊の方向へ向かうことに、知らずして引き込まれて、みずから過剰化する危険性と直面するのである。しかし措定なき状態で「ある」と「ない」のあいだで揺らぎ続ける「逡巡」の状態は――どちらかに措定しないので――双方に内在する過剰化の方向へ突き進む流れを断ち切ることができる。措定なき揺らぎは、「ある」か「ない」かという状態のどちらか一方だけを認めることをためらい、別の方向へ反転していくので、「ある」状態にいつの間にか過剰化したり、「ない」ために「ある」方向へ過度に突き進むまでに至らない。措定なき揺らぎは、「ある」と「ない」が孕む根本的な危険性を妨げる抵抗を発揮できるのである。

「ある」と「ない」の社会的問題

この危険性は、演劇上演の枠を超える社会全般の問題でもある。「ある」状態に対しても「ない」状態に対しても、社会は過剰に反応する危険性を孕んでいる。テリー・イーグルトンは、シェイクスピアの『リア王』を引き合いに出して、人間がごく自然に「ある」状態にあるゆえに、その状態を過剰化する方向に向かうパラドキシカルな危険性を孕んでいることを指摘する。「人間の自然〔本性〕は、生まれながらにして〔自然に〕、不自然なのであり、それ本来のありかたによってのみ測定されるものを超過するのである」〈4〉。人間は、自分や周囲の状況が自然な状態で「ある」ということに必ずしも満足せず、それを変えようとするが、その試みが時として人間を過剰な方向へと盲目的に向かわせてしまう。モーリス・ブランショが指摘するように、人間個人は満たされれば満たされるほど、何かが足りないと感じる「不充足の原則」に囚われているが、「ある」という状態に満足しないからこそかえって「過剰へと運命づけられている」〈5〉。

他方、不在の状態も人間を過剰な方向へと向かわせうる。身内の死が復讐の連鎖を呼ぶ問題を扱った『ディア・ハウス』の解説を書いた演劇評論家エルヴィン・ヤンスは、現代人がかかえる不在の問題（貧困、理想の喪失、未来の展望の不透明さ）に過剰に反応する危険性を指摘する。

私たちはどうすれば空疎な状況が虚無主義やシニシズムへと至ることを阻止できるのだろうか。空しさを恐れるあまり（ナショナリズム、民族主義、宗教的原理主義という名の下に）意味を求めたり、結束することで、空しさを満たそうとする現在の状況を防ぐために、私たちはどうすればよいのか。人間は空しさや悲しみをどれだけ受け止めることができるのだろうか。〈6〉

私たちは不在の状態を安易に埋め合わせようとして、「ナショナリズム」や「民族主義」という極端な方向へ向かう傾向にある。「ない」の状態が極端な「ある」の状態へ過剰化しないようにするために、私たちは自分たちが直面する状況をどのように受け止めればよいのか。ヤンスによれば、上演『ディア・ハウス』は観客にこのような問いを投げかけている。これらの問いは、『終着駅アメリカ』や『ムルクス』でも観客に暗示的に投げかけられていた。前者では鬱という空しい状態から脱する試みが、かえって過激な行動へと向かわせる現代人の矛盾が示唆された。後者ではほとんど何も起きない不在状態の脅威ゆえに、観客は差別行為の演技を——それを容認するような態度で——笑うことで、差別の共犯者に仕向けられた。このような自己矛盾の経験を経て、観客は「空しさ」を「どれだけ受け止めることができるのだろうか」と問われるのである。

この問いは、ヘーグが抵抗の可能性として挙げた観客の耐久力に通じる。観客は、社会の不在状態という容易に解決できない問題に対してどのようにして「耐える姿勢」を保つことができるかを問われる。このような問いかけと向き合うことで、観客は「ある」と「ない」をめぐる問題に安易に答えを出すという措定に向かわずに、両者のあいだで逡巡しつつ、その問題と「持続的に」関わる胆力を陶冶することができる。

プレゼンス美学・不在の美学の問い直し

「ある」と「ない」のあいだで自省したり、葛藤したりして揺らぎ続ける状態は、プレゼンスと不在の美学を問い直す可能性を秘めている。

第一章で述べたように、プレゼンス論は、「今ここ」に出現する芸術的現象が知覚者に感性的な「充実（Fülle）」をもたらすことを強調し、この充実や感性的衝撃力を、メディア技術による間接的コミュニケーションでは得られないプレゼンス特有の経験とみなす傾向がある。しかしプレゼンス編において明らかにしたように、表現《プレゼンテーション》を前面に押し出すプレゼンス美学の上演では、観客が「今ここ」の演劇的現象がよくわからないと感じて、不確実な状況に陥る。観客は、「今ここ」に「ある」とみなす状況が、そうでは「ない」かもしれないと迷ったり、舞台上の出来事に引き込まれている際の無自覚な状況に気づいたりする。このような観客の誤謬や、無自覚を自省する意義を主張したのは、ジークムントやアイアーマンなどのアブセンス論者であった。プレゼンス美学の上演にも、アブセンス論が積極的に主張する省察の特徴が十分に見出されるのである。プレゼンス美学の上演では、プレゼンスだけが特徴的なのではない。プレゼンス美学の上演は、プレゼンスと不在との関係を考察することによって、より多様な様相を呈することが明らかになる。

演劇上演において「ある」と「ない」の両方を考慮する本書の方法は、伝統的な不在の美学も問い直す。伝統的な不在の美学論は、沈黙や間、余白といった表現の不在が鑑賞者の想像力や創造力を促進するとみなす〈7〉。しかし現代社会における不在の状況が大きく変化した昨今、伝統的な不在の芸術はそれだけでは意義を見出せなくなった。ヤンスが指摘したように、多くの局面で欠乏の厳しい現実に直面する現代人は、それを安易に満たすために誤った価値観やイデオロギーに陥る傾向にある。文化論者ヴィンフリート・メニングハウスは、会社員がコンピューターを前にしてじっと黙ったまま作業する光景を、現代人の沈黙の実態を象徴する事例として挙げて、沈黙の美学が、殺伐とした現代社会を美的に彩るのに、もはや効果的ではなくなったと述べた〈8〉。伝統的な不在の美学は、あえて不足させた表現を想像力などの豊かな代替物で補うことに可能性を見出す。しかし不在の状況を単純に何らかの代替物で補うこと自体が困難になり、さらには、この困難を軽視して、不在をまやかしの代替物で満たす弊害が顕著になった昨今、不在を豊かな代替物との関連から美的に評価することが、実態とそぐわなくなった。

むしろヤンスが問いかけるように、私たちが不在の現実をどれほど受け止められるかを自問することから、現代社会を踏まえた新しい不在の美学の可能性が開かれるだろう。私たちは不在の厳しい状況を「受け止め」て——ヘーグの論で言えば「苦悩」を「耐え」て——自分の現状を自省して初めて、従来と異なる方法で不在の問題と向き合う可能性を模索することができる。このような問いかけと模索の可能性を、『画の描写』の「踊らない舞踊」や、『ムルクス』と『アンティゴネーへの旅』において長時間続くラディカルな不在の状況が観客に示唆する。いずれの上演でも観客は、舞踊や演技表現がほとんど示されないという極度の不在状態と対決する。この強い否定性ゆえに、観客は容易に不在の美学という考え方に依拠することができない。しかし観客はこの不可能性を受け止めて省察・葛藤することで、伝統的な不在の美学から脱して不在と向き合う新たな可能性を切り拓くことができる。

このような不可能性の実情は、プレゼンス美学にも当てはまる。「今ここ」のプレゼンスの現象が前面に押し出される上演の観客は、その現象が、自分が把握できないほど強く迫ってくるようにみえるからこそ、それに対して省察的な距離を取り、その現象とそれを見る自分との関係を問い直すことができる。ただし観客は——『Ceremony』や『ディア・ハウス』において明らかになったように――自己省察を行うからといって、演劇的現象を把握する自己の限界を克服することができるわけではなく、不確実な宙吊り状態に置かれたままである。プレゼンス美学の演劇上演においても観客は、自己の限界という不可能性と直面し続けるのである。

三　受動ゆえの力

受動行為における否定性や、不可能性の側面を重視する観客受容論を奇異に思う向きもあるだろう。この側面を重視することが、主体的かつ活発に生きることが望ましいとされる現代人の価値観からかけ離れているようにみえるからである。また観客が上演空間において行為者として振る舞う「役割転換」を積極的に評価するパフォーマンス研究〈9〉からみても、不可能性の受け止めという受容性は否定的にみなされるだろう。

受動のなかの活動

しかし不可能性の受け止めという発想は、主体的な活動の価値観を問い直し、それとは異なる活動の可能性を模索することによって有効となる。この問い直しと模索を行うのが、第二章で紹介した逡巡論のヨーゼフ・フォーグル、新しい「パトス論」を展開するベルンハルト・ヴァルデンフェルス、実践行為以前の「活動性（Tätigkeit）」の力を提唱するクリストフ・メンケである。

フォーグルは、行為に至る前にあれこれと逡巡することを、「長い西洋の歴史」の中心を占める「行為の文化」を「断絶し、省察する」契機につながるものとみなす〈10〉。この契機によって明らかになるのは、逡巡の状態が主体的な行為実践に、表裏一体となるようにして付随するという隠れた事実である。「逡巡は影のようにして、破壊的な敵対者のようにして、行動せよ〔……〕という命令に付きまとう。行為が表明されて、活動の連鎖が自動的に形成されるとき、淀み、休止、立ち止まり、中断が痕跡化されるのだ」〈11〉。逡巡は、一般的な行為実践に敵対するようにして付随する。

ヴァルデンフェルスがヘーゲルのパトス論を刷新するようにして展開する説にも〈12〉、主体的な行為に反する価値観の可能性が示唆される。私たちが何かを経験するときの受動性には、私たちの主体的意志にはどうにもならない不可能性の契機が前提となる。「パトスが指し示しているのは、遭遇であり、それは私たちに襲い掛かり、いつも先立ち、接触して傷つけるものであるが〔……〕私たちは〔……遭遇の〕出来事に巻き込まれている。〔……〕すべてのパトスは、不可能という特徴、可能とされなかったものという特徴を示す」〈13〉。

この不可能性の条件下において演劇の観客は――例えば『画の描写』の上演分析で確認したように――五感を刺戟されるような経験と遭遇する。ヴァルデンフェルスは演劇と感性との関係について次のように述べる。「演劇は、観客のすべての感性に語りかけることに特徴がある。〔……〕演劇は可視のものを聞こえるようにしたり、可聴のものを見えるようにすることで、あらゆる感性の競演を独自に演出することができる」[14]。ヴァルデンフェルスによれば、観客は「巻き込まれ」るようにして、上演の出来事を受け止める状況ゆえに、主体的な立場を取ることができない。しかし主体性の不可能さゆえに、受動状態における感性がかえって活動的になる。演劇が観客にもたらす「パトスの衝撃(pathischer Impuls)」は、観客の主体性を不自由にさせるが、同時に「私たち〔＝観客〕を刺戟し、惹きつけたかと思えば反発させたり、戸惑わせたかと思えば励ますことで私たちの行為を〔改めて〕促す」のである[15]。観客が予期せぬ状況に遭遇することでより強く感性を刺戟され、受動性において活発になるきっかけは、「パトスの衝撃」、すなわち受動性ならではの衝撃力なのである。

フォーグルとヴァルデンフェルスが指摘する受動状態の「衝撃」は観客の内部で生じるものであり、他の観客が明確に見て取れるわけではない。パトスの感性的な活動は、観客自身の主体性に基づくわけではないし、また明確に立ち現れる現象でもないが、観客の内部において確実に生じるものである。

自らの哲学論に演劇の事例を積極的に取り入れる哲学者クリストフ・メンケは、受動性を一般的な実践行為とは異なる「もう一つの美的」領域に位置づけて、受動の「活動性」を「暗黒の力（dunkle Kraft)」とみなす。暗黒の力は、人間が主体的に考えたり、行動する際の実践的な「能力（Vermögen)」と異なり、自らの能力では制御できない状況、すなわち「不可能」な状況において人間の内部から発する〈16〉。私たちが芸術作品を受容することで、実践「行為(Handlung)」の領域から「生(Leben)」の「活動性(Tätigkeit)」の領域に移行するが、このとき私たちの内部に「暗黒の力」が発生する。

実践から美的に変容する際の基本的特徴は次のようなものである。すなわちそれは、私たちが芸術家のモデルに基づく〔……〕活動状態(Tätigsein)の領域において、「行為すること(Handeln)」と「生きること(Leben)」を区別できるようになることである。〔……〕私たちが芸術家から、行為の向こう側に活動状態(Tätigsein)があることを学ぶならば、実践行為が〔……〕活き活きとしたもの(das Lebendige)に変容することを悟るようになる。〔……〕行為(Handlung)の大半は、実は活動状態や運動なのであり、この活動・運動領域において〔暗黒の〕力が放出されるのである。〈17〉

暗黒の力は、私たちが目的に即して振る舞う主体的な行為(Handlung)の領域からではなく、芸術家の作品を受容する際に、私たちの内部が「活き活きとした」「活動状態」になることで初めて生じる。目に見えるわけではないが、美的な受容の際に内的に作用する「暗黒の力」は、フォーグルの言う「逡巡」の状態のときに私たちの内部で湧き起こる「対抗的衝撃」と同等である〈18〉。

フォーグル、ヴァルデンフェルス、メンケはいずれも受動の状態における活動の意義を独自の視点から提唱する。受動の状態は、何らかの目的や意志に基づく行為と比較すれば消極的にみえるだろう。しかも三者とも、人間が主体的な判断や行動では解決できない問題や状況に晒される際に露呈する無力さを自説の出発点とする。それゆえに受動性が「無力」や「消極的」とみなされるのも不思議ではない。しかし三者は、受け身の状態であるからこそ、主体性や自発性の次元とは異なる領域において「対抗的衝撃」、「パトスの衝撃」、「暗黒の力」が人間の内部に湧き起こることを指摘し、受動性にこそダイナミズムの潜在的可能性があると主張する。

パラドキシカルな力

これらの論はいずれも、無力なほどの受動状態ゆえにかえって特別な力が生じると主張するのだが、このテーゼには「無力ゆえなる力」というパラドックスが含まれている。つまりこれらの論は、パラドックスゆえに無力がダイナミズムへと反転することを示唆する。パラドックスは——フォーグルがミケランジェロのモーセ像を例にして論じた、行動に出るか否かで行ったり来たりする「対抗的衝撃」と同様に——ある状態を反転させる作用の力を内包する。

このパラドックスが人間の受動的状態に内在することをジョルジョ・アガンベンが指摘する。アガンベンは、カントによる主体性の基本構造論に依拠して、人間主体の成立の際に、能動性とパラドキシカルに位置づけられる受動性が能動的に作用する役割を指摘する。自分が自分であると自覚して考えたり、行為する根底では、受動の能動性というパラドックスが作用する。

カントは〔……〕正真正銘の「パラドックス」について語ることができるのである。それは「わたしたちはわたしたち自身にたいして受動的なものとしてふるまわなければならない（wir uns gegen uns selbst als leidend verhalten mussten）」〔……〕という事実のうちに潜んでいる。〔……〕ここでは、すべてが主体の内部で起きるのだから、能動性と受動性は一致しなければならず、受動的な主体は自分自身の受動性にたいして能動的でなければならず、「自分自身にたいして（gegen uns selbst）」受動的なものとしてふるまう（verhalten）のでなければならない。〔……〕みずからが受動的であることをいわば能動的に感じるもの、自分自身の受容性によって触発されるものだけを受動的と呼ぶことにしよう。すなわち、受動性とは〔……〕受容性の二乗なのであって、それは、受容性が自分自身を受苦し、みずからの受動性に情熱的になっているのである。〔……〕このような複雑なふるまいにおいてのみ、このように自己から遠ざかりながら自己を見ることにおいてのみ、「自己自身」なるものが構成される〔……〕のである。[19]

アガンベンによれば、人間が「自己自身」という主体的存在になることは、能動性と受動性が「主体の内部」で「一致」することを前提とする。ただしこの一致は単純な連関に基づくのではなく、

「複雑なふるまい」において可能になる。つまり人間は、どうにもならない自己の受動性を受け入れることで、「自分自身にたいして〔……〕受動的なものとしてふるま」い、「みずからの受動性に情熱的にな」るという能動性を獲得する。

この徹底的な受動性と、それによって可能になる「自分自身に対抗する（gegen uns/sich）」振る舞いによって、受動性と能動性とが主体の内部でパラドキシカルな関係で共存することになるのである。ここにパラドックスの内実が明らかになる。人間は自分の受動的な側面を徹底的に認めることで、主体的でありたいと願う「自分自身へ反する（gegen uns/sich）」ことになる。徹底的な受動性における自己への反抗によって、人間の内部には必然的にメンケの言う「暗黒の力」のような反発力が生じるのである。アガンベンによれば、この反発力によって人間は、自分が自分である主体性を確立する。人間主体は、その成立からして、受動性と能動性のパラドックスによってしか成り立たないのである。

このパラドックスは、主体を破壊しかねないほどの強い否定性を帯びている。というのも、主体成立の際のパラドックスは、アウシュヴィッツの収容所を生き延びた元収容者のように、本来、人間が個人では「引き受けることのできない受動性に引き渡される」ほどの自己破壊的な受苦（パトス）を背負うことを前提とするからである[20]。しかし、引き受けることができないことの受苦を「自分に対して（gegen sich）」向けたとき、その受動性は強い反発力を個人の内部に引き起こす。このように強い否定性を帯びた反発力が、主体的で能動的な人間の原動力になり、このパラドキシカルなプロセスと原動力ゆえに私たちは、自分で主体的に考え、振る舞うことになるのである。

観客主体のパラドックス

自分の主体がこのように否定的なパラドックスを経て生じることに、私たちは思いも及ばないだろう。一般的に私たちは、主体的に考え、判断し、行動することが当然であるとみなしているが、このときの「私」の成立が強い否定性を帯びていることに思いが至らないものである。しかし演劇上演において「ある」と「ない」とのあいだでパラドキシカルに揺らぐ観客には、自己のパラドックスを省察する契機がおとずれる。私たちは、両者のあいだで引き裂かれるような状況に晒されるとき、そのような状況で観劇をする自分とは何かを考えることで、観客としての自分のあり方を根底から問うことができる。第八章で取り上げた上演『アンティゴネーへの旅』の観客は、七時間ただ立っているだけでほとんど何も演じない俳優たちと向き合うことで、観客としてのアイデンティティの瓦解と直面した。この主体崩壊の危機に、アガンベンの言う主体のパラドックスが示唆されていることを第八章の後半で指摘した〈21〉。俳優がみずからの現前《プレゼンス》でラディカルな不在の状態を長時間にわたり観客に呈示することで、観客の内部において、俳優（の演技）を見て何かを思うという、受動と能動から成る観劇の一般的なあり方が揺り動かされる。このとき観客は、観客として主体的に振る舞う自分に「対して（gegen）」自ら問いかけると同時に、カタストロフィーのモチーフを一切示さない俳優の身体に「惹かれる（passionner）」[22]。ここにおいて、観客は、何も示さない俳優に自己の受動性を晒け出すと同時に、俳優に引き込まれることで――アガンベンが指摘するように――「みずからの受動性に（gegen）情熱的になっている」のである。

観客が観客としての自己に潜むパラドックスを露呈したり、それを省察する契機は、他の章で取り上げた上演でもみられる。『画の描写』の観客は、舞踊家が一般的な舞踊の身振りを放棄して立ち現れるからこそ、かえって舞踊家の身体に惹きつけられる。このとき観客は「情熱」をもって舞踊家に関心を向けるが、この情熱は――踊らないという不在の特徴が観客に示唆するように――他者の身体を完全に把握することができないからこそ、いっそう惹きつけられるようにして感じ取ろうとする「対抗的衝撃」のパラドックスに基づく。観客が、舞踊を見ることが不可能だからこそ、かえって舞踊家の身体をしっかりと把握しようと思う自分を自覚的に捉えるとき、観客は自らの限界と、それをパラドキシカルに乗り越えようとしている自分の情熱に気づく。ここに観客が自らのパラドックスを省察する契機が現れるのである。

他方『ムルクス』の観客は、知らずして自らのパラドックスをパフォーマティブに体現する。観客は、舞台上のラディカルな不在の状況に脅威を感じるために、舞台上で何かが起きると、それに対して引き込まれるようにして反応して笑う。しかし舞台上の出来事の大半は差別行為やナショナリズム礼賛の合唱という問題を含んでいた。観客が、通常の状況ならば受け入れない由々しき出来事を、笑いによって黙認するとき、観客はあるべき主体性を自ら放棄することになる。観客が笑い続け、この上演を愉快だと思えば思うほど、出来事をしっかりと見届ける観劇行為に背き、自己矛盾を犯すことになる。

プレゼンス編で紹介した上演でも、観客は自己のパラドックスに直面する。『Ceremony』や『ディア・ハウス』の俳優が過剰な身体表現《プレゼンテーション》を行ったり、自己の呈示《プレゼンテーション》をずらすことで、観客は舞台上の出来事に不明さがあることに気づく。この不明さの要因が舞台上や表現する側だけでなく、観客としての自分にもあることに気づくとき、観客は何かを見る自己の限界を痛感する。他方で観客は俳優の迫り来るエネルギッシュな身体表現《プレゼンテーション》を目の当たりにして、知覚の限界という無力をもって俳優と対峙する。このとき観客は主体的に制御できない受動的な自分を相手に晒け出している。観客が自己の無力な受動性に気づきつつ、迫り来る俳優の演技を主体的に見ようとするとき、無力でありながら、観客として主体的に振る舞おうとするパラドックスを晒け出すことになる。

観客が自己のパラドックスを晒け出す点において、プレゼンスの特徴が中心的な上演と、不在の特徴が中心的な上演に大きな相違はない。どちらの場合であれ、観客は自己のパラドックスに気づいたり、その前提となる自己の限界を痛感することで、葛藤を感じたり、演劇を見る自分を問い直す省察を行う。その際観客は、見ている舞台上の出来事に対して疑問・葛藤に駆られるだけでなく、パラドキシカルな「自分自身に対して（gegen sich）」葛藤や省察、逡巡の矛先を向ける。このときパラドックスならではの「対抗的衝撃」や「情熱」、「暗黒の力」が観客の内部に生じる。これらのダイナミズムは、主体的な意思に基づく明確なエネルギーではなく、矛盾を自分自身に向けたときに反発的に生じる「暗黒の」、つまり見えない負のエネルギーである。強い否定性に基づく受動の経験と、それゆえに出口なき状態で葛藤し、省察し、逡巡することによって、観客ならではの力が導き出される。

四　異他の経験

この見えないダイナミズムは、観客が舞台上の出来事と遭遇することで、パラドキシカルな自己と向き合うことによって生じる。この自己は、ヴァルデンフェルスの言う「異他」の自己に相当する。ヴァルデンフェルスの言うパトスの経験において、観客は「自己の二重化」にあることに気づかされる。私たちは芸術鑑賞において、よくわからない、解釈の難しい作品と遭遇することがある。このとき私たちは芸術作品と相対することで、普段は直視することのない自己の異なる状態とも向き合っている。そうして私たちは、自分がいつもと異なる状態にあることに気づく。このように自己が、差異化されて異なる自己になることが「自己の二重化」であり、この状態に置かれることが「異他の経験」である。この二重化の経験についてヴァルデンフェルスは次のように説明する。

異他の経験は〔……〕単に私が異他なるものを経験するのではなく、私が自ら自身に対して異他的になることを意味する。〔……〕私は他なる者であり、そして他なる者ではない。〔……〕自己と他なるものが相互に離れつつ出現することにおいて、異他性の特殊な形式が知られ、それを私たちは二重の異他性（duplikative Fremdheit）と名づけたいと思う。〈23〉〔傍点は原著者による〕

舞台芸術の観客は、他の芸術ジャンルの美的経験のときよりもさらに強い異他の自己と直面する。「今ここ」の出来事が俳優の演技、発話、音響・視覚効果によって多種多様に現れては消える現象を前にした観客は、それらの多様ではかない眼前の出来事を十全に知覚することは非常に難しい。この困難さが――複製技術のメディアによる芸術経験や、読書経験、絵画・音楽鑑賞とは異なり――演劇の観客に付きまとう。それゆえに観客は、自分が今見たり聞いたり、感じ取ったものが本当にあったのかどうかをめぐって、懐疑的になりやすい。この懐疑は、観客の知覚能力そのものにも向けられる。観客は、自分がそもそも演劇的現象を本当に把握できたのかどうか、自信が持てない。観劇経験とは、受容者が作品を把握する自己に対して不確実さの葛藤を覚えるたぐいの芸術経験である。舞台作品を見る観客は、つねに知覚の限界・誤認・忘却という問題に晒されており、それゆえに自己の強い異他性と直面するのである。

自分自身の強い異他性との遭遇ゆえに、演劇の観客は、他の芸術ジャンルの美的経験の場合よりも強い葛藤を経験する。この強い葛藤が、観劇経験ならではの強いダイナミズムを観客にもたらすのである。観客はこの強い葛藤をかかえつつ、舞台上の出来事と、それを見る自分について省察したり、明確な理解や解釈という措定を欠いた状態で逡巡する。この省察・考察・逡巡は、強い葛藤ゆえにそれだけ強い否定性を帯びたダイナミズムを伴うのである。

負のダイナミズムは、「ある」と「ない」をめぐる観客の葛藤においてさらに強度を増す。第二章で述べたように、舞台上に何かが起きるというプレゼンスへの期待をもって、上演に赴くことは、観客という立場の前提条件を成す。論理的に説明ができないが、当然とされるこの期待を、ジャン＝リュック・ナンシーは「カルト」的な「プレゼンスへの期待」と呼んだのである〈24〉。プレゼンスと不在が演出や演技によって規範から逸脱することで、観客はカルト的に信じている期待を大きく削がれることになる。カルト的に——換言すれば——崇拝するようにして期待するものが「今ここ」に「ない」とき、あるいは過剰なほどに「ある」とき、観客はカルト的、すなわち理性を欠いた状態で失望し、見ることに強い葛藤を覚える。観客がそのような状況にある自己自身と向き合う経験はそれだけ強い否定性を帯びたダイナミズムを伴う。

観劇経験からこれほど否定的なダイナミズムを導き出すことをいぶかしく思う向きもあるだろう。しかし他の芸術ジャンルの美的経験では得がたい、演劇ならではの経験とは、ニーチェが悲劇論で

「強さのペシミズム」を提唱したように、不可能な状況を自己自身で受け止めた上で、その状況に立ち向かうことにある。「強さのペシミズムというのはあるのではないか。人間存在の充実さから〔……〕人間の厳しさ・おぞましさ・邪悪・諸問題に立ち向かおうとする知的な傾倒というものがあるのではないか」[25]。この強度のペシミズムを伴う受動性を踏まえて、ギュンター・ヘーグは、演劇の観客が「解決できない対立に耐える姿勢」をあえて陶冶することに、観客の「自由」を見出したのである[26]。同様にクリストフ・メンケも、ニーチェの立場を踏まえて、私たちが「善悪の彼岸」を超えて存在するあらゆるものを自ら引き受けようとするときに、「暗黒の力」が生じると指摘し、そのような「美的経験」にこそ「実践的自由から解放される自由」があると述べた[27]。

　この自由と暗黒の力を経験するには、逆説的なことに、観客に否定的な受苦が必要とされるのである。しかも観客は、このような苦悩を経験しようとするために、劇場に足を運ぶ。この容易には承服しがたい「観劇のパラドックス」について、カール・ヘーゲマンは次のように述べる。

> 観客の役割は、苦悩することと大いに関わる。苦悩する者は、演劇上演から有益なものを得られるのだ。観客は強い情熱を自由に発揮することができる。ときに観客は、一日の労働時間の半分に当たる四時間も上演を見続ける。それがよくわからなくても、見続けるのだ。上演が終わると、観客は感動する。ゆえに苦悩は、人々が劇場へ行く根拠であるのだ。[28]

演劇を見ることは、単に感動したいと思うからではない。感動の背後に、「苦悩」したいという観客の欲望が潜んでいる。観劇には、感動と長時間の受苦という容易には説明しがたいパラドキシカルな関係が必須であることを、ヘーゲマンは指摘した。さらにヘーゲマンは、観客が、よくわからない舞台上の出来事を「自由」かつ「情熱」的に見続ける「暗黒の力」を発揮することも暗示している。

観劇経験の魅力と自由とは、わからない、すなわち、判断や措定ができないという不可能性と、それに伴う強い否定性の経験をみずから引き受けようとすることにある。この経験の重要な契機となるのが、舞台上に何かが「起きる」と「起きない」というプレゼンスとアブセンスの状況である。この両者がパラドキシカルな二重性を帯びて観客の前に立ち現れるとき、観客はその状況をみずから引き受けようとすれば、そのパラドックスから自由とダイナミズムの経験を引き出すことができるのである。

注

序章

〈1〉演劇のプレゼンス論にとって重要な「今ここ」の概念はラテン語で“hic et nunc”と表されるが、直訳すると「ここと今」となる。日本語での慣例を考慮して、この概念を本書では「今ここ」と表記する。

〈2〉これらのプレゼンス論については、本書第一章第一節で紹介する。

〈3〉本書では「アブセンス」と「不在（Abwesenheit/Absenz）」という表記は原則として同じ考え方に基づいて用いられる。アブセンス論の対概念として「アブセンス」という表記を用い、それ以外の場合には「不在」という表記を用いる。なお両者に共通するアブセンスの考え方が伝統的な「不在の美学」と異なる点については本書第七章第一節を参照。

〈4〉ジークムント、アイアーマンのアブセンス論の詳細は、本書第一章第二節において述べる。

〈5〉ローゼルトやシウズーリのプレゼンス論は、本書第一章第二節で紹介する。

〈6〉エリカ・フィッシャー＝リヒテは『パフォーマンスの美学』の終章において、芸術的な「上演」と、スポーツ競技やイベントといった非芸術的な上演を明確に区別する基準はないと指摘する。Fischer-Lichte, Erika: *Ästhetik des Performativen*. Frankfurt a.M.: Suhrkamp 2004, pp. 350-1.

〈7〉フォーグルの「逡巡」論は、本書第二章第二節で紹介する。

第一章

〈1〉 Seel, Martin: *Ästhetik des Erscheinens*, Frankfurt a.M.: Suhrkamp 2003, pp. 237-40. この書は二〇〇〇年にCarl Hanser社から出版されたが、Suhrkamp社が版権を取得し、二〇〇三年に同社から再出版された。本書で参照するのはSuhrkamp社版の書（二〇〇三年初版）であるが、本文で紹介する際の出版年はCarl Hanser社の書に合わせて二〇〇〇年とする。

〈2〉 Mersch, Dieter: *Ereignis und Aura. Untersuchungen zu einer Ästhetik des Performativen*. Frankfurt a.M.: Suhrkamp 2002. この書の主張については、次項で詳しく述べる。

〈3〉 Fischer-Lichte: *Ästhetik des Performativen*. pp. 163-71 ならびに *Theaterwissenschaft. Eine Einführung in die Grundlagen des Faches*. Tübingen / Basel: A. Francke 2010, pp. 47-8.

〈4〉 ゼールやフィッシャー＝リヒテは明確なデリダ批判を行ってはいないが、ゼールは『出現の美学』において、脱構築派が好む芸術の脱感性論について批判的見解を述べている。Seel: *Ästhetik des Erscheinens*. p. 10.

〈5〉 ジャック・デリダ『根源の彼方に——グラマトロジーについて』下巻、足立和浩訳、現代思潮社、一九七二年、pp. 302-31. ジャック・デリダ『声と現象』林好雄訳、ちくま学芸文庫、二〇〇五年、pp. 10-1, 172-3, 229-30.

〈6〉 ジャック・デリダ『エクリチュールと差異』下巻、若桑毅他訳、法政大学出版局、一九八三年、p. 47, 131, 150, 152.

〈7〉 Fuchs, Elinor: Presence and the Revenge of Writing. Re-Thinking Theatre after Derrida. In: *Performing Arts Journal*. Vol. 9, No. 2/3, 1985, p. 165. Phelan, Peggy: *Unmarked. The Politics of Performance*. New York: Routledge 1993, p. 5, 19. なおフックスやフェランの論考を含め、アメリカのパフォーマンス研究や美学におけるプレゼンス論とアブセンス論の詳細については、ジークムントが的確に要約している。Siegmund, Gerald: *Abwesenheit. Eine performative Ästhetik des Tanzes*. Bielefeld: Transcript 2006, pp. 67-76.

〈8〉 Mersch: *Ereignis und Aura*. p. 13.

〈9〉 『声と現象』pp. 31-3.

〈10〉 Kolesch, Doris / Krämer, Sybille: Stimmen im Konzert der Disziplinen. In: Kolesch / Krämer (eds.): *Stimme. Annäherung an ein Phänomen*. Frankfurt a.M.: Suhrkamp 2006, p. 9. Weigel, Sigrid: Die Stimme als Medium des Nachlebens: Pathosformel, Nachhall, Phantom, kulturwissenschaftliche Perspektiven. In: Ibid., p. 20.

〈11〉Mersch, Dieter: Präsenz und Ethizität der Stimme. In: Ibid., p. 212.

〈12〉マルセル・モース『社会学と人類学II』有地亨・山口俊夫訳、弘文堂、一九七六年、pp. 132-9.

〈13〉“Leib”と“Körper”による二分法的な身体の状態が身体論の通説であるのは、ドイツの身体論でしばしば表現される言“Leib sein, Körper haben”（「Leibは存在に関わり、Körperは所有するもの」を意味する）からも推察されよう。

〈14〉Mersch: *Ereignis und Aura*. p. 10.

〈15〉Ibid., p. 79.

〈16〉Ibid., pp. 228-9, 235-6, 280-3.

〈17〉Ibid., p. 228.

〈18〉Fischer-Lichte: *Ästhetik des Performativen*. p. 168. 一九七〇年代から八〇年代にかけて大きな成果を残した北米のパフォーマンス研究は――リチャード・シェクナーやマーヴィン・カールソンの研究に象徴されるように――文化人類学・社会学・言語学の理論を援用したり、これらの分野との共同作業によって発展した。これに対してフィッシャー＝リヒテの『パフォーマンスの美学』は他の学問分野と一線を画して、まずは演劇やパフォーマンスの個々の上演における「今ここ」の現象を詳細に検討し、それらの美学的特徴を理論化した点において、プレゼンス芸術としての演劇を主軸に据えた演劇研究の成果と言える。

〈19〉Ibid., p. 169.

〈20〉Ibid., p. 170.

〈21〉Ibid., pp. 171-2.

〈22〉Ibid., p. 256.

〈23〉Seel: *Ästhetik des Erscheinens*. p. 84.

〈24〉Ibid., p. 96.

〈25〉Ibid., p. 93.

〈26〉Ibid., p. 83, 93.

〈27〉Ibid., p. 130.

〈28〉Ibid., pp. 52-4, 130.

〈29〉Ibid., p. 102.

〈30〉Lehmann, Hans-Thies: Gegenwart des Theaters. In: Fischer-Lichte, Erika / Kolesch, Doris / Weiler, Christel (eds.): *Transformationen. Theater der neunziger Jahre*. Berlin: Theater der Zeit 1999, p. 13, 18.

〈31〉 Siegmund: *Abwesenheit*. pp. 199-200.

〈32〉 Ibid., p. 199. なおこの文章は次のドイツ語訳に基づいている。Merleau-Ponty, Maurice: *Das Sichtbare und das Unsichtbare*. (trans. by Regula Giuliani / Bernhard Waldenfels), München: Wilhelm Fink 1986, pp. 114-5.

〈33〉 Ibid., p. 199.

〈34〉 Ibid.

〈35〉 Ibid., p. 107.

〈36〉 Ibid., p. 106.

〈37〉 筆者は『Self Unfinished』（一九九八年初演）を横浜KAAT劇場で二〇一一年六月二五日に観劇した。また振付家の制作関係者から入手した同作品の映像資料を基にして上演を考察した。

〈38〉 『Self Unfinished』のこのような独特の身振りについては、本書p. 51の舞台写真を参照。

〈39〉 Ibid., p. 386, 387.

〈40〉 Ibid., p. 198.

〈41〉 これらの批判と主張については：Tholen, Georg Christoph: *Die Zäsur der Medien. Kulturphilosophische Konturen*. Frankfurt a.M.: Suhrkamp 2002, pp. 62-3.

〈42〉 Eiermann, André: *Postspektakuläres Theater. Die Alterität der Aufführung und die Entgrenzung der Künste*. Bielefeld: Transcript 2009, pp. 52-3.

〈43〉 Roselt, Jens: *Phänomenologie des Theaters*. München: Wilhelm Fink 2008, p. 14, 15.

〈44〉 Siouzouli, Natascha: *Wie Absenz zur Präsenz entsteht. Botho Strauß inszeniert von Luc Bondy*. Bielefeld: Transcript 2008, p. 189, 192.

〈45〉 フィッシャー＝リヒテのプレゼンス論に依拠して、ジークムントやアイアーマンのアブセンス論を批判するのが、アダム・シラクである。シラクは『視線の参加――演劇とパフォーマンスにおける見ると見られるの場面』において、観客が他の観客や俳優に投げかける視線は、プレゼンスの状況ならではの効果をその場に居る者たちにもたらすと指摘して、フィッシャー＝リヒテの概念「共在」の有効性を主張した。その際シラクは、ジークムントとアイアーマンが「共在」の状況において観客同士の視線がアンビヴァレントに交わされる際の効果を見落としていると批判した。Czirak, Adam: *Partizipation der Blicke. Szenarien des Sehens und Gesehenwerdens in Theater und Performance*. Bielefeld: Transcript 2012, pp. 281-2, 284.

〈46〉 ジャン=リュック・ナンシーによるこの概念と演劇との関連については、本書第二章第三節を参照。

〈47〉 ただしプレゼンス論者とアブセンス論者はそれぞれの自説において完全に偏向しているわけではない。例えばプレゼンス論者メルシュは、ジョン・ケージの不在の美学のパフォーマンスを考察対象としているし、アブセンス論者ジークムントもプレゼンスとアブセンスの双方を考慮し、本書で後述するナンシーの論考「プレゼンスの成立」を参照している。しかしこのような考察や参照は、メルシュやジークムントの自説の中心になっているわけではない。むしろメルシュはデリダのアブセンス論を論駁しようとしてもっぱらプレゼンスの意義を提唱し、ジークムントはフィッシャー=リヒテやゼールのプレゼンス論を退けて、もっぱら不在の美学の意義を提唱することに主眼を置いている。cf. Mersch: *Ereignis und Aura*. pp. 282-3. Siegmund: *Abwesenheit*. pp. 59-60, 79.

〈48〉 Nancy, Jean-Luc: Entstehung zur Präsenz. In: Nibbrig, Christiaan L. Hart (ed.): *Was heißt „Darstellen"?* (trans. by Oliver Vogel), Frankfurt a.M.: Suhrkamp 1994, p. 105.

第二章

〈1〉 ク・ナウカの『王女メディア』における記憶の問題を扱った山下純照の先行研究でも、同上演の「スピーカー」と「ムーバー」の差が他のク・ナウカ上演よりも明確にされたことが指摘されている。山下純照「記憶の観点からの演劇研究（四）事例研究②―ク・ナウカの『王女メディア』（一九九九年）前半」「千葉商科紀要」第四四巻第二号（二〇〇六年）p. 3.

〈2〉 筆者は二〇〇五年七月二八日に東京国立博物館にて上演された同作品を観劇した。また同年一〇月九日にNHK教育テレビで放送された同作品の映像を参考にして、以下の考察を行う。

〈3〉 ライオネル・エイベルは、単に出来事を表現するだけでなく、出来事が劇の創造や制作のプロセスでもあることを構造的に観客に呈示する演劇を、「メタシアター」と定義した。そのようにして観客に、演劇とは何であるかを問いかけるのがメタシアターの特色である。ライオネル・エイベル『メタシアター』高橋康成・大橋洋一訳、朝日出版社、一九八〇年、p. 134.

〈4〉 『王女メディア』テレビ放送版の映像資料より。関東大震災の朝鮮人虐殺を彷彿させる台詞「井戸に毒を入れる」や、韓国の民族衣装と着物などの組み合わせから、同上演はギリシアを日本に、小アジアを韓国に置き換えて、明治日本の帝国主義的な対外政策を批判的に示している。これが明確に示されるので、観客は、雄弁な声と強いられた沈黙の関係に政治的な問題が孕んでいることにも気づかされ、それによって、声のプレゼンスと沈黙の不在との対立的な関係にも気づきやすくなる。

〈5〉『王女メデイア』における男女の対立が、語りと身振りが分離する文楽の形式を通じて明確になる点について、エリカ・フィッシャー＝リヒテが指摘している。Fischer-Lichte, Erika: Aufführungen griechischer Tragödien. In: Hirata Eiichiro / Lehmann, Hans-Thies (eds.): *Theater in Japan*. Berlin: Theater der Zeit 2009, pp. 214-5.

〈6〉『王女メデイア』では演出と演技の工夫により、観客が沈黙から声を聞き出すように要請されていることが示唆される。この点については、本章第一節で説明する。

〈7〉ジャック・デリダは、声の「謎めいた力」が「ロゴス」と「本質的な絆」を得るものとして、形而上学において高く評価されてきたのは、声のプレゼンス効果ゆえではなく、声と操作可能な「テクネー」が一体化し、ロゴスとの根源的一体をみせかけるがゆえのことであると指摘した。声は、話術や語りといったテクネーと一体化することで価値があるようにみせかける「からくり」が、デリダによって暴かれるようにして示される。『声と現象』p. 30, 167, 168. デリダの言う声と「テクネー」との一体化による現前の効果が『王女メデイア』で批判的に観客に示される具体的なプロセスについては：Hirata Eiichiro: The Absence of Voices in the Theatre Space. In: Hallensleben, Markus (ed.): *Performative Body Spaces. Corporeal Topographies in Literature, Theatre, Dance and the Visual Arts*. Amsterdam / New York: rodopi 2010, pp. 121-2.

〈8〉筆者は二〇〇五年七月に東京国立博物館本館で行われた『王女メデイア』を観劇したが、その際、美加理によって水をかけられた観客は女性だった。挑発の矛先はジェンダーの差に関係なく、「メデイア劇」を傍観するだけの観客に向けられたと考えられる。

〈9〉第一章第二節におけるアブセンス論の説明を参照。

〈10〉Macho, Thomas: Stimmen ohne Körper. Anmerkungen zur Technikgeschichte der Stimme. In: Kolesch / Krämer (eds.):

Stimme. p. 133.

〈11〉エマニュエル・レヴィナスが目の前にいる他者の身体性があるゆえに、私たちは応答責任を負うと提唱したことを踏まえて、プレゼンス論者のディーター・メルシュが、演劇の観客には舞台上の他者身体への応答責任が生じることを指摘した。Mersch: *Ereignis und Aura.* pp. 14-5, 289-90.

〈12〉Vogl, Joseph: *Über das Zaudern.* Zürich / Berlin: diaphanes 2008 (second edition), p. 78.

〈13〉Ibid., pp. 21-2, 36.

〈14〉Ibid., p. 50, 23.

〈15〉Ibid., p. 17, 19.

〈16〉Ibid., p. 9.

〈17〉Ibid., p. 11.

〈18〉Fischer-Lichte: *Ästhetik des Performativen.* pp. 98-9.

〈19〉Ibid., p. 170.

〈20〉Lehmann: Die Gegenwart des Theaters. p. 19.

〈21〉Ibid., p. 13.

〈22〉Nancy, Jean-Luc: Theaterkörper. (trans. by Ulrich Müller-Schöll), In: Müller-Schöll, Nikolaus / Schallenberg, André / Zimmermann, Mayte (eds.): *Performing Politics. Politsch Kunst machen nach dem 20. Jahrhundert.* Berlin: Theater der Zeit 2012, p. 170.

〈23〉Lehmann, Hans-Thies: Vom Zuschauer. In: Deck, Jan / Sieburg, Angelika (eds.): *Paradoxien des Zuschauens. Die Rolle des Publikums im zeitgenössischen Theater.* Bielefeld: Transcript 2008, p. 21, 24, 25.

〈24〉Ibid., p. 25.

〈25〉Eiermann: *Postspektakuläres Theater.* pp. 79-81, 362-3.

〈26〉プレゼンスの状態をあえて分析的に捉える必要性は、本章第二節で引用したレーマンの言「プレゼンスの充実における不足の状態を、より正確に把握することは不可欠だ」においても確認することができる。

〈27〉アイアーマンが、観客が上演を見ている自分を省察する最初のきっかけは、演出側の工夫にあると指摘している。Eiermann: *Postspektakuläres Theater.* p. 363.

〈28〉Lehmann, Hans-Thies: *Postdramatisches Theater.* Frankfurt a.M.: Verlag der Autoren 1999, p. 457.

〈29〉本章第三節におけるレーマンの論の引用を参照。

〈30〉Koberg, Roland: Kommen, Gehen, Duschen. In der Depression sind alle gleich: Frank Castorf inszeniert in Salzburg „Endstation Sehnsucht". In: *Berliner Zeitung* vom

27. 7. 2000. p. 11.

〈31〉 Hauthal, Janine: On Speaking and Being Spoken. Reading on Stage and Speaking with Accents in Needcompany's *Caligula*. In: Stalpert, Christel / Le Roy, Frederik / Boussert, Sigrid (eds.): *No Beauty for Me There Where Human Life Is Rare. On Jan Lauwers' Theatre Work with Needcompany.* Ghent: Academia Press 2007, p. 170.

〈32〉 Jans, Erwin: The Deer House. Beneath Us the World and Darkness above We Are Full of Love. In: Lesinger, Margarethe (ed.): *Jan Lauwers & Needcompany. Sad Face / Happy Face.* Program of Salzburger Festspiele 2008, p. 62.

〈33〉 Dermutz, Klaus: Welttheater und Daseinskomik des Halbgebirgsmenschen Christoph Marthaler. In: Dermutz, Klaus (ed.): *Christoph Marthaler. Die einsamen Menschen sind die besonderen Menschen.* Salzburg / Wien: Residenz 2000, p. 42.

〈34〉 Seel: *Ästhetik des Erscheinens.* p. 242.

第三章

〈1〉 沈載敏「所記のない能記の遊戯『Remains』居昌国際演劇祭」岡本昌己訳、「韓国演劇」二〇〇四年九月号所収、岡本訳の日本語版が以下のウェブサイト「よくわかる！ おかやんの演劇講座」の“Theatre Review”において公開されている。http://pops.midi.co.jp/~mokmt/TR/KT0409p76_storehouse_remains.html URL最終確認日：二〇一五年一月一〇日。なお以下の注におけるURL情報の最終確認日もこれと同様である。

〈2〉 新野守広「集団の解体と個の誕生『縄』から『Territory』への飛躍」二〇〇一年一二月 劇団ストアハウスカンパニーのHPに掲載 URL：http://www.storehousecompany.com/gekihyou/niino01.html

〈3〉 新野守広「連続批評――徐々に揺れがおさまるなかで4」「シアターアーツ」第五〇号（二〇一二年春号）晩成書房、p. 109.

〈4〉 西堂行人「二〇〇八年上半期 誰も書かなかった傑作舞台！」「テアトロ」二〇〇八年一〇月号、カモミール社、p. 21.

〈5〉 筆者は同作品を二〇〇七年一一月に江古田ストアハウス劇場にて観劇した。また同作品の改作『Ceremony 2012――おひさまのほうから』を二〇一二年二月に上野ストアハウス劇場にて観劇した。また『Ceremony』

の映像資料を同劇団から入手して上演分析を行った。

〈6〉 ジル・ドゥルーズ『差異と反復』上巻、財津理訳、河出文庫、二〇〇七年、p. 197.

〈7〉 Siegmund: *Abwesenheit*. p. 103.

〈8〉 新野「連続批評——徐々に揺れがおさまるなかで4」p. 110.

〈9〉 西堂「誰も書かなかった傑作舞台!-」p. 21.

〈10〉 木村真悟「〈勝負について〉"Remains" 上演論考」「シアターアーツ」第二一号（二〇〇四年冬号）晩成書房、p. 152.

〈11〉 Didi-Huberman, Georges: Phasmes. Essais sur L'apparation. Paris: Les Éditions de Minuit 1998, p. 15.

〈12〉 西堂「誰も書かなかった傑作舞台!-」p. 21.

〈13〉 Ibid.

〈14〉 ジョルジョ・アガンベン『開かれ——人間と動物』岡田温司・多賀健太郎訳、平凡社、二〇一一年、p. 98, 123.

〈15〉 Ibid., p. 92.

〈16〉 Ibid., p. 126.

〈17〉 Ibid., p. 136.

〈18〉 アガンベンが指摘する開かれと閉ざされのパラドックスの否定的側面と、演劇の身体表現や観劇のパラドックスとの関連については、パトリック・プリマヴェジが次のように説明している。「〔……〕隠れと顕われとの相互関係や、アガンベンがハイデガー思想に際して強調する開かれの否定性は、視線の関係性の演劇的特性や、〔俳優身体が〕開示される際の〈曝け〉と〈隠れ〉と関連する。〔……〕視線と眩惑の弁証法や、見ることと、見ない状態のまま見られていることとの弁証法は、見たいと思う欲求と見ることの抵抗感や、恥じらいと顕示欲が互いに結び合う演劇的プロセスと非常に似ている。」Primavesi, Patrick: Hölderlins Einladung ins Offene und das andere Fest des Theaters. In: Groß, Martina / Primavesi, Patrick (eds.): *Lücken sehen... Beiträge zu Theater, Literatur und Performance*. Heidelberg: Universitätsverlag Winter 2010, pp. 177-8.

〈19〉 木村真悟「役について "Remains" 上演論考」、「シアターアーツ」第二一号（二〇〇四年冬号）、晩成書房、p. 147.

〈20〉 Ibid.

〈21〉 アガンベン『開かれ』p. 135.

〈22〉 Lehmann, Hans-Thies: Tragödie und postdramatisches

Theater. In: Menke, Bettine / Menke, Christoph (eds.): *Tragödie-Trauerspiel-Spektakel*. Berlin: Theater der Zeit 2007, p. 216.

〈23〉 Ibid., p. 226.

〈24〉 Ibid.

〈25〉 Vogl: *Über das Zaudern*. p. 15.

〈26〉 本書第一章第一節を参照。

〈27〉 本書第一章第一節を参照。

〈28〉 アブセンス論者ゲラルト・ジークムントが、ディディ＝ユベルマンの「開かれ」と「隠れ」の論を用いて観客の受容の限界を指摘している。Siegmund, Gerald: Affekte ohne Zuordnung. Zonen des Unbestimmbaren: Zu den Choreographien von Antonia Baehr. In: Groß / Primavesi (eds.): *Lücken sehen...*, p. 315.

第四章

〈1〉 フランク・カストルフの演劇活動に関する詳細な日本語文献として次を挙げる。新野守広『演劇都市ベルリン』れんが書房新社、二〇〇五年、pp. 151-201.

〈2〉 この演劇評論のコメントは、次の文献に収録されている。Schütt, Hans-Dieter / Hennmeyer, Kirsten (eds.): *Castorfs Volksbühne. Bilder vom häßlichen Leben*. Berlin: Schwarzkopf & Schwarzkopf 1999, p. 29.

〈3〉 Ibid., p. 31.

〈4〉 Benjamin Henricks によるカストルフ演劇についての紹介文。In: *Castorfs Volksbühne*. p. 145.

〈5〉 Schütt, Hans Dieter: Einfach wegkippen, den Müll. Frank Castorf inszenierte zu den Salzburger Festspielen „Endstation Sehnsucht". In: *Neues Deutschland* vom 15. 8. 2000. p. 12.

〈6〉 カストルフと制作チームは元々『欲望という名の電車』（ドイツ訳表題は"Endstation Sehnsucht"）の表題で制作を発表したが、原作の内容を一部変えたことに対してテネシー・ウィリアムズの著作権の権利団体から抗議を受け、上演名を『終着駅アメリカ』（"Endstation Amerika"）に変えた。この経緯については：Göpfert, Peter Hans: Big Brother im Badezimmer. Frei nach Tennessee Williams: Castorfs „Endstation Amerika" in der Volksbühne. In: *Berliner Morgenpost* vom 15. 10. 2000. p. 27.

〈7〉 Hegemann, Carl (ed.): *Endstation. Sehnsucht. Kapitalismus und Depression I*. Berlin: Alexander Verlag (3rd editon) 2003.

〈8〉 筆者は『終着駅アメリカ』の東京公演を二〇〇五年

三月二七日に観劇した。また舞台映像をフォルクスビューネ劇場の舞台関係者から入手して上演分析を行った。

〈9〉 テネシー・ウィリアムズ『欲望という名の電車』小田島雄志訳、新潮文庫、二〇〇五年、p. 33.

〈10〉 Ibid.

〈11〉 Lepenies, Wolf: *Melancholie und Gesellschaft*. Mit einer neuen Einleitung: Das Ende der Utopie und die Wiederkehr der Melancholie. Frankfurt a.M.: Suhrkamp 1998, pp. 183-4.

〈12〉 ステラが鬱的な夫の自己破壊的暴力の犠牲者だけでなく、喪失に苦しむ鬱的な人間となった姿がカストルフの上演の最後で強調される。その場面でステラは、戯曲ではブランチが語る陰鬱で支離滅裂な台詞を語る。「もう潮風の匂いがする。これから先、私は生涯海の家で生きていくわ。死ぬときも海の上。〔……〕なんで死ぬと思う？ 私はある日、大海原の上で、洗ってないブドウを食べて死ぬの」。ウィリアムズ『欲望という名の電車』p. 202. 精神に破綻をきたしたブランチの台詞を、子供を失ったステラが語ることで、ステラもブランチと同様に喪失を気に病む鬱的な人間であることが、観客に示される。

〈13〉 ウィリアムズ『欲望という名の電車』p. 57.

〈14〉 Koberg, Roland: Kommen, Gehen, Duschen. In der Depression sind alle gleich: Frank Castorf inszeniert in Salzburg „Endstation Sehnsucht“. In: *Berliner Zeitung* vom 27. 7. 2000. p. 11. 鬱とそれと反対にみえるモチーフ（暴力性）が演出において混在することについては、劇評家ペーター・イーデンも指摘している。「〔西暦二〇〇〇年を表す〕時代精神の特徴とは、カストルフと活発な制作仲間にとって〔……〕一方では無気力で、鬱的で、退屈な状態であるが、他方では暴力の直接的な表現への傾向である」。Iden, Peter: Pudding aus dem Prenzlauer Flachland. Zustände des Gelangweiltseins: Frank Castorf kocht „Endstation Sehnsucht“ bei den Salzburger Festspielen klein. In: *Frankfurter Rundschau* vom 27. 7. 2000. p. 18.

〈15〉 Göpfert: Big Brother im Badezimmer, p. 27.

〈16〉 フォルクスビューネ劇場アーカイブに所蔵される上演台本より。In: Regiebuch: Endstation Amerika. Eine Bearbeitung von Frank Castorf. Stand: 13. 10. 2000. p. 9.

〈17〉 Ibid., pp. 9-10.

〈18〉子守歌の歌詞は「坊やよ、お眠り〔……〕お前はひどく神経質な子、お前の頭は二度も壊れた〔……〕」という悪意を含んだ内容となっている。そのような歌を、お腹の子を失ったステラに歌うことで、スタンリー、ミッチ、スティーブ、ユーニスはステラを慰めるつもりでありながら、実際にはさらに苦しめるという矛盾を犯す。この矛盾は、彼らが「ある」と「ない」のパラドキシカルな両極のあいだで行ったり来たりするうちに、知らずして周囲の者（他者）を苦しめる問題と関連する。In: Regiebuch: Endstation Amerika. p. 102.

〈19〉『欲望という名の電車』と『終着駅アメリカ』の鬱的状況が一時的なものではなく、「長期鬱的」で「長期に屈辱的な」ものであることを劇評家ラインハルト・ヴェンギーレクが指摘している。Wengierek, Reinhard: Neurosen-Kollektiv Ost. Sensationell: Frank Castorf inszeniert „Endstation Sehnsucht“ bei den Salzburger Festspielen. In: *Die Welt* vom 27. 7. 2000. p. 29.

〈20〉Lepenies: *Melancholie und Gesellschaft*. p. 247.

〈21〉殺人は重大な罪であるが、一定の期間までならば堕胎をしても罪にならない。生まれ来る子供は、まだ完全にこの世に「存在」しないので、命を奪われても仕方がないとみなされる。法律が生まれ来る子供を、まだ人間とみなさないことからしても、出産以前の子供が社会において「マージナル」とみなされていることがわかる。

〈22〉本章注18を参照。

〈23〉オデュッセウスとセイレーンのエピソードと、これに関するホルクハイマーとアドルノの解釈については Horkheimer, Max / Adorno, Theodor W.: *Dialektik der Aufklärung*. In: Tiedemann, Rolf (ed.) : *Theodor W. Adorno. Gesammelte Schriften 3*. Frankfurt a.M.: Suhrkamp 1981, pp. 64, 73, 77-9.

〈24〉Ibid., pp. 86-7.

〈25〉Hegemann: *Kapitalismus und Depression I*. p. 8.

〈26〉Ehrenberg, Alain: *La fatige d'être soi. Société et dépression*. Paris: Odile Jacob 1999, pp. 242-89.

〈27〉エランベールが「パラドックス」という表現を用いている箇所は：Ehrenberg, Alain: Die Müdigkeit, man selbst zu sein. In: *Kapitalismus und Depression I*. p. 103.

〈28〉エランベールのここまでの説明は Ibid., pp. 101-3.

〈29〉エランベールのここまでの説明は Ibid., pp. 126-9.

〈30〉レペニースは、メランコリカーの特徴、すなわち自分と世界を省みる省察が、かえって自分を不活発にして（＝「行為抑圧」）、揚句の果てに「自殺」という「自己破壊」に至らしめる危険性を指摘する。Lepenies: *Melancholie und Gesellschaft*. p. 185.

〈31〉鬱的な人に過剰さが備わることについて、エランベールは次のように述べる。「メランコリカーと鬱的な人間の共通点は、両者とも過剰な自意識を有することにある。両者とも自分らしくなるという意識が過剰になるのである。メランコリカーがたぐいまれな人間に当てはまるとすれば、鬱は、〔自分が人間と異なるという〕例外状態が民主化したことを暗示する。」Ibid., p. 124.

〈32〉カストルフ演出のスタンリー像に憂鬱のモチーフが暗示されていることは劇評でも指摘されている。Wille, Franz: Am Kapitalismus heißt lustiger Leiden. In: *Theater Heute* vom Oktober 2000, p. 12.

〈33〉Regiebuch: Endstation Amerika. p. 47.

〈34〉Ehrenberg: Die Müdigkeit, man selbst zu sein. pp. 124, 132-3.

〈35〉Regiebuch: Endstation Amerika. p. 9.

〈36〉Ehrenberg: Die Müdigheit, man selbst zu sein. pp. 107-12.

〈37〉ジークムント・フロイトは論考「悲哀とメランコリー」において、メランコリーや鬱の状態にある人間には、一方で活動意欲のエネルギーが失われるが、他方で自分を攻撃するサディスティックで過剰なエネルギーが生じ、それが自殺行為にまで及ぶことを指摘している。Freud, Sigmund: Trauer und Melancholie. In: *Gesammelte Werke*. chronologisch geordnet 10. Band, Frankfurt a.M.: Fischer 1991 (8th edition), p. 438.

〈38〉不在の状態が観客に否定的な経験をもたらすことについては、本書第七章第一節と第八章第一節においても論じる。

〈39〉上演プログラム『資本主義と鬱I』への大きな反響はベルリンの週刊新聞「フライターク」でも詳しく報道された。Bethke, Ricarda: Depressive aller Länder... Offen stehende Türen. Ein Plädoyer für „Programme", die von der Volksbühne am Rosa-Luxemburg-Platz vertrieben werden. In: *Freitag* vom 20. 6. 2003. p. 12.

〈40〉Wille: Am Kapitalismus heißt lustiger Leiden. p. 12.

〈41〉Schaper, Rüdiger: Blonde neue Welt. Erste Schauspielpremiere der Salzburger Festspiele 2000: Frank Castorf frisiert Tennessee Williams und findet „Endstation

Sehnsucht" in Berlin. In: *Der Tagesspiegel* vom 27. 7. 2000. p. 27.

〈42〉 Göpfert: Big Brother im Badezimmer. p. 27.

〈43〉 Wengierek: Neurosen-Kollektiv Ost. p. 29.

〈44〉 Göpfert: Big Brother im Badezimmer. p. 27.

〈45〉 Wille: Am Kapitalismus heißt lustiger Leiden. p. 13.

〈46〉 ベルクソンは、笑う主体は滑稽な対象を社会的規範からずれていると思うことで「懲罰」を与えることができると論じている。アンリ・ベルクソン『笑い』林達夫訳、岩波文庫、一九九一年、pp. 27-8.

〈47〉「魅力的」については：Schaper: Blonde neue Welt. p. 27. 「愛らしくて親近感〔のある〕」については：Diez, Georg: Tristesse Banal. Salzburger Festspiele: Krüppel wie wir. Frank Castorf inszeniert „Endstation Sehnsucht" von Tennessee Williams. In: *Süddeutsche Zeitung* vom 27. 7. 2000. p. 13.

〈48〉 Ritter, Joachim: Über das Lachen. In: *Subjektivität. Sechs Aufsätze.* Frankfurt a.M.: Suhrkamp 1974, p. 70.

〈49〉 演劇学者フリーデマン・クロイダーがヨアヒム・リッターの笑いの論を演劇学的な見地からみた特徴を言い表した概念。Kreuder, Friedemann: Komisches. In: Fischer-Lichte, Erika / Kolesch, Doris / Warstat, Matthias (eds.): *Theatertheorie. Metzler Lexikon.* Stuttgart / Weimar: Metzler Verlag 2005, p. 173.

〈50〉 Ritter: Über das Lachen. p. 87.

〈51〉 Ibid., p. 62.

〈52〉 このパラドックスに対してメランコリカーが敏感に気づくことについては、三浦雅士が『メランコリーの水脈』で指摘している。人間は自覚的だがそれゆえに無自覚になることがある。この無自覚な自分に気づくのがメランコリーの特徴であると述べている。このプロセスは、リッターの言う笑いのメランコリーにも当てはまる。人は一方では、一般的な基準からずれた対象を滑稽と感じて笑う。人は対象を笑いつつ、対象と自分との相違を自覚する。他方で笑いは――リッターが述べたように――滑稽さが自分にも当てはまると気づかせるきっかけにもなる。このようにして笑う自分を省みたとき、人は笑う自覚行為ゆえにかえって無自覚になっている自分に気づき、リッターの言うように「メランコリック」になるのである。このプロセスは、三浦が述べる「自覚についての自覚は無自覚へ転ずる」ことを悟るメランコリックな自覚と同じである。三浦雅士『メランコリーの水脈』講談社文芸文庫、二〇〇三年、pp. 225-6, 232.

〈53〉 カストルフの演出が、舞台上の人間を「犠牲」にする代わりに、自分たちが生き延びる「人身御供」のパラドックスを観客に経験させることについて、演劇学者ギュンター・ヘーグが論じている。Heeg, Günther: Der Tod der Gemeinschaft. In: Fischer-Lichte / Kolesch / Weiler (eds.): *Transformation.* pp. 95-6.

〈54〉 Castorf, Frank: Der Haß. Vorbei die Zeit der Schneebälle. Im Gespräch mit Hans-Dieter Schütt. In: *Castorfs Volksbühne.* p. 101.

〈55〉 本書第二章第二節を参照。

第五章

〈1〉 本書第二章第五節参照。

〈2〉 ニードカンパニーの作品にプレゼンスと不在が混在することを指摘する演劇論者はレーマン以外に、ドイツの演劇学者ヴォルフ＝ディーター・エルンストが挙げられる。エルンストは、同劇団の上演において役を演じない俳優の状態を不在とみなし、この不在の状態からイメージの情念やエネルギーが俳優身体において現前するプロセスをつまびらかにする。Ernst, Wolf-Dieter: *Der affektive Schauspieler. Die Energetik des postdramatischen Theaters.* Berlin: Theater der Zeit 2012, p. 159, 162.

〈3〉 Lehmann, Hans-Thies: Détachement. On Acting in Jan Lauwers' Work. In: Stalpert / Le Roy / Boussert (eds.): *No Beauty for Me There Where Human Life Is Rare.* p. 73, 72. なお引用の翻訳に当たって同論文のドイツ語版と日本語訳を参照した。Lehmann, Hans-Thies: Détachement. Zum Spiel bei Jan Lauwers. In: Lauwers, Jan: *Sad Face / Happy Face. Drei Geschichten über das Wesen des Menschen.* Frankfurt a.M.: Fischer Verlag 2008, p. 155, 156. ハンス＝ティース・レーマン「Détachement（乖離、隔たり）――ヤン・ロワースの舞台における演技について」谷田尚子訳、「シアターアーツ」第三一号（二〇〇七年夏号）、晩成書房、p. 107, 106.

〈4〉 Lehmann: Détachement. On Acting in Jan Lauwers' Work. p. 72.「宙吊りされた」という語は英語版では “[be] kept in reserve, held back” となっている。この二つの受動態を谷田が的確にまとめて「宙吊りにされた」と意訳している。意味が措定に至らず「留保され差し戻された」状態は、「宙吊りにされた」に等しいと思われる。「宙吊り（Suspendierung）」はレーマンが演劇論でしばしば用いる概念であり、この意訳はレーマンの演劇観に添ったものと言える。このような理由から、本書では原文を意訳した谷田の日本語訳を踏襲する。

〈5〉 Ibid.

〈6〉 Ibid., p. 73.

〈7〉『イザベラの部屋』の物語は主に、ベルギー出身の考古学者であるイザベラが住むパリのアパートで展開する。舞台は彼女の父アーサーがアフリカで収集した大量の古代の美術品が並べられている。上演の最後でイザベラは「私の命、私そのもの」である「美術品はみんなニセモノで嘘」と告白する。この告白によって、イザベラ本人と、彼女を取り囲む家族や恋人たちも虚構であることが観客に暗示される。実際の上演でも語られるこれらの台詞はドイツ語版と日本語版の台本に掲載されている。Lauwers, Jan: Isabellas Zimmer. In: *Sad Face / Happy Face.* p. 56, 54. ヤン・ロワース「イザベラの部屋」目黒条訳、「シアターアーツ」第三一号（二〇〇七年夏号）、晩成書房、p. 144, 146.

〈8〉 Lehmann: Détachement. On Acting in Jan Lauwers' Work. p. 80.

〈9〉 筆者は『ディア・ハウス』の上演を二〇〇八年七月三〇日にザルツブルク音楽祭の上演会場にて、また二〇〇九年三月七日にエッセン・ツォルパクト劇場にて観劇した。同作品の映像資料をニードカンパニー制作部から入手して上演分析を行った。

〈10〉『ディア・ハウス』は、三部作の他の作品（『イザベラの部屋』、『ロブスター・ショップ』）と同様、ドイツ語版の台本が出版されている。子供の死体のエピソードは：Das Hirschhaus. In: Lauwers, Jan: *Sad Face / Happy Face.* p. 93.

〈11〉 Ibid., p. 110.

〈12〉 ロワースがインタビューで『ディア・ハウス』を現実と虚構が綯い交ぜとなった「おとぎ話の世界」として説明している。Jan Lauwers in conversation with Hans Ulrich Obrist: "My Thinking on Art is all about Time". In: *Sad Face / Happy Face. Drei Geschichten über das Wesen des Menschen. Salzburger Festspiele 2008.* ザルツブルク音楽祭の上演プログラム、p. 17.

〈13〉『ディア・ハウス』の登場人物と俳優・舞踊家の名前は一致している。戯曲の登場人物は名しか記されていないので、カッコ内に俳優の姓を記す。

〈14〉コソボで起きたとされる殺人の強要が、映画『ソフィーの選択』の強要の場面と関連していることは、ブノワ自身が上演中の台詞において語る。Das Hirschhaus. p. 112. またこの映画が示す殺害の強制と自由選択のあり方が「現代の悲劇」を比喩的に表していることについて、アレンカ・ジュパンチッチが『リアルの倫理』において説明している。アレンカ・ジュパンチッチ『リアルの倫理』冨樫剛訳、河出書房新社、二〇〇三年、pp. 243-9.

〈15〉Lauwers: Das Hirschhaus. p. 94.

〈16〉Ibid., pp. 101, 105-7.

〈17〉Ibid., pp. 145-6.

〈18〉Jan Lauwers in conversation with Hans Ulrich Obrist: "My Thinking on Art is all about Time". p. 17.

〈19〉Affenzeller, Margarete: Momente der Nicht-Überbrückung. In: *Der Standard* vom 30. 7. 2008. p. 20.

〈20〉『Ceremony』における観客の宙吊り状態については、本書第三章第四節を参照。

〈21〉Kear, Adrian: *Theatre and Event. Staging the European Century.* Hampshire: Paograve / Macmillan 2013, p. 87.

〈22〉Lauwers: Das Hirschhaus. p. 139.

〈23〉フォーグルの逡巡論と葛藤については、本書第二章第二節を参照。

〈24〉Lehmann: Détachement. On Acting in Jan Lauwers' Work. p. 72.

〈25〉『ディア・ハウス』が死者を悼む哀悼劇として上演されたことについては、複数の劇評で指摘されている。Müry, Andres: Trauer muss Tijen tragen. Die Salzburger Festspiele werden antik: Jan Lauwers und seine Needcompany experimentieren in „Das Hirschhaus" mit Trauerzeremonien. In: *Der Tagesspiegel* vom 31. 7. 2008. p. 26. Ufermann, Dirk: Das Alb-Traumspiel. Fakten zur Aufführung THE DEER HOUSE. In: WWW-Opernnetz. de. ウェブ上の演劇・音楽劇情報サイト　ＵＲＬ：http://www.opernnetz.de/seiten/rezensionen/ess_PACT3.htm, 2009.

〈26〉テリー・イーグルトン『文化とは何か』大橋洋一訳、松柏社、二〇〇六年、p. 111.

〈27〉Ibid., pp. 113-4.

〈28〉イーグルトンは、人間の想像力が仲間の殺害にまで至らしめる影響力について、次のように示唆する。「人間は虎よりも破壊的である。なぜなら抽象化というわたしたちの象徴能力は、同じ種族の者を殺してはならないという感覚的禁忌を超越し無視してしまうのだから。もしわたしが素手であなたの首を絞めようとすれば、おそらくわたしは怖じ気づいて吐き気をもよおすのがせきのやまだろう。〔……〕しかし言語によって、わたしはあなたを遠距離から殺すことができる。肉体的なものからくる禁忌感覚はもう適用できない」Ibid., p. 238. ここで述べられる「抽象化」や「言語」による「象徴能力」は想像力に相当するので、想像力は、人を殺してはならないという「禁忌感覚」を上回り、殺人の動機をもたらす危険性が示唆される。

〈29〉 Ibid., p. 111.

〈30〉 イーグルトン『文化とは何か』、p. 110. ジャン＝ポール・サルトル『サルトル全集 第一二巻 想像力の問題』平井啓之訳、人文書院、改訂重版一九八〇年、pp. 20-1.

〈31〉 レーマンによるこの言については本章第一節を参照。

〈32〉 生者が死者を想像することの不可能性や限界に対して無自覚なために、重大な問題を引き起こすことは、ニードカンパニーの他の作品でもテーマ化されている。例えば悲劇の三部作の二番目に当たる『ロブスター・ショップ』では、不慮の事故で息子を失った父親（科学者）がクローン技術で息子を甦らせようとする。同上演ではこの出来事と平行して、クローン人間が登場する。このクローン人間に対して別の登場人物が「あなたは想像力の捏造物にすぎない」と述べる。『ロブスター・ショップ』では、死者をクローン技術で甦らせることと、想像力で脳裡に浮かび上がらせることが関連づけられ、どちらの試みも生者の独りよがりな欲望の産物として批判的に示される。Lauwers: Der Lobstershop. In: *Sad Face / Happy Face*. p. 85.

〈33〉 これらの「死者の演劇」については Lehmann: *Postdramatisches Theater*. pp. 116-9.

〈34〉 モーリス・ブランショ『明かしえぬ共同体』、西谷修訳、ちくま学芸文庫、一九九七年、pp. 25-6. ブランショが主張する「私」と「死にゆく者」による共同体の可能性が、ニードカンパニー演劇の哀悼のテーマと関連することを、クリステル・スタルペールトが指摘している。Stalpert, Christel: On Art and Life as Roundabout Paths to Death. Melancholia, Desire and History in *Isabella's Room*. In: *No Beauty for Me There Where*

Human Life Is Rare. p. 317. なお『明かしえぬ共同体』は、ジャン＝リュック・ナンシーの『無為の共同体』を踏まえて執筆されたが、ナンシーはこの書で――ブランショの場合と同様にバタイユの共同体論に言及しつつ――「私」と「死にゆく者」との関係性に言及している。ジャン＝リュック・ナンシー『無為の共同体』西谷修他訳、二〇〇一年、以文社、pp. 29-30.

第六章

〈1〉メディア映像が身体映像を「本当はそこに居ないのに、そこに居るように」見せかける「テレプレゼンス」の効果によって、現代人の身体感覚や知覚を麻痺させる問題について、ポール・ヴィリリオが『瞬間の君臨』において論じている。ポール・ヴィリリオ『瞬間の君臨――リアルタイム世界の構造と人間社会の行方』土屋進訳、新評論社、二〇〇三年、pp. 213-9.

〈2〉Lehmann: *Postdramatisches Theater.* p. 364.

〈3〉Siegmund: *Abwesenheit.* p. 28.

〈4〉本書第一章第二節を参照。

〈5〉本書第一章第三節を参照。

〈6〉第二章で紹介したヨーゼフ・フォーグルの「逡巡」のダイナミズムを表す表現。本書第二章第三節を参照。

〈7〉Kamper, Dietmar: *Die Ästhetik der Abwesenheit. Die Entfernung der Körper.* München: Wilhelm Fink 2008 (2nd edition), pp. 176-7.

〈8〉Ibid., p. 174.

〈9〉Müller-Schöll, Nikolaus: Laurent Chétouane. Theater der Spur. In: Dürrschmidt, Anja / Engelhardt, Barbara (eds.): *Werk-Stück. Regisseure im Porträt.* Berlin: Theater der Zeit 2003, p. 33.

〈10〉筆者は『画の描写』を二〇〇八年一〇月二四日にドルトムントのTheater im Depotで観劇した。また同作品の映像資料をローラン・シェトゥアーヌから入手し、上演分析を行った。

〈11〉シェトゥアーヌの試みが「放棄の演劇」として演劇界で知られていることについては：Pilz, Dirk: Ein Theater der Enthaltsamkeit. Der französische Regisseur Laurent Chétouane gastiert an den Sophiensælen. In: *Berliner Zeitung* vom 29. 3. 2007. p. 30.

〈12〉欧米の舞踊史において最も有名な脱構築的な試みは、心理・感情・意味を限りなく排した一九六〇年代のポストモダン・ダンスである。この潮流はあまりにラディカルな排除を行ったため、長続きしなかった。ローラン・シェトゥアーヌはこのラディカルな排除を独自の手法で復活させたと言うことができる。ちなみにヨーロッパのアヴァンギャルド・ダンス界で広く受け入れられているウィリアム・フォーサイスも、ポストモダン・ダンスを継承しているとみなされるが、実際には、伝統的なバレエのフォルムを積極的に取り入れることで、ポストモダン・ダンスのラディカル性とは別の舞踊美学を目指している。フォーサイスと比較しても、シェトゥアーヌの強い不在の特徴は、ポストモダン・ダンスの試みに近いと考えられる。

〈13〉シェトゥアーヌの演出において台詞内容と身振りがしばしば「乖離（Kluft）」するように観客に呈示されることについては：Schuster, Tim: *Räume, Denken. Das Theater René Polleschs und Laurent Chétouanes*. Berlin: Neofelis 2013, p. 230.

〈14〉『画の描写』における指定なき生成の動きについて、ギュンター・ヘーグが「突然の中断」という表現を用いて詳しく描写している。Heeg, Günther: Abbrechende Gesten. In: *Schauplatz Ruhr. Jahrbuch zum Theater im Ruhrgebiet 2007*. Berlin: Theater der Zeit 2007, pp. 9-10.

〈15〉微細な動きを細やかに見たり、聞き入るようにして観客の感性的な知覚を刺戟する試みは、日本ではクロード・レジ演出、日本の俳優たちによる舞台作品『室内』（メーテルランク作）に見られた。筆者はこの作品の評論において、この一連の知覚方法を「静的なダイナミズム」から説明した。平田栄一朗「気配のダイナミズム——クロード・レジ演出『室内』を手掛かりに」『三田文学』第一一七号（二〇一四年）、pp. 267-71.

〈16〉Benjamin, Walter: *Ursprung des deutschen Trauerspiels*. In: Tiedemann, Rolf / Schweppenhäuser, Hermann (eds.): *Gesammelte Schriften*, Band I-1, Frankfurt a.M.: Suhrkamp 1993, pp. 213-4.

〈17〉この場面については、本書p. 232の舞台写真を参照。

〈18〉Menninghaus, Winfried: Ekel. Vom negativen Definitionsmodell des Ästhetischen zum „Ding an sich". In: Stockhammer, Robert (ed.): *Grenzwerte des Ästhetischen*. Frankfurt a.M.: Suhrkamp 2002, p. 47.

〈19〉Benthien, Claudia / Wulf, Christoph (eds.): *Körperteile. Eine kulturelle Anatomie*. (Einleitung). Hamburg: Rowohlt 2001, p. 13, 14.

〈20〉 Rost, Katharina: Lauschangriffe. Das Leiden anderer spüren. In: Kolesch, Doris / Pinto, Vito / Schrödl, Jenny (eds.): *Stimm-Welten. Philosophische, medientheoretische und ästhetische Perspektiven*. Bielefeld: Transcript 2009, p. 174. なお身体に“Leib”と“Körper”の二面性があることについては本書第一章第二節を参照。

〈21〉 本書第一章第二節を参照。

〈22〉 Kamper: *Ästhetik der Abwesenheit*. pp. 176-7.

〈23〉 Mersch, Dieter: Körper zeigen. In: Fischer-Lichte, Erika / Horn, Christian / Warstat, Matthias (eds.): *Verkörperung*. Tübingen / Basel : A. Francke 2001, p. 85, 86.

〈24〉 シェトゥアーヌがニコラウス・ミュラー＝シェルと対談した際の発言：„Ein Schauspieler ist immer peinlich. - Deshalb muss er bleiben“ Laurent Chétouane über seine Arbeit mit Schauspielern. In: Primavesi, Patrick / Schmitt, Olaf A. (eds.) In: *AufBrüche. Theaterarbeit zwischen Text und Situation*. Berlin: Theater der Zeit 2004, p. 284.

〈25〉 Ibid.

〈26〉 「ゼロ状態」と多様な可能性についてはIbid., p. 285.

〈27〉 『画の描写』についてのシェトゥアーヌの発言。In: Das Sprechen des Textes im Raum. Zur Arbeit von Laurent Chétouane und Frank James Willens mit Heiner Müllers *Bildbeschreibung*. Position eines Symposiums. In: *Schauplatz Ruhr*. p. 8.

〈28〉 Mersch: Körper zeigen. p. 86.

〈29〉 プレゼンス論とアブセンス論の議論において、身体の「記号」や「痕跡／気配」をめぐりプレゼンス論者のメルシュとアブセンス論者のカンパーが一致した見解を示していることは注目に値する。この一致は、プレゼンス論とアブセンス論は――ドイツ演劇学では両者が対立して論争した事実と異なり――共通の側面を有することを示唆する。

〈30〉 「逡巡」の「対抗的衝撃」については本書第二章第二節を参照。

〈31〉 従来のアブセンス論の欠落については本書第二章第四節を参照。

第七章

〈1〉 Decker, Kerstin: Fünf Stunden Feindschaft. Das Weimarer Theater verhebt sich an „Faust II“. In: *Der Tagesspiegel* vom 23 /24. 3. 2008. p. 25.

〈2〉 シェトゥアーヌはケルン劇場で『ダントンの死』を演

出・上演した二〇〇九年まで、ドイツの公共劇場で三時間ほどかかる古典戯曲を多く手掛けてきたが、それ以降は、前章で取り上げた『画の描写』を含む『ダンス・ピース』の四部作や『春の祭典』（二〇一一年）、『M!M』（二〇一三年）など一時間程度の舞踊作品を中心に手掛けている。この変化から、シェトゥアーヌの演劇・舞踊作品の特色は短時間の上演では活かされるが、長時間の上演には不向きであることがうかがえる。

〈3〉 Heidegger, Martin: *Die Grundbegriffe der Metaphysik. Welt - Endlichkeit - Einsamkeit.* In: von Hermann, Friedrich-Wilhelm (ed.): Martin Heidegger. *Gesamtausgabe.* Band 29/30. Frankfurt a.M.: Vittorio Klostermann 1983, p. 140.

〈4〉 劇評家クラウス・デアムーツがマルターラーの演劇を「不在の美学」と称し、マルターラーと共に舞台創造を手掛けてきたドラマトゥルクのシュテファニー・カープがマルターラー演劇における「遅滞」の転覆可能性を見出している。Dermutz: Welttheater und Daseinskomik des Halbgebirgsmenschen Christoph Marthaler. p. 42. Carp, Stefanie: Langsames Leben ist lang. Ein Versuch über die Theaterarbeit von Christoph Marthaler. In: *Berlin Zürich Hamburg. Texte zu Theater und Gesellschaft.* Berlin: Theater der Zeit 2007, p. 69.

〈5〉 マルターラーが演劇界でいかに高い評価を受け続けてきたかについては、ドイツ語圏の演劇作品のうち一〇の年間優秀作が毎年五月に上演されるベルリン演劇祭に、彼の演出作品が一四度も選ばれた事実が物語っている。これほど招待された点においてペーター・ツァデック、ペーター・シュタイン、クラウス・ミヒャエル・グリューバーなどの往年の名演出家たちすらマルターラーに及ばない。また批評家ベンヤミン・ヘンリックスがマルターラーを「ドイツ演劇界のキング」と呼んだように、マルターラー演劇は一般の演劇ファンからも高い人気を博し続けてきた。Henrichs, Benjamin: Deutschlandschlaflied oder Sieben im Bunker. In: *Die Zeit* Nr. 44. vom 27. 10. 1995. p. 60.

〈6〉 Dermutz: Welttheater und Daseinskomik des Halbgebirgsmenschen Christoph Marthaler. p. 18, 20, 42.

〈7〉 Lehmann: *Postdramatisches Theater.* p. 331.

〈8〉 以下ではこの上演を『ムルクス』と省略する。筆者は同上演を一九九九年一〇月と同年一二月にベルリン・フォルクスビューネで観劇した。

〈9〉 フィッシャー=リヒテが『ムルクス』の雰囲気をこのような表現で描写している。Fischer-Lichte: *Ästhetik des Performativen*. p. 200.

〈10〉 生気を欠いた状態にある舞台上の人物たちについては、本書p. 257の舞台写真を参照。

〈11〉 Wille, Franz: Himmel über Berlin. Ein Musiker und ein Maler machen Theater „Die Ordnung der Dinge". Christoph Marthalers patriotischer Abend „Murx den Europäer! Murx ihn! Murx ihn! Murx ihn! Murx ihn ab!" in der Volksbühne und Andrej Worons „Ein Stück vom Paradies" im Theater am Ufer. In: *Theater Heute* vom März 1993. p. 13.

〈12〉 『ムルクス』の上演では何も起きないことと、多くの出来事が起きるというコントラストが生じ、それが観客を困惑させ、また魅了することを、同作品のドラマトゥルギーを手掛けたマティアス・リーリエンタールが指摘している。Lilienthal, Matthias: Eine untergegangene Welt ein letztes Mal imaginieren. In: Dermutz : *Christoph Marthaler*. p. 119.

〈13〉 Dermutz: Welttheater und Daseinskomik des Halbgebirgsmenschen Christoph Marthaler. p. 47, 51.

〈14〉 これらの歌詞の全文（原文）は、フォルクスビューネ劇場が同舞台作品の合唱を収録したCDのライナーノーツに掲載されている。Murx: Die Lieder. Redaktion: Danuta Görnandt. Volksbühne am Rosa-Luxemburg-Platz 1994. 引用した歌詞の該当ページはpp.4-8, 9.

〈15〉 マティアス・リーリエンタールが、上演時における観客のこのような強い拒否反応を目撃し、述懐している。Lilienthal: Eine untergegangene Welt ein letztes Mal imaginieren. p. 116.

〈16〉 Benthien, Claudia: Die vanitas der Stimme. Verstummen und Schweigen in bildender Kunst, Literatur, Theater und Ritual. In: Krämer / Kolesch (eds.): *Stimme*. p. 237.

〈17〉 Ibid., p. 259.

〈18〉 Fischer-Lichte: *Ästhetik des Performativen*. pp. 215-6.

〈19〉 これほどまでに強い否定性をもたらす不在や無の恐怖については、フランスの宗教学者ロジェ=ポル・ドロワが指摘するヨーロッパ人の誤謬に基づいた仏教の虚無に対する恐怖が参考になる。ドロワは、一九世紀前半のヨーロッパの知識人に広まった仏教思想が誤解と偏見に基づいて「虚無」として忌み嫌われた多くの事例を挙げた。さらにドロワは、一九世紀のヨーロッパ人が自分たちに潜んでいる虚無や「死への欲動」（フロイト）を、誤解に基づいて広められた仏教思想に投影することで、本来自己に内在する問題を「抑圧」していると指摘した。このような投影や抑圧は、『ムルクス』の一一人を見続けて、その不在を無意識に退けようとする観客にも当てはまると考えられる。ロジェ＝ポル・ドロワ『虚無の信仰——西洋はなぜ仏教を恐れたか』島田裕巳・田桐正彦訳、トランスビュー社、二〇〇二年、pp. 290-4.

〈20〉一九三〇年に書かれたこの歌の歌詞は、白人男性がヨーロッパ社会の繁文縟礼を嫌って解放の島フィジーに行き、身体を黒塗りにし、フィジー人形を愛撫するという内容である。一見他愛のない戯れ歌のように聞こえるが、ヨーロッパ人が植民地支配の世界へ安易に逃避するという設定に人種差別と白人優越主義が暗示されている。またドイツでネオナチの若者が通りすがりのベトナム人を殺害したときに「フィジーへ行け！」と言ったことが物議をかもしたことがある。というのも、この文言は人種差別的なドイツ人ロックグループの歌の一節であり、歌の文言がネオナチの若者に悪影響を及ぼしていたことが証明されることになったからである。「私は身体を黒塗りにする」はこのロックグループの歌と直接は関係ないが、その人種差別的な内容ゆえに問題視されてもおかしくはないのである。演劇学者ギド・ヒースは『ムルクス』の「フィジー」という言葉がネオナチの好むスローガンを暗示することを指摘した。Hiß, Guido: Marthalers Musiktheater. In: Bayerdörfer, Hans-Peter / Borschmeyer, Dieter / Höfele, Andreas (eds.): *Musiktheater als Herausforderung. Interdisziplinäre Facetten von Theater- und Musikwissenschaft*. Tübingen: Niemeyer 1999, pp. 216-7.

〈21〉Lehmann, Hans-Thies: Ästhetik des Risikos. Notizen über Theater und Tabu. In: *Das Politische Schreiben*. Berlin: Theater der Zeit 2012 (2nd edition), pp. 103-4.

〈22〉上演『ムルクス』においてドイツ史が主題とされている点については、ヒースが指摘している。Hiß: Marthalers Musiktheater. p. 223.

〈23〉筆者はマルターラー演出の『三人姉妹』を二〇〇〇年二月にベルリン・フォルクスビューネで観劇した。

〈24〉ベルリン・フォルクスビューネ劇場アーカイブに保存されている上演台本より。p.12, 117, 128.

〈25〉「巨大な空洞」という語が戯曲の台詞に登場するのは

次の箇所である。「これまで人類は戦争また戦争で忙しく、遠征だの侵入だの凱旋だので、その全存在をみたしてきましたが、今やそういう時代は終わりを告げて、あとは巨大な空洞があいています。それは当分、なんによっても満たすすべはないでしょうが、人類は熱心にさがし求めていますから、むろん見いだすに相違ありません」。チェーホフ『三人姉妹』神西清訳、新潮文庫、一九八七年、p. 213. マルターラー演出の上演台本の該当箇所は p. 134.

〈26〉上演台本 pp. 2-3.

〈27〉Schaper, Rüdiger: Die Balance des Unglücks. Christoph Marthaler inszeniert Tschechows „Drei Schwestern“ an der Berliner Volksbühne. In: *Süddeutsche Zeitung* vom 13 /14. 9. 1997. p. 14.

〈28〉俳優が舞台の「穴」を見つめる様子については、本書 p. 277 の舞台写真を参照。

〈29〉Stadelmaier, Gerhard: Der gestorbene Zukunfsschwan. Minutenwalzer für vier Stunden: Christoph Marthaler inszeniert Tschechows „Drei Schwestern“ in der Berliner Volksbühne. In: *Frankfurter Allgemeine Zeitung* vom 13. 9.1997. p. 35.

〈30〉マルターラーの『三人姉妹』の演出に不在の要素が強すぎる反面、プレゼンスの要素がほとんどないことについては、いくつかの劇評がアイロニカルな表現で指摘している。それらは次のようなものである。「四時間の亡霊時間」、「長時間のフラストレーションがウイルスのように上演全体に及んでいる」。Göpfert, Peter Hans: Das Leben ist ein Altersheim. Christoph Marthaler hat Tschechows „Drei Schwestern“ an der Volksbühne inszeniert. In: *Berliner Morgenpost* vom 13. 9. 1997. p. 26.「マルターラーの『三人姉妹』は真っ暗な時間が連鎖して続く。真夜中まで続く上演では、永遠に生を奪われた存在が次々と流れていく」。Dermutz, Klaus: Höhlenmenschen. Alltagsphilosophen. Christoph Marthalers Inszenierung von Anton Tschechows „Drei Schwestern“. In: *Frankfurter Rundschau* vom 13. 9. 1997. p. 7.

〈31〉Dermutz: Welttheater und Daseinskomik des Halbgebirgsmenschen Christoph Marthaler. p. 21.

〈32〉上演台本 p. 120.

〈33〉Heeg, Günther: Geschichte Aufführen: LeipzigÜberLeben. In: Heeg, Günther / Braun, Micha / Krüger, Lars / Schäfer, Helmut (eds.): *Reenacting History: Theater & Geschichte*.

Berlin: Theater der Zeit 2014, p. 159.

第八章

〈1〉この上演は「第一の上演」と「第二の上演」に分かれているが、本書では『アンティゴネーへの旅　第一の上演』や『アンティゴネーへの旅　第二の上演』と略記する。両者を併せた上演に言及する場合『アンティゴネーへの旅』とのみ表記する。筆者は「第一の上演」の野外パフォーマンスを二〇一二年一〇月一三、一四日に福島駅と南相馬市にて、同年一〇月二八日に東京都庁前の新宿中央公園にて観劇した。第二の上演を同年一一月一六、一七日に東京にしすがも創造舎にて観劇した。

〈2〉同劇団の舞台作品『王女A』（二〇〇五年）、『パライゾノート』（二〇〇六年）、『クリプトグラフ』（二〇〇七年）では、俳優が何かに取り憑かれたような状態で大声を上げたり、集団になって反復の身振りを繰り返す場面がしばしばみられ、身体の強度の側面が前面に押し出されていた。

〈3〉ただしカタストロフィーの問題を直接的に呈示した例外的な舞台作品もある。それは、チェルノブイリの原子力発電所の被害を扱った『アウトダフェ』（二〇〇六年、世田谷パブックシアター・トラムにて初演）であるが、この作品では俳優が「被害者」と思しき無辜の民を演じている。ただしこの作品でも、被害者の苦悩や悲惨な現実が強調されたわけではなかった。

〈4〉新野守広「震災と演劇——被災の現実に向きあう」「シアターアーツ」第五三号（二〇一二年冬号）、晩成書房、p. 29.

〈5〉第二の上演の観客が暗闇に立ち続ける俳優たちと同じようにみえたことは、星隆弘の劇評でも指摘されている。星隆弘「No. 009『アンティゴネーへの旅の記録とその上演』（F / T 12・その四）」「総合文学ウェブ情報誌　文学金魚」二〇一三年一月二六日掲載　URL：http://gold-fish-press.com/archives/11629

〈6〉マレビトの会編纂『アンティゴネーへの旅の記録とその上演』創作ノート」「シアターアーツ」第五二号（二〇一二年秋号）、晩成書房、pp. 153-4.

〈7〉Ibid., p. 152.

〈8〉第一の上演と第二の上演における俳優と観客との関係については、松田が両上演の報告書において説明している。松田正隆「演劇作品『アンティゴネーへの旅の記録とその上演』の報告書」「立教映像身体学研究1」所収、二〇一三年、pp. 99-103.

〈9〉南相馬での上演が津波の犠牲者に向けられた「喪の作業」であり、町のリアルな歴史を見る者に実感させたことについては、上演に立ち会ったギュンター・ヘーグが以下の論考で言及している。Heeg, Günther: Meeresrauschen. Das Echo der Antigone in Masataka Matsudas und Marebito-no Kais szenischer Begehung von Minami-soma. In: Darian, Veronika et al. (eds): *Die Praxis der/des Echo. Zum Theater des Widerhalls.* Frankfurt a.M.: Peter Lang 2015, p. 86.

〈10〉松田「演劇作品『アンティゴネーへの旅の記録とその上演』の報告書」p. 103.

〈11〉この場面については、本書p. 298の上演写真を参照。

〈12〉Heeg: Meeresrauschen. p. 86.

〈13〉校舎では、サウンド・アーティスト荒木優光が福島市の各地で収録した音や声のインスタレーション『横断の調べ——福島の海岸へ釣りに行った男』が据えられた。このインスタレーションの写真が劇団マレビトの会のＨＰに掲載されている。ＵＲＬ：http://www.marebiro.org/archive.antigone.photo2.html

〈14〉第二の上演の俳優と観客の様子については、本書p. 301の舞台写真を参照。

〈15〉第二の上演に先立って行われた劇団の稽古では、俳優たちは第一の上演のどの場面をどのように想起するかについて話し合いながら、各自が場面を想起する際の身振りを定めていった。ただし場面と身振りのそれぞれの関連は、当の俳優にしかわからないものであり、それを前提にして稽古が行われた。この経緯については：松田「演劇作品『アンティゴネーへの旅の記録とその上演』の報告書」、pp. 103-5.

〈16〉星「アンティゴネーへの旅の記録とその上演」

〈17〉松田「演劇作品『アンティゴネーへの旅の記録とその上演』の報告書」、p. 105.

〈18〉Vogl: *Über das Zaudern*. pp. 58-9.

〈19〉ここに記した身振りは、アンティゴネーと雲雀うめ美を演じた牛尾千聖の演技を例にした。これらの身振りと想起の内容との関係は「アンティゴネーへの旅」の記録ノートに記載されているが、この関連を観客が上演において見出すことは不可能である。松田「演劇作品『アンティゴネーへの旅の記録とその上演』の報告書」pp. 106-15.

〈20〉 Vogl: *Über das Zaudern*. p. 60.

〈21〉 Ibid.

〈22〉 前田愛実「表面張力への一滴——『アンティゴネーへの旅の記録とその上演』と福島」「小劇場レビューマガジン：ワンダーランド」（WEB演劇批評サイト）掲載日：二〇一二年一二月一二日　URL：http://www.wonderlands.jp/archives/22358/

〈23〉 高嶋慈「感取と想起の時間——〈読む〉演劇と〈見られる〉身体の狭間で」「小劇場レビューマガジン：ワンダーランド」（WEB演劇批評サイト）掲載日：二〇一三年一月三〇日掲載　URL：http://www.wonderlands.jp/archives/22821/

〈24〉 ジャック・デリダ『パッション』湯浅博雄訳、未來社、二〇〇一年、p. 67.

〈25〉 Ibid., p. 69, 70.

〈26〉 『アンティゴネーへの旅』が観客に大震災の倫理的な問いを投げかけたことについては、本章第一節を参照。

〈27〉 Ibid. デリダは「秘密は応えないものである」という文の後、次のように綴る。「いかなる反応もない。ひとはそれを死とよぶだろうか。与えられた死、と？　受け入れられた死、と？　だが私にはそれを、生、実存、痕跡と呼ばない理由はまったく見あたらない。そして、それは反対のものではないのである」。Ibid., p. 70. デリダは秘密は完全な死ではないが、死と「反対のものではない」と述べており、死の状態に近い存在であることを認めている。

〈28〉 プリーモ・レーヴィ『休戦』竹山博英訳、岩波文庫、二〇一〇年、p. 34.

〈29〉 ジョルジョ・アガンベン『アウシュヴィッツの残りもの——アルシーヴと証人』上村忠男・廣石正和訳、月曜社、二〇一〇年（第六版）、p. 49.

〈30〉 Ibid., pp. 46-7.

〈31〉 Ibid., p. 47, 48.

〈32〉 アガンベンのこのような企図は、『アウシュヴィッツの残りもの』の序論の最後に読み取ることができる。
Ibid., p. 10, 11.

〈33〉 Ibid., pp. 163-4. なお「回教徒」（ムーゼルマン）はナチスの収容所において生存条件を剝奪されたことによりもはや何の反応も示さないまま「生きる屍」となった収容者を称した表現である。

〈34〉 第二の上演におけるカタストロフィーと、それと直接関係のない者の脱主体化との関係性は、「マレビトの会」の他の作品では俳優の身振りにおいて顕著だった。広島と原爆をテーマにした『Park City』(二〇〇九年)では、六〇年以上前に落とされた原爆の調査をする「島」という若い男性が、爆心地が自分と同じ名前の「島外科」だったことを知り、衝撃を受ける。そして「島」は「自分が爆心地になりたい」と叫び、死んだように舞台上に倒れ込む。横たわる島を他の俳優たちが裸にして、島の身体を死体のようにして解剖した。在日韓国人の被爆をテーマにした『HIROSHIMA-HAPCHEON:二つの都市をめぐる展覧会』(二〇一〇年)でも、『Park City』で「島」を演じた俳優がモニター画面に登場し、浅瀬の川に居る姿を見せる。浅い川を歩く島は足をとられる。浅瀬ゆえにすぐに立ち上がれるはずだが、島は何度試みても一向に立ち上がれず、溺れる人間の醜態を顕わにする。「島」に代表されるように、マレビトの会の舞台作品では、カタストロフィーと無縁なはずの現代人がそれに関わることで、主体の崩壊に見舞われるありようが、俳優の身振りによって示されてきた。『アンティゴネーへの旅の記録とその上演』の第二部は、このような俳優の脱主体化が観客の受容プロセスに転じた試みと言える。

終章

〈1〉 Heeg, Günther: Schillers Tragik aufgeführt. In: Ensslin, Felix (ed.): *Spieltrieb. Was bringt die Klassik auf die Bühne? Schillers Ästhetik heute*. Berlin: Theater der Zeit 2006, p. 244, 243.

〈2〉 Ibid., p. 244.

〈3〉 Ibid.

〈4〉 イーグルトン『文化とは何か』p. 244.

〈5〉 ブランショ『明かしえぬ共同体』p. 23, 25.

〈6〉 Jans: The Deer House. Beneath Us the World and Darkness above We Are Full of Love. p. 62.

〈7〉 伝統的な不在の美学の特徴とその限界については、本書第七章第一節においてクラウディア・ベンティーンの沈黙論を参考にして論じた。

〈8〉 Menninghaus, Winfried: Lärm und Schweigen. Religion, moderne Kunst und das Zeitalter des Computers. In: *Merkur. Deutsche Zeitschrift für europäisches Denken*. 1996. Heft 6, München, p. 473.

〈9〉 Fischer-Lichte: *Ästhetik des Performativen*. p. 59, 80.

〈10〉 Vogl: *Über das Zaudern*. p. 24.

〈11〉 Ibid.

〈12〉 ヘーゲルは『精神現象学』においてソフォクレスの『アンティゴネー』の登場人物アンティゴネーとクレオンに着眼し、両者が「個人」として「主体的」に行動する際の個性が「パトス」に表れているとみなす。ヘーゲルにとって「パトス」は、すでに確立した個人の主体性を表すものである。Hegel, G.W.F.: *Phänomenologie des Geistes*. Moldenhauer, Eva / Michel Karl, Markus (eds.): *Werke 3*. Frankfurt a.M.: Suhrkamp 1970, pp. 348-9. 他方ヴァルデンフェルスは、「パトス」の経験を、すでに「ある」とみなされる主体の前提を根本から問い直す契機として理論化する。ヴァルデンフェルスがヘーゲルの論と異なるパトス論を提唱する意図は『経験の裂け目』の冒頭において暗示されている。Waldenfels, Bernhard: *Bruchlinien der Erfahrung. Phänomenologie, Psychoanalyse, Phänomenotechnik*. Frankfurt a.M.: Suhrkamp 2002, p. 9.

〈13〉 Waldenfels: *Bruchlinien der Erfahrung*. pp. 9-10. 引用文は同書の翻訳に基づいている。ベルンハルト・ヴァルデンフェルス『経験の裂け目』山口一郎監訳、知泉書館、二〇〇九年、p. 4, 5.

〈14〉 Waldenfels, Bernhard: *Sinne und Künste im Wechselspiel. Modi ästhetischer Erfahrung*. Berlin: Suhrkamp 2010, p. 247.

〈15〉 Ibid., p. 275, 274.

〈16〉 Menke, Christoph: *Kraft. Ein Grundbegriff ästhetischer Anthropologie*. Frankfurt a.M.: Suhrkamp 2008, p. 9, 70, 114.

〈17〉 Ibid., pp.114-5,117.

〈18〉 フォーグルが指摘する「逡巡」の「対抗的衝撃」については第二章第二節を参照。

〈19〉 アガンベン『アウシュヴィッツの残りもの——アルシーヴと証人』pp. 147-8.

〈20〉 Ibid., p. 148.

〈21〉 本書第八章第四節参照。

〈22〉 第八章で『アンティゴネーへの旅』の観客が何も演じない俳優のプレゼンスに惹かれる状況が、私たちが秘密に引き込まれるようにして「情熱（パッション）」をいだく状況に似ていることを指摘した。「惹かれる(passionner)」は、ジャック・デリダが秘密への「情熱」をいだく状況を表すのに用いた表現である。本書第八章第三節参照。

〈23〉 Waldenfels: *Bruchlinien der Erfahrung*. pp. 212-3. ヴァルデ

ンフェルス『経験の裂け目』p. 240.

〈24〉「カルト」的な「プレゼンスへの期待」については、本書第二章第三節を参照。

〈25〉Nietzsche, Friedrich: *Die Geburt der Tragödie*. In: Colli, Giorgio / Montinari, Mazzino (eds.): *Kritische Studienausgabe* (KSA). Bd. I. München: DTV, 1988, p. 12.

〈26〉ヘーグはニーチェのシラー論を踏まえて、シラーの遊戯論における耐久力を評価している。Heeg: Schillers Tragik aufgeführt. p. 243.

〈27〉Menke: *Kraft*. pp. 119-20, 129.

〈28〉Hegemann, Carl: Was ist das Besondere am Theater? In: Deck / Sieburg (eds.): *Pradoxien des Zuschauens*. p. 55.

文献一覧

プレゼンス／アブセンス論

Boehm, Gottfried: Augenblick und Ewigkeit. Bemerkungen zur Zeiterfahrung in der Kunst der Moderne. In: Reijen, Willem van (ed.): *Allegorie und Melancholie*. Frankfurt a.M.: Suhrkamp 1992, pp. 109-23.

Czirak, Adam: *Partizipation der Blicke. Szenarien des Sehens und Gesehenwerdens in Theater und Performance*. Bielefeld: Transcript 2012

Eiermann, André: *Postspektakuläres Theater. Die Alterität der Aufführung und die Entgrenzung der Künste*. Bielefeld: Transcript 2009

Fischer-Lichte, Erika: *Ästhetik des Performativen*. Frankfurt a.M.: Suhrkamp 2004〔邦訳：フィッシャー＝リヒテ、エリカ『パフォーマンスの美学』中島裕昭他訳、論創社、二〇〇九年〕

Fuchs, Elinor: Presence and the Revenge of Writing. Re-Thinking Theatre after Derrida. In: *Performing Arts Journal*. Vol. 9, No. 2/3, 1985, pp. 163-73.

Goebbels, Heiner: *Ästhetik der Abwesenheit. Texte zum Theater*. Berlin: Theater der Zeit 2012

Gumbrecht, Hans Ulrich: Produktion von Präsenz, durchsetzt mit Absenz. Über Musik, Libretto und Inszenierung. In: Früchtl, Josef / Zimmermann, Jörg (eds.): *Ästhetik der Inszenierung*. Frankfurt a.M.: Suhrkamp 2001, pp. 63-76.

Gumbrecht, Hans Ulrich: *Diesseits der Hermeneutik. Die Produktion von Präsenz*. Frankfurt a.M.: Suhrkamp 2004

Kamper, Dietmar: *Die Ästhetik der Abwesenheit. Die Entfernung der Körper.* 2nd editon, Paderborn: Wilhelm Fink 2008

Kolesch, Doris: Ästhetik der Präsenz: Theater-Stimmen. In: Früchtl, Josef / Zimmermann, Jörg (eds.): *Ästhetik der Inszenierung.* Frankfurt a.M.: Suhrkamp 2001, pp. 260-75.

Kolesch, Doris: Präsenz. In: Fischer-Lichte, Erika / Kolesch, Doris / Warstat, Matthias (eds.): *Theatertheorie. Metzler Lexikon.* Stuttgart / Weimar: Metzler 2005, pp. 250-3.

Lehmann, Hans-Thies: Gegenwart des Theaters. In: Fischer-Lichte, Erika / Kolesch, Doris / Weiler, Christel (eds.): *Transformationen. Theater der neunziger Jahre.* Berlin: Theater der Zeit 1999, pp. 13-26.

Lepecki, André: *Exhausting Dance. Performance and the Politics of Movement.* New York: Routledge 2006

Mersch, Dieter: Körper zeigen. In: Fischer-Lichte, Erika / Horn, Christian / Warstat, Matthias (eds.): *Verkörperung.* Tübingen / Basel: A. Francke 2001, pp. 75-89.

Mersch, Dieter: *Ereignis und Aura. Untersuchungen zu einer Ästhetik des Performativen.* Frankfurt a.M.: Suhrkamp 2002

Mersch, Dieter: Präsenz und Ethizität der Stimme. In: Kolesch, Doris / Krämer, Sybille (eds.): *Stimme. Annäherung an ein Phänomen.* Frankfurt a.M.: Suhrkamp 2006, pp. 211-36.

Nancy, Jean-Luc: Entstehung zur Präsenz. In: Nibbrig, Christiaan L. Hart (ed.): *Was heißt „Darstellen"?* (trans. by Oliver Vogel), Frankfurt a.M.: Suhrkamp 1994, pp. 102-6.

Phelan, Peggy: *Unmarked. The Politics of Performance.* New York: Routledge 1993

Roselt, Jens: *Phänomenologie des Theaters.* München: Wilhelm Fink 2008

Seel, Martin: Inszenieren als Erscheinenlassen: Thesen über die Reichweite eines Begriffs. In: Früchtl, Josef / Zimmermann, Jörg (eds.): *Ästhetik der Inszenierung.* Frankfurt a.M.: Suhrkamp 2001, pp. 48-62.

Seel, Martin: *Ästhetik des Erscheinens.* Frankfurt a.M.: Suhrkamp 2003

Siegmund, Gerald: *Abwesenheit. Eine performative Ästhetik des Tanzes.* Bielefeld: Transcript 2006

Siouzouli, Natascha: *Wie Absenz zur Präsenz entsteht. Botho Strauß inszeniert von Luc Bondy.* Bielefeld: Transcript 2008

Tholen, Georg Christoph: *Die Zäsur der Medien. Kulturphilosophische Konturen*, Frankfurt a.M.: Suhrkamp 2002

取り上げた演劇人・劇団

▼ク・ナウカ（第二章）

エウリピデス「メーデイア」松平千秋他編『ギリシア悲劇全集』第五巻所収、丹下和彦訳、岩波書店、一九九〇年、pp. 89-193.

Fischer-Lichte, Erika: Aufführungen griechischer Tragödien. In: Hirata Eiichiro / Lehmann, Hans-Thies (eds.). *Theater in Japan*. Berlin: Theater der Zeit 2009, pp. 205-16.

Hirata Eiichiro: The Absence of Voices in the Theatre Space. Ku Nauka's Production of *Medea*. In: Hallensleben, Markus (ed.): *Performative Body Spaces. Corporeal Topographies in Literature, Theatre, Dance and the Visual Arts*. Amsterdam / New York: Rodopi 2010, pp. 117-29.

山下純照「記憶の観点からの演劇研究（四）事例研究②-一——ク・ナウカの『王女メデイア』（一九九九年）前半」「千葉商科紀要」第四四巻第二号（二〇〇六年）、pp. 1-16.

山下純照「記憶の観点からの演劇研究（五）事例研究②-二——ク・ナウカの『王女メデイア』（一九九九年）ヴィデオ分析」「千葉商科紀要」第四四巻第四号（二〇〇七年）、pp. 1-33.

Yamashita Yoshiteru: Die Theaterkompanie Ku N'auka und die Imago der Überfrau. In: Hirata Eiichiro / Lehmann, Hans-Thies: *Theater in Japan*. Berlin: Theater der Zeit 2009, pp. 120-31.

▼ストアハウスカンパニー（第三章）

Hirata Eiichiro: Tragödie des Offenen. Zu Agamben, Nancy und dem japanischen Körpertheater. In: *The Geibun-Kenkyu*. No. 106. Tokyo 2014, pp. 234-52.

木村真悟「勝負について "Remains" 上演論考」、「シアターアーツ」第二一号（二〇〇四年冬号）、晩成書房、p. 152.

木村真悟「役について "Remains" 上演論考」、「シアターアーツ」第二一号（二〇〇四年冬号）、晩成書房、p. 147.

新野守広「集団の解体と個の誕生 『縄』から『Territory』への飛躍」、二〇〇一年一二月、ストアハウスカンパニーＨＰに掲載：ＵＲＬ情報：http://www.storehousecompany.com/gekihyou/niino01.html

新野守広「連続批評——徐々に揺れがおさまるなかで四」「シアターアーツ」第五〇号（二〇一二年春号）、晩成書房、pp. 107-14.

西堂行人「二〇〇八年上半期 誰も書かなかった傑作舞台!」、「テアトロ」二〇〇八年一〇月号、カモミール社、pp. 14-23.
沈載敏「所記のない能記の遊戯『Remains』居昌国際演劇祭」、岡本昌己訳「韓国演劇」二〇〇四年九月号 URL情報：http://pops.midi.co.jp/~mokmt/TR/KT0409p76_storehouse_remains.html
▼フランク・カストルフ（第四章）
Bethke, Ricarda: Depressive aller Länder... Offen stehende Türen. Ein Plädoyer für „Programme“, die von der Volksbühne am Rosa-Luxemburg-Platz vertrieben werden. In: *Freitag* vom 20. 6. 2003. p. 12.
Castorf, Frank: Der Haß. Vorbei die Zeit der Schneebälle. Im Gespräch mit Hans-Dieter Schütt. In: Schütt, Hans-Dieter / Henmeyer, Kirsten (eds.): *Castorfs Volksbühne. Bilder vom häßlichen Leben.* Berlin: Schwarzkopf & Schwarzkopf 1999, pp. 100-2.
Castorf, Frank: Regiebuch: Endstation Amerika. Eine Bearbeitung von Frank Castorf. Stand: 13. 10. 2000. ベルリン・フォルクスビューネ劇場アーカイブ所蔵
Diez, Georg: Tristesse Banal. Salzburger Festspiele: Krüppel wie wir. Frank Castorf inszeniert „Endstation Sehnsucht“ von Tennessee Williams. In: *Süddeutsche Zeitung* vom 27. 7. 2000. p. 13.
Göpfert, Peter Hans: Big Brother im Badezimmer. Frei nach Tennessee Williams: Castorfs „Endstation Amerika“ in der Volksbühne. In: *Berliner Morgenpost* vom 15. 10. 2000. p. 27.
Heeg, Günther: Der Tod der Gemeinschaft. In: Fischer-Lichte, Erika / Kolesch, Doris / Weiler, Christel (eds.): *Transformation. Theater der neunziger Jahre.* Berlin: Theater der Zeit. 1999, pp. 93-100.
Hegemann, Carl (ed.): *Endstation. Sehnsucht. Kapitalismus und Depression I.* Berlin: Alexander Verlag (3rd editon) 2003
Iden, Peter: Pudding aus dem Prenzlauer Flachland. Zustände des Gelangweiltseins: Frank Castorf kocht „Endstation Sehnsucht“ bei den Salzburger Festspielen klein. In *Frankfurter Rundschau* vom 27. 7. 2000. p. 18.
Koberg, Roland: Kommen, Gehen, Duschen. In der Depression sind alle gleich: Frank Castorf inszeniert in Salzburg „Endstation Sehnsucht“. In: *Berliner Zeitung* vom 27. 7. 2000. p. 11.
Schaper, Rüdiger: Blonde neue Welt. Erste Schauspielpremiere

der Salzburger Festspiele 2000: Frank Castorf frisiert Tennessee Williams und findet „Endstation Sehnsucht“ in Berlin. In: *Der Tagesspiegel* vom 27. 7. 2000. p. 27.

Schütt, Hans-Dieter / Henmeyer, Kirsten (eds.): *Castorfs Volksbühne. Bilder vom häßlichen Leben.* Berlin: Schwarzkopf & Schwarzkopf 1999

Schütt, Hans-Dieter: Einfach wegkippen, den Müll. Frank Castorf inszenierte zu den Salzburger Festspielen „Endstation Sehnsucht“. In: *Neues Deutschland* vom 15. 8. 2000. p. 12.

Wengierek, Reinhard: Neurosen-Kollektiv Ost. Sensationell: Frank Castorf inszeniert „Endstation Sehnsucht“ bei den Salzburger Festspielen. In: *Die Welt* vom 27. 7. 2000. p. 29.

Wille, Franz: Am Kapitalismus heißt lustiger Leiden. In: *Theater Heute* vom Oktober 2000, pp. 8-13.

ウィリアムズ、テネシー『欲望という名の電車』小田島雄志訳、新潮文庫、二〇〇五年

▼ニードカンパニー（第五章）

Affenzeller, Margarete: Momente der Nicht-Überbrückung. In: *Der Standard* vom 30. 7. 2008. p. 20.

Ernst, Wolf-Dieter: *Der affektive Schauspieler. Die Energetik des postdramatischen Theaters.* Berlin: Theater der Zeit 2012

Hauthal, Janine: On Speaking and Being Spoken. Reading on Stage and Speaking with Accents in Needcompany’s Caligula. In: Stalpert, Christel / Le Roy, Frederik / Boussert, Sigrid (eds.): *No Beauty for Me There Where Human Life Is Rare. On Jan Lauwers’ Theatre Work with Needcompany.* Ghent: Academia Press 2007, pp. 169-86.

Jans, Erwin: The Deer House. Beneath Us the World and Darkness above We Are Full of Love. In: Lesinger, Margarethe (ed.): *Jan Lauwers & Needcompany. Sad Face / Happy Face.* Program of Salzburger Festspiele 2008, pp. 58-63.

Kear, Adrian: *Theatre and Event. Staging the European Century.* Hampshire: Paograve / Macmillan 2013

Lauwers, Jan: *Isabellas Zimmer / The Lobster Shop / The Deer House.* In: *Sad Face / Happy Face. Drei Geschichten über das Wesen des Menschen.* (trans. by Brigitte Auer), Frankfurt a.M.: Fischer-Taschenbuch 2008

Lauwers, Jan: Jan Lauwers in conversation with Hans Ulrich Obrist: “My Thinking on Art is all about Time”. In: Lesinger, Margarethe (ed.): *Sad Face / Happy Face. Drei Geschichten über das Wesen des Menschen. Salzburger Festspiele*

2008, pp. 14-7.

Lehmann, Hans-Thies: Détatchment. On Acting in Jan Lauwers' Work. In: Stalpert, Christel / Le Roy, Frederik / Boussert, Sigrid (eds.): *No Beauty for Me There Where Human Life Is Rare. On Jan Lauwers' Theatre Work with Needcompany.* Ghent: Academia Press 2007, pp. 70-80. ドイツ語版：Lehmann, Hans-Thies: Détatchment. Zum Spiel bei Jan Lauwers. In: Lauwers, Jan: *Sad Face / Happy Face. Drei Geschichten über das Wesen des Menschen.* Frankfurt a.M.: Fischer Verlag 2008, pp. 153-63.〔邦訳：レーマン、ハンス＝ティース「Détatchment（乖離、隔たり）――ヤン・ロワースの舞台における演技について」谷田尚子訳、「シアターアーツ」第三一号（二〇〇七年夏号）、晩成書房、pp. 104-13.〕

Müry, Andres: Trauer muss Tijen tragen. Die Salzburger Festspiele werden antik: Jan Lauwers und seine Needcompany mit „Das Hirschhaus". In: *Der Tagesspiegel* vom 31. 7. 2008. p. 26.

Stalpert, Christel: On Art and Life as Roundabout Paths to Death. Melancholia, Desire and History in *Isabella's Room.* In: Stalpert, Christel / Le Roy, Frederik / Boussert, Sigrid (eds.): *No Beauty for Me There Where Human Life Is Rare. On Jan Lauwers' Theatre Work with Needcompany.* Ghent: Academia Press 2007, pp. 317-32.

Ufermann, Dirk: Das Alb-Traumspiel. Fakten zur Aufführung THE DEER HOUSE. In: WWW-Opernnetz. de. 2009 演劇・音楽劇情報サイト　ＵＲＬ情報：http://www.opernnetz.de/ seiten/rezensionen/ess_ PACT3.htm

▼ローラン・シェトゥアーヌ（第六章）

Chétouane, Laurent: „Ein Schauspieler ist immer peinlich. - Deshalb muss er bleiben" Laurent Chétouane über seine Arbeit mit Schauspielern. In: Primavesi, Patrick / Schmitt, Olaf A. (eds.) In: *AufBrüche. Theaterarbeit zwischen Text und Situation.* Berlin: Theater der Zeit 2004, pp. 284-91.

Chétouane, Laurent : Das Sprechen des Textes im Raum. Zur Arbeit von Laurent Chétouane und Frank James Willens mit Heiner Müllers *Bildbeschreibung*. Positionen eines Symposiums. In: *Schauplatz Ruhr. Jahrbuch zum Theater im Ruhrgebiet 2007*. Berlin: Theater der Zeit 2007, pp. 7-9.

Decker, Kerstin: Fünf Stunden Feindschaft. Das Weimarer Theater verhebt sich an „Faust II". In: *Der Tagesspiegel* vom 23 /24. 3. 2008. p. 25.

Haß, Ulrike: Horizonte. Bestimmen und Bestimmtwerden. Mit einem Blick auf die *Bildbeschreibung* von Laurent Chétouane. In: Brandstetter, Gabriele / Wiens, Birgit (eds.): *Theater ohne Fluchtpunkt. Das Erbe Adolphe Appias: Szenographie und Choreographie im zeitgenössischen Theater*. Berlin: Alexander Verlag 2010, pp. 106-29.

Haß, Ulrike: Verzweige Gegenwarten. Zu den Tanzstücken 3 und 4 von Laurent Chétouane. In: Groß, Martina / Primavesi, Patrick (eds.): *Lücken sehen... Beiträge zu Theater, Literatur und Performance*. Heidelberg: Universitätsverlag Winter 2010, pp. 291-302.

Heeg, Günther: Abbrechende Gesten. In: *Schauplatz Ruhr. Jahrbuch zum Theater im Ruhrgebiet 2007*. Berlin: Theater der Zeit 2007, pp. 9-11.

Hirata Eiichiro: Spüren der Spur. Zur Wahrnehmung des nichttanzenden Körpers. In: *The Geibun-Kenkyu*. No. 102. Tokyo 2012, pp. 50-71.

Kerlin, Alexander: Leere Wiederholung, andere Wiederkehr: Laurent Chétouane und Frank James Willens erabeiten ihre Studie 1 zu *Bildbeschreibung* von Heiner Müller. In: *Schauplatz Ruhr. Jahrbuch zum Theater im Ruhrgebiet 2007*. Berlin: Theater der Zeit 2007, pp. 4-6.

Müller, Heiner: Bildbeschreibung. In: Frank Hörnigk (ed.): *Werke 2. Die Prosa*. Frankfurt a.M.: Suhrkamp 1999, pp. 112-9.

Müller-Schöll, Nikolaus: Laurent Chétouane. Theater der Spur. In: Dürrschmidt, Anja / Engelhardt, Barbara (eds.): *Werk-Stück. Regisseure im Porträt*. Berlin: Theater der Zeit 2003, pp. 32-7.

Müller-Schöll, Nikolaus: Denken auf der Bühne. Derrida, Forsythe, Chétouane. In: Lenger, Hans Joachim / Tholen, Georg Christoph (eds.): *Mnema. Derrida zum Andenken*. Bielefeld: Transcript 2007, pp. 187-207.

Pilz, Dirk: Ein Theater der Enthaltsamkeit. Der französische Regisseur Laurent Chétouane gastiert an den Sophiensælen. In: *Berliner Zeitung* vom 29. 3. 2007, p. 30.

Primavesi, Patrick: *Iphigenie, Lenz, Bildbeschreibung*. Simmen-Hören im Theater Laurent Chétouanes. In: Kolesch, Doris / Pinto, Vito / Schrödl, Jenny (eds.): *Stimm-Welten. Philosophische, medientheoretische und ästhetische Perspektiven*. Bielefeld: Transcript 2009, pp. 45-65.

Schuster, Tim: *Räume, Denken. Das Theater René Polleschs und Laurent Chétouanes*. Berlin: Neofelis 2013

▶クリストフ・マルターラー（第七章）

Benthien, Claudia: Die vanitas der Stimme. Verstummen und Schweigen in bildender Kunst, Literatur, Theater und Ritual. In: Kolesch, Doris / Krämer, Sybille (eds.): *Stimme. Annäherung an ein Phänomen*. pp. 237-68.

Carp, Stefanie: Langsames Leben ist lang. Ein Versuch über die Theaterarbeit von Christoph Marthaler. In: *Berlin Zürich Hamburg. Texte zu Theater und Gesellschaft*. Berlin: Theater der Zeit 2007, pp. 66-77.

Dermutz, Klaus: Höhlenmenschen. Alltagsphilosophen. Christoph Marthalers Inszenierung von Anton Tschechows „Drei Schwestern" an der Berliner Volksbühne. In: *Frankfurter Rundschau* vom 13. 9. 1997. p. 7.

Dermutz, Klaus: Welttheater und Daseinskomik des Halbgebirgsmenschen Christoph Marthaler. In: Dermutz, Klaus (ed.): *Christoph Marthaler. Die einsamen Menschen sind die besonderen Menschen*. Salzburg / Wien: Residenz 2000, pp. 9-52.

Göpfert, Peter Hans: Das Leben ist ein Altersheim. Christoph Marthaler hat Tschechows „Drei Schwestern" an der Volksbühne inszeniert. In: *Berliner Morgenpost* vom 13. 9. 1997. p. 26.

Henrichs, Benjamin: Deutschlandschlaflied oder Sieben im Bunker. In: *Die Zeit* vom 27. 10. 1995. p. 60.

Hiß, Guido: Marthalers Musiktheater. In: Bayerdörfer, Hans-Peter / Borschmeyer, Dieter / Höfele, Andreas (eds.): *Musiktheater als Herausforderung. Interdisziplinäre Facetten von Theater- und Musikwissenschaft*. Tübingen: Niemeyer 1999, pp. 210-24.

Lilienthal, Matthias: Eine untergegangene Welt ein letztes Mal imaginieren. In: Dermutz, Klaus (ed.) : *Christoph Marthaler. Die einsamen Menschen sind die besonderen Menschen*. pp. 113-24.

Murx den Europäer! Murx ihn! Murx ihn! Murx ihn! Murx ihn ab! Ein patriotischer Abend von Christoph Marthaler. Spielfassung vom 29. 9. 1995. 上演台本　フォルクスビューネ劇場アーカイブ所蔵

Murx: Die Lieder. (CD) Redaktion: Görnandt, Danuta. Volksbühne am Rosa-Luxemburg-Platz 1994.

Schaper, Rüdiger: Die Balance des Unglücks. Christoph Marthaler inszeniert Tschechows „Drei Schwestern" an der Berliner Volksbühne. In: *Süddeutsche Zeitung* vom

13 / 14. 9. 1997. p. 14.
Stadelmaier, Gerhard: Der gestorbene Zukunftsschwan. Minutenwalzer für vier Stunden: Christoph Marthaler inszeniert Tschechows „Drei Schwestern“ in der Berliner Volksbühne. In: *Frankfurter Allgemeine Zeitung* vom 13. 9. 1997. p. 35.
Tschechow, Anton: *Drei Schwestern:* Regiebuch. Fassung vom 26. 10. 1997. 上演台本　ベルリン・フォルクスビューネ劇場アーカイブ所蔵
チェーホフ、アントン『三人姉妹』神西清訳、新潮文庫、一九八七年
Wille, Franz: Himmel über Berlin. Ein Musiker und ein Maler machen Theater „Die Ordnung der Dinge“. Christoph Marthalers patriotischer Abend „Murx den Europäer! Murx ihn! Murx ihn! Murx ihn ab!“ in der Volksbühne und Andrej Worons „Ein Stück vom Paradies“ im Theater am Ufer. In: *Theater Heute* vom März 1993. pp. 12-3.

▼マレビトの会（第八章）

Heeg, Günther: Meeresrauschen. Das Echo der Antigone in Masataka Matsudas und Marebito-no Kais szenischer Begehung von Minami-soma. In: Darian, Veronika et al. (eds.): *Die Praxis der/des Echo. Zum Theater des Widerhalls.* Frankfurt a.M.: Peter Lang 2015, pp. 77-86.
星隆弘「No. 009『アンティゴネーへの旅の記録とその上演』（F/T 12・その四）」、「総合文学ウェブ情報誌 文学金魚」二〇一三年一月二六日掲載　URL情報：http://gold-fish-press.com/ archives/11629
前田愛実「表面張力への一滴——『アンティゴネーへの旅の記録とその上演』と福島」「小劇場レビューマガジン：ワンダーランド」（WEB演劇批評サイト）掲載日：二〇一二年一二月一二日　URL情報：http://www.wonderlands.jp/archives/22358/
マレビトの会（編纂）「アンティゴネーへの旅の記録」（上演テクスト）、二〇一二年、フェスティバル・トーキョー主催・同上演プログラム
マレビトの会（編纂）「『アンティゴネーへの旅の記録とその上演』創作ノート」、「シアターアーツ」第五二号（二〇一二年秋号）、晩成書房、pp. 152-72.
松田正隆「演劇作品『アンティゴネーへの旅の記録とその上演』の報告書」、「立教映像身体学研究一」、二〇一三年、pp. 95-117.
新野守広「震災と演劇——被災の現実に向きあう」、「シア

ターアーツ」第五三号（二〇一二年冬号）、晩成書房、pp. 24-9.

高嶋慈「感取と想起の時間――〈読む〉演劇と〈見られる〉身体の狭間で」「小劇場レビューマガジン：ワンダーランド」（WEB演劇批評サイト）掲載日：二〇一三年一月三〇日、URL情報：http://www.wonderlands.jp/archives/22821/

演劇学全般

エイベル、ライオネル『メタシアター』高橋康成・大橋洋一訳、朝日出版社、一九八〇年〔原著：一九六三年〕

Fischer-Lichte, Erika: *Theaterwissenschaft. Eine Einführung in die Grundlagen des Faches*. Tübingen / Basel: A.Francke 2010〔邦訳：フィッシャー＝リヒテ、エリカ『演劇学へのいざない――研究の基礎』山下純照・石田雄一・高橋慎也・新沼智之訳、国書刊行会、二〇一三年〕

Heeg, Günther: Schillers Tragik aufgeführt. In: Ensslin, Felix (ed.): *Spieltrieb. Was bringt die Klassik auf die Bühne? Schillers Ästhetik heute*. Berlin: Theater der Zeit 2006, pp. 240-51.

Heeg, Günther (with the co-operation of Andrea Hensel, Elisabeth Kohlhaas and Tamar Pollak): Geschichte Aufführen: Leipzig Über Leben. In: Heeg, Günther / Braun, Micha / Krüger, Lars / Schäfer, Helmut (eds.): *Reenacting History: Theater & Geschichte*. Berlin: Theater der Zeit 2014, pp. 157-78.

Hegemann, Carl: Was ist das Besondere am Theater? In: Deck, Jan, Sieburg Angelika (eds.): *Paradoxien des Zuschauens. Die Rolle des Publikums im zeitgenössischen Theater*. Bielefeld: Transcript, 2008, pp. 55-62.

平田栄一朗「気配のダイナミズム――クロード・レジ演出『室内』を手掛かりに」、「三田文学」第一一七号（二〇一四年）、pp. 267-71.

Lehmann, Hans-Thies: *Postdramatisches Theater*. Frankfurt a.M.: Verlag der Autoren 1999〔邦訳：レーマン、ハンス＝ティース『ポストドラマ演劇』谷川道子他訳、同学社、二〇〇二年〕

Lehmann, Hans-Thies: Tragödie und postdramatisches Theater. In: Menke, Bettine / Menke, Christoph (eds.): *Tragödie-Trauerspiel-Spektakel*. Berlin: Theater der Zeit 2007, pp. 213-27.

Lehmann, Hans-Thies: Vom Zuschauer. In: Deck, Jan / Sieburg, Angelika (eds.): *Paradoxien des Zuschauens. Die Rolle des*

Publikums im zeitgenössischen Theater. Bielefeld: Transcript 2008, pp. 21-6.

Lehmann, Hans-Thies: Ästhetik des Risikos. Notizen über Theater und Tabu. In: *Das Politische Schreiben*. Berlin: Theater der Zeit 2012 (2nd edition), pp. 99-107.

Kreuder, Friedemann: Komisches. In: Fischer-Lichte, Erika / Kolesch, Doris / Warstat, Matthias (eds.): *Theatertheorie. Metzler Lexikon*. Stuttgart / Weimar: Metzler 2005, pp. 170-5.

Nancy, Jean-Luc: Theaterkörper. (trans. by Ulrich Müller-Schöll), In: Müller-Schöll, Nikolaus / Schallenberg, André / Zimmermann, Mayte (eds.): *Performing Politics. Politsch Kunst machen nach dem 20. Jahrhundert*. Berlin: Theater der Zeit 2012, pp. 158-71.

新野守広『演劇都市ベルリン』、れんが書房新社、二〇〇五年

Primavesi, Patrick: Hölderlins Einladung ins Offene und das andere Fest des Theaters. In: Groß, Martina / Primavesi, Patrick (eds.): *Lücken sehen... Beiträge zu Theater, Literatur und Performance*. Heidelberg: Universitätsverlag Winter 2010, pp. 161-79.

Rost, Katharina: Lauschangriffe. Das Leiden anderer spüren. In: Kolesch, Doris / Pinto, Vito / Schrödl, Jenny (eds.): *Stimm-Welten. Philosophische, medientheoretische und ästhetische Perspektiven*. Bielefeld: Transcript 2009, pp. 171-87.

Siegmund, Gerald: Affekte ohne Zuordnung. Zonen des Unbestimmbaren: Zu den Choreographien von Antonia Baehr. In: Groß, Martina / Primavesi, Patrick (eds.): *Lücken sehen... Beiträge zu Theater, Literatur und Performance*. Heidelberg: Universitätsverlag 2010, pp. 303-18.

その他の文献

Adorno, Theodor W. / Horkheimer, Max: *Dialektik der Aufklärung*. In: Tiedemann, Rolf (ed.) : *Gesammelte Schriften 3*. Frankfurt a.M.: Suhrkamp 1981

アガンベン、ジョルジョ『アウシュヴィッツの残りもの——アルシーヴと証人』上村忠男・廣石正和訳、月曜社、二〇一〇年（第六版）〔原著：一九九八年〕

アガンベン、ジョルジョ『開かれ——人間と動物』岡田温司・多賀健太郎訳、平凡社、二〇一一年〔原著：二〇〇二年〕

Benjamin, Walter: *Ursprung des deutschen Trauerspiels*. In:

Tiedemann, Rolf / Schweppenhäuser, Hermann (eds.): *Gesammelte Schriften,* Band I-1, Frankfurt a.M.: Suhrkamp 1993, pp. 203-430.

Benthien, Claudia / Wulf, Christoph (eds.): *Körperteile. Eine kulturelle Anatomie.* (Einleitung). Hamburg : Rowohlt 2001, pp. 9-26.

ベルクソン、アンリ『笑い』林達夫訳、岩波文庫、一九九一年（第五六版）〔原著：一九〇〇年〕

ブランショ、モーリス『明かしえぬ共同体』西谷修訳、ちくま学芸文庫、一九九七年〔原著：一九八三年〕

ドゥルーズ、ジル『差異と反復』上巻、財津理訳、河出文庫、二〇〇七年〔原著：一九六八年〕

デリダ、ジャック『根源の彼方に――グラマトロジーについて』下巻、足立和浩訳、現代思潮社、一九七二年〔原著：一九六六年〕

デリダ、ジャック『声と現象』林好雄訳、ちくま学芸文庫、二〇〇五年〔原著：一九六七年〕

デリダ、ジャック『エクリチュールと差異』下巻、若桑毅他訳、法政大学出版局、一九八三年〔原著：一九六七年〕

デリダ、ジャック『パッション』湯浅博雄訳、未來社、二〇〇一年〔原著：一九九三年〕

Didi-Huberman, Georges: *Phasmes. Essais sur L'apparation.* Paris: Les Éditions de Minuit 1998〔ドイツ語訳：Didi-Huberman, Georges: *Phasmes.* (trans. by Christoph Hollender), Köln: DuMont 2001〕

ドロワ、ロジェ＝ポル『虚無の信仰――西洋はなぜ仏教を恐れたか』島田裕巳・田桐正彦訳、トランスビュー、二〇〇二年〔原著：一九九七年〕

イーグルトン、テリー『文化とは何か』大橋洋一訳、松柏社、二〇〇六年〔原著：二〇〇〇年〕

Ehrenberg, Alain: *La fatige d'être soi. Société et dépression.* Paris: Odile Jacob 1999

Ehrenberg, Alain: Die Müdigkeit, man selbst zu sein. (trans. by Jadja Wolf), In: Hegemann, Carl (ed.): *Endstation. Sehnsucht. Kapitalismus und Depression I.* pp. 103-39.

Freud, Sigmund: Trauer und Melancholie. In: Anna Freud et al. (eds.): *Gesammelte Werke.* chronologisch geordnet 10. Band, 8th edition, Frankfurt a.M.: Fischer 1991, pp. 428-46.

Hegel, G.W.F.: *Phänomenologie des Geistes.* Moldenhauer, Eva / Michel, Karl Markus (eds.): *Werke 3.* Frankfurt a.M.: Suhrkamp 1970

Heidegger, Martin: *Die Grundbegriffe der Metaphysik. Welt - Endlichkeit - Einsamkeit*. In: von Hermann, Friedrich-Wilhelm (ed.): Martin Heidegger. *Gesamtausgabe*. Band 29/30. Frankfurt a.M.: Vittorio Klostermann 1983

Kolesch, Doris / Krämer, Sybille: Stimmen im Konzert der Disziplinen. In: Kolesch, Doris / Krämer, Sybille (eds.): *Stimme. Annäherung an ein Phänomen*. Frankfurt a.M.: Suhrkamp 2006, pp. 7-15.

Lepenies, Wolf: *Melancholie und Gesellschaft*. Mit einer neuen Einleitung: Das Ende der Utopie und die Wiederkehr der Melancholie. Frankfurt a.M.: Suhrkamp 1998.

レーヴィ、プリーモ『休戦』竹山博英訳、岩波文庫、二〇一〇年〔原著：一九六三年〕

Macho, Thomas: Stimmen ohne Körper. Anmerkungen zur Technikgeschichte der Stimme. In: Kolesch, Doris / Krämer, Sybille (eds.): *Stimme. Annäherung an ein Phänomen*. pp. 130-46.

モース、マルセル『社会学と人類学II』有地亨・山口俊夫訳、弘文堂、一九七六年〔原著：一九五〇年〕

Menke, Christoph: *Kraft. Ein Grundbegriff ästhetischer Anthropologie*. Frankfurt a.M.: Suhrkamp 2008

Menninghaus, Winfried: Lärm und Schweigen. Religion, moderne Kunst und das Zeitalter des Computers. In: *Merkur. Deutsche Zeitschrift für europäisches Denken*. 1996. Heft 6, München, pp. 469-79.

Menninghaus, Winfried: Ekel. Vom negativen Definitionsmodell des Ästhetischen zum „Ding an sich". In: Stockhammer, Robert (ed.): *Grenzwerte des Ästhetischen*. Frankfurt a.M.: Suhrkamp 2002, pp. 44-57.

Merleau-Ponty, Maurice: *Das Sichtbare und das Unsichtbare*. (trans. by Regula Giuliani / Bernhard Waldenfels), München: Wilhelm Fink 1986

三浦雅士『メランコリーの水脈』、講談社文芸文庫、二〇〇三年〔初版：一九八九年〕

ナンシー、ジャン=リュック『無為の共同体』西谷修他訳、二〇〇一年、以文社〔原著：一九八三年〕

Nietzsche, Friedrich: *Die Geburt der Tragödie*. In: Colli, Giorgio / Montinari, Mazzino (eds.): *Kritische Studienausgabe* (KSA). Bd. I. München: DTV 1988, pp. 9-156.

Ritter, Joachim: Über das Lachen. In: *Subjektivität. Sechs Aufsätze*. Frankfurt a.M.: Suhrkamp 1974, pp. 62-92.

サルトル、ジャン=ポール『サルトル全集　第一一巻

想像力の問題』平井啓之訳、人文書院、改訂重版一九八〇年〔原著：一九四〇年〕
ヴィリリオ、ポール『瞬間の君臨――リアルタイム世界の構造と人間社会の行方』土屋進訳、新評論社、二〇〇三年〔原著：一九九〇年〕
Vogl, Joseph: *Über das Zaudern*. Zürich-Berlin: diaphanes, second edition, 2008
Waldenfels, Bernhard: *Bruchlinien der Erfahrung. Phänomenologie, Psychoanalyse, Phänomenotechnik*. Frankfurt a.M.: Suhrkamp 2002〔邦訳：ヴァルデンフェルス、ベルンハルト『経験の裂け目』山口一郎監訳、知泉書館、二〇〇九年〕
Waldenfels, Bernhard: *Sinne und Künste im Wechselspiel. Modi ästhetischer Erfahrung*. Berlin: Suhrkamp 2010
Weigel, Sigrid: Die Stimme als Medium des Nachlebens: Pathosformel, Nachhall, Phantom, kulturwissenschaftliche Perspektiven. In: Kolesch, Doris / Krämer, Sybille (eds.): *Stimme. Annäherung an ein Phänomen*. Frankfurt a.M.: Suhrkamp 2006, pp. 16-39.
ジュパンチッチ、アレンカ『リアルの倫理　カントとラカン』冨樫剛訳、河出書房新社、二〇〇三年〔原著：二〇〇〇年〕

初出一覧

本書は、筆者が学術誌や書籍において発表した論考を踏まえて執筆したものである。それらは次の通りである。

不在と在の二重性　「藝文研究」第一〇五—二号（二〇一三年）、pp. 254-79.　——本書第一章

The Absence of Voices in the Theatre Space. Ku Nauka's Production of *Medea*. In: Hallensleben, Markus (ed.): *Performative Body Spaces. Corporeal Topographies in Literature, Theatre, Dance and the Visual Arts*. Amsterdam / New York: Rodopi 2010, pp. 117-29.　——本書第二章

Tragödie des Offenen. Zu Agamben, Nancy und dem japanischen Körpertheater.　「藝文研究」第一〇六号（二〇一四年）、pp. 234-52.　——本書第三章

Spüren der Spur. Zur Wahrnehmung des nicht-tanzenden Körpers.　「藝文研究」第一〇二号（二〇一二年）、pp. 50-71.　——本書第六章

反感情移入の陥穽——クリストフ・マルターラーの『ヨーロッパ人をやっつけろ！』における観客の自己欺瞞　坂本光・坂上貴之・宮坂敬造・岡田光弘・巽孝之編著『情の技法』、慶應義塾大学出版会、二〇〇六年、pp. 23-38.　——本書第七章

あとがき

どこでもいい、なにもない空間――それを指して、わたしは裸の舞台と呼ぼう。ひとりの人間がこのなにもない空間を歩いて横切る、もうひとりの人間がそれを見つめる――演劇行為が成り立つためには、これだけで足りるはずだ。

ピーター・ブルック『なにもない空間』（高橋康成・喜志哲雄訳、晶文社）より

このくだりは、舞台芸術に関心がある者なら、誰もが一度は目にしたことがあるだろう。ここに、本書が主題とした「ある」と「ない」のパラドキシカルな演劇観が凝縮されている。なにもない空間に、ひとりの人間が歩くことで演劇行為が成立するとき、人が歩くというプレゼンテーションとアブセンスの空間が拮抗している。演劇上演では、「ある」と「ない」の状況が逆説的な関係を成すよう

にして同時に生じるのである。

本書はこのパラドキシカルな演劇的状況を多角度から論じ、そこには演劇独自の多様性と可能性がみられることを論じた。詳細は、本論をじっくりとお読みいただければと思う。

ここでは二つほど補足するに留めたい。一つ目は、本書の考察がドイツの演劇学の基本「上演分析（Aufführungsanalyse）」に基づくことである。上演分析とは、戯曲や台本だけでなく、演技・舞台美術・音響・演出などの表現をも考察対象にする演劇学の研究方法である。また、これらの演劇表現が観客に及ぼす影響や作用も分析対象となる。従って分析する者は、演劇上演に実際に立ち会い、観客の反応も確認する必要がある。筆者は、考察対象の演劇人や劇団の多くの舞台作品を一〇年近くにわたり見続けてきた。本書は、長年の観劇経験と上演分析の一成果と言えるだろう。

二つ目は、本書が提示した受容性の社会的意義である。社会や経済が不安定になった昨今、私たちは迅速に決断して行動することが重要だと考えがちである。しかし／だからこそ私たちは、決断や行動の前の段階、すなわちヨーゼフ・フォーグルの言う「決定の前段階（Vorfeld der Entschließung）」の豊かな多様性にもっと目を向けるべきではないだろうか。この段階で私たちは、すぐに判断や決断をせずに、状況を多様かつ複眼的に見たり、状況とそれを見る自分との関係を省察する「余裕」（ドイツ語では「遊戯空間（Spielraum）」と言う）を活かすべきではないだろうか。

物事を多様かつ複合的に見たり、自分を省みたりすることは、その多様性ゆえに私たちを戸惑わせるかもしれない。しかし昨今とみにみられるように、非常に偏った「決定論」で私たちを煽ったり、前のめりになって物事を無理に進める人々が現れたことで、かえって社会の閉塞感が強くなってきたからこそ、私たちは「決定の前段階」の多様な経験を重ねるような「遊戯空間」を大切にすべきではないだろうか。この多様で試行錯誤的な受容経験を重ねることで、私たちは「危機」とされる現実にしっかりと向き合う姿勢を確立することができるだろう。一見すると消極的にみえるが、内面では粘り強く構えているというパラドキシカルな受容の意義を検討するために、本書で述べた観劇のプロセスが参考になればと考えている。

本書は、筆者が平成二七年四月に慶應義塾大学大学院文学研究科に提出して承認された博士論文に基づいている。その際、同大学の和泉雅人先生、粂川麻里生先生、明治学院大学の岡本章先生、中央大学の高橋慎也先生から多大なるご指導をいただいた。また国内外の演劇公演を調査する際、科学研究費（基盤研究〈B〉「プレゼンス論とアブセンス論の統合を目指して——日欧の現代演劇の比較論的考察」）からの助成を受けた。ここに厚くお礼申し上げます。

取り上げた舞台作品に関する資料や写真掲載では、静岡芸術劇場、ストアハウスカンパニー、マレビトの会、ニードカンパニーのスタッフから手厚いご支援をいただいた。本が成るに当たっては、三元社の東大路道恵さんからサポートを受けた。拙著『ドラマトゥルク——舞台芸術を進化／深化させる者』のときと同様、至らぬ文章を懇切丁寧にみていただいた。ありがとうございました。

上演分析に基づく演劇研究としては、本書は本邦初の試みと言えるかもしれない。ドイツではこの種の演劇論が盛んに出版されている。日本でも舞台芸術を本格的に論じる学術書が増えることを願っている。

平田栄一朗

平成二八年　浅春

著者紹介

平田栄一朗［ひらた・えいいちろう］

1969年東京生まれ。

1997年、慶應義塾大学院文学研究科博士課程単位取得退学。文学博士。慶應義塾大学文学部准教授を経て2012年より同大学教授。専門はドイツ演劇・演劇学。

主な著書：“Theater in Japan”（共編著、Theater der Zeit社、2009年）、『ドラマトゥルク——舞台芸術を進化／深化させる者』（三元社、2010年、第16回AICT演劇評論賞）

主な訳書：ハンス＝ティース・レーマン『ポストドラマ演劇』（共訳、同学社、2002年）、アイナー・シュレーフ『ニーチェ 三部作』（論創社、2006年）、ジョン・フォン・デュッフェル『バルコニーの情景』（論創社、2006年）、エリカ・フィッシャー＝リヒテ『パフォーマンスの美学』（共訳、論創社、2009年）

在《ざい》と不在《ふざい》のパラドックス

日欧の現代演劇論

著者　平田栄一朗

発行日　2016年5月10日　初版第一刷発行

発行所　株式会社 三元社

東京都文京区本郷1—28—36　鳳明ビル1階

電話 03-5803-4155　ファックス 03-5803-4156

印刷＋製本　シナノ印刷 株式会社

コード　ISBN978-4-88303-406-2

ドラマトゥルク 舞台芸術を進化／深化させる者
平田栄一朗／著 ●2800円
舞台芸術制作の創造性をひろげるキーパーソン「ドラマトゥルク」の活躍の詳細と可能性を考える。

現代ドイツのパフォーミングアーツ 舞台芸術のキーパースン20人の証言
堤広志／編 ●1800円
ベルリンの壁崩壊後の変動を経て、深い政治的省察をベースに生み出されるドイツの舞台芸術。

ケベック発 パフォーミングアーツの未来形
安田敬［監修］＋西田留美可＋西元まり＋広戸優子＋藤本紀子／著 ●2800円
公用語・仏語へのこだわりと、移民による多様な文化の混交がもたらした、そのユニークな魅力を紹介。

北欧の舞台芸術
毛利三彌＋立木燁子／編著 ●4300円
相互に深く関係しつつ、風土に根ざした独自性を保持する北欧4国の演劇・バレエ・ダンスの伝統と現在。

「レ・ミゼラブル」をつくった男たち ブーブリルとシェーンベルク、そのミュージカルの世界
マーガレット・バーメット／著 高城綾子／訳 ●2500円
比類なき名作『レ・ミゼラブル』『ミス・サイゴン』原案・作詞作曲の二人とスタッフが明かす創作の秘密。

踊る人にきく 日本の洋舞を築いた人たち
山野博大／編著 ●4200円
帝劇誕生に始まる日本のダンス史一〇〇年を伝える踊り手たちのオーラル・ヒストリー。

シェイクスピアとコーヒータイム 〈コーヒータイム人物伝シリーズ〉
S・ウェルズ／著 J・ファインズ／まえがき 前沢浩子／訳 ●1500円
史実と最新研究により架空の対話を構成し、まるで本人自身と語るかのようにその生涯を楽しく知る。

（表示価格は税別）